FIGHT AGAINST
HATE CRIMES
Actual situation of
hatred becoming violent
and legal remedies

ヘイトクライムに立ち向かう

暴力化する被害の実態と法的救済

櫻庭総／奈須祐治／桧垣伸次
＝編著

日本評論社

はじめに…i

巻頭言　**ヘイトクライム**…001
　　　　──暴力化する差別犯罪
　　　　…金 尚均

第Ⅰ部 日本におけるヘイトクライムの過去と現在…015

1　日本のヘイトクライムの歴史性からみた
　　現代レイシズム克服のための課題…016
　　…板垣竜太

2　ヘイトスピーチからヘイトクライムへ…049
　　…明戸隆浩

3　ウトロ放火にみるヘイトクライムの害悪…063
　　…具 良鈺

第Ⅱ部 各国のヘイトクライム法およびそれをめぐる議論…079

1　アメリカ…080
　　…小谷順子

2　イギリス…095
　　…奈須祐治

3　ドイツ…108
　　…野村健太郎

4　英米独の比較と日本法の課題…121
　　…櫻庭 総

Contents

目 次

第Ⅲ部　ヘイトクライムと日本法…141

1　憲法上の諸論点…142
　　…桧垣伸次

2　刑法上の論点Ⅰ
　　差別犯の違法性…154
　　…森川恭剛

3　刑法上の論点Ⅱ
　　ヘイトクライムの規制手段としての量刑…172
　　──その可能性と限界
　　…十河隼人

4　刑訴法上の諸論点
　　動機立証のための捜査と裁判…186
　　…大場史朗

第Ⅳ部　ヘイトクライム法の難問…201

1　ヘイトクライムと修復的正義…202
　　──司法と教育からの取り組みに向けて
　　……宿谷晃弘

2　英国の保護属性拡張に関する議論…217
　　…村上 玲

3　アメリカにおける「ヘイトクライムをめぐる政治」…229
　　…前嶋和弘

付録　英米独のヘイトクライム関連法規（抄録）…242

執筆者一覧（掲載順）

金 尚均 （きむ・さんぎゅん） │ 龍谷大学教授

板垣竜太 （いたがき・りゅうた） │ 同志社大学教授

明戸隆浩 （あけど・たかひろ） │ 大阪公立大学准教授

具 良鈺 （く・りゃんおく） │ 弁護士

小谷順子 （こたに・じゅんこ） │ 静岡大学教授

奈須祐治 （なす・ゆうじ） │ 西南学院大学教授

野村健太郎 （のむら・けんたろう） │ 愛知学院大学教授

櫻庭 総 （さくらば・おさむ） │ 山口大学教授

桧垣伸次 （ひがき・しんじ） │ 同志社大学教授

森川恭剛 （もりかわ・やすたか） │ 琉球大学教授

十河隼人 （そごう・はやと） │ 広島修道大学助教

大場史朗 （おおば・しろう） │ 大阪経済法科大学教授

宿谷晃弘 （しゅくや・あきひろ） │ 東京学芸大学准教授

村上 玲 （むらかみ・れい） │ 名古屋学院大学准教授

前嶋和弘 （まえしま・かずひろ） │ 上智大学教授

はじめに

近年日本において、在日コリアンの人々が多く住むウトロ地区における放火等の、重大なヘイトクライムが立て続けに発生した。これらの事件において、裁判所は被告人の犯行動機を厳しく非難し、比較的重い刑を科したものの、差別的な動機がどの程度量刑に影響したのかは必ずしも明らかでない。日本にはヘイトクライムに対して刑罰を加重する法規定が存在せず、学説における理論的蓄積も極めて貧弱であるため、このような判決の曖昧さもやむを得ないものである。

本書は、このような日本の法制度の不備を改善するために、ヘイトクライムを主として法的な観点から検討するものである。具体的には、日本におけるヘイトクライムの背景や、他国における法制度や学説を紹介、検討したうえで、日本におけるヘイトクライムの法規制をめぐる論点を整理することを試みている。

本書の第1の目標は、ヘイトクライムの概念を、とりわけ憲法および刑事法の観点から可能な限り明確にし、法的論点を整理することで、今後の学説における議論を円滑にすることである。第2に、本書は、日本における法政策に具体的に寄与することも目指している。ヘイトスピーチ解消法や関係条例の制定においても激しい議論がなされてきたが、ヘイトクライム規制は日本の制度に馴染みのないものであることから、立法化にはさらなる困難が予想される。本書は法政策に関して単一の明確な解答を提示するものではないが、今後の指針を提供することはできると思われる。

ところで、「ヘイトクライム」という言葉が日本の公的言論空間に拡がったのは最近のことなので、その定義、とりわけ「ヘイトスピーチ」との異同に触れておく必要があろう。ヘイトクライムの定義は論者によりさまざまであるが、ここではヘイトクライムを、量刑加重等の法的措置の対象とされる、憎悪、敵意または偏見に基づく犯罪と定義する。ヘイトスピーチは必ずしも犯罪を構成するわけではないし、量刑加重を受けるとも限らないので、ヘイトクライムとは異なる概念である。他方で、両者は概念上重複することもある。たとえば憎悪に基づく脅迫の量刑が加重される場合、

ヘイトスピーチがヘイトクライムとして罰せられたといえるだろう。ただ、上記の定義をめぐっては異論もありうるところであり、本書においても詳細な定義は各章の執筆者に委ねている。

本書ではまず、巻頭言で、金尚均教授が、ヘイトクライムが日本社会で表面化した経緯を明らかにし、ヘイトクライムが民主主義を瓦解させる危険性に警鐘を鳴らす。これに続く第I部では、日本におけるヘイトクライムの歴史および現状を概観する。ヘイトクライムとはどのような問題なのかが広く知られていない現状を考えると、まずはそれを明確にする必要がある。そこで、社会学者、弁護士等の現場に精通した論者による分析が必要となる。ここでは、日本社会におけるヘイトクライムを最前線で目にしてきた3人が問題を素描することで、日本のヘイトクライムの輪郭を明らかにする。1章で、板垣竜太教授は、最近のヘイトクライム事件が決して偶発的に生じたものではなく、日本の歴史に確固として根付いてきたものであることを、歴史を遡りつつ詳細に明らかにする。そこでは、ヘイトクライムの犯罪化の必要性も語られるが、それはあくまで政府、国民が行うべき、広範囲にわたる反レイシズムの実践の一部として位置付けられている。2章では、明戸隆浩准教授が、ヘイトスピーチとヘイトクライムの概念区分を明確化する。そこでは、差別煽動としての「ヘイトスピーチ＝引き起こすもの」と、犯罪としての「ヘイトクライム＝引き起こされるもの」の複雑な相互関係が分析される。3章では、具良鈺弁護士によって、ウトロ放火事件の実相が、そこで生まれ育った当事者の視点から語られ、そこでの犯罪行為の真の「害悪」が明らかにされる。

第II部では、諸外国のヘイトクライム法およびそれをめぐる議論を概観する。ここでは、特に議論の蓄積が豊富なアメリカに加え、最近法律委員会による法改革案が出され議論が活発になっているイギリスや、日本の刑法学が伝統的に参照してきたドイツをカバーしている。1章では、小谷順子教授が、ヘイトクライム法を世界に先駆けて整備してきたアメリカの、複雑な法体系を連邦・州に分けて紹介したうえで、ヘイトクライム規制の憲法上の限界をめぐる判例を紹介、検討する。2章では、編者である奈須が、主として敵意の「表示」に着目した、独自の法規制を行うイギリスの法制度を整理したうえで、最近の法律委員会による改革案と今後の展望を

紹介する。野村健太郎教授は、3章において、ドイツのヘイトクライム法の歴史的展開を概観したうえで、それに対する学説の賛否両論を紹介する。そこでは、日本のヘイトクライム対策への示唆もなされている。これらの各国の制度には異同がみられ、相互関係は理解し難い。そこで、4章において編者である櫻庭が、各国のヘイトクライムの定義、ヘイトクライム法の類型および規制根拠等の諸論点を整理し、論点の明確化を図ることで、第Ⅲ部への橋渡しを試みる。

　第Ⅲ部では、ヘイトクライム法をめぐる諸論点を、今後の日本での法制化を意識しつつ、憲法、刑法、刑事訴訟法の観点から検討する。ヘイトクライムの規制は、ヘイトスピーチの規制に比べると憲法上の問題ははるかに小さいとみなされている。しかし、憲法が保護する権利・自由の侵害のおそれは無視できない。1章では編者の桧垣が、思想の自由、表現の自由、結社の自由の侵害の可能性を、主としてアメリカの判例・学説を素材に検討し、日本におけるヘイトクライム立法の際の留意点を明らかにする。次に、刑法上の論点を、法益論（2章）と量刑論（3章）に分けて検討する。2では、森川恭剛教授が、ヘイトクライムに特有の法益侵害を見出すことができるかという論点について、とりわけヘイトクライムの差別性による平等権の侵害という観点から検討が深められる。日本政府はこれまで、日本の現行法下でヘイトクライムを量刑上適切に考慮しうると主張してきたが、3章では、十河隼人助教が量刑論の観点からこの言説が妥当でないと主張し、新たな立法の必要性を示す。最後に4章で、大場史朗教授が刑事訴訟法の観点から、ヘイトクライムを特徴づける差別的動機等が、捜査・公訴・裁判の各段階で適切に考慮されるかという問題を扱う。そこでは、諸外国のみならず日本でも問題となっている刑事司法機関の制度的人種主義と、それによる法執行のバイアスの問題を克服することの必要性が論じられる。

　第Ⅳ部では発展的な論点を扱う。最初に1章で、宿谷晃弘准教授が、ヘイトクライムに対する量刑加重や法規制以外の政策の可能性を探る。ここではその有力な選択肢である修復的正義のアプローチに注目し、司法の場での修復的司法と、教育の場での修復的実践により、ヘイトクライムに対抗する可能性が示される。次に2章において、村上玲准教授が、ヘイトク

ライム法によって保護される集団属性の画定のあり方について、この議論が活発になっているイギリスを素材にして検討する。そこでは、法律委員会の報告書で示された、新たな属性を既存のヘイトクライム法に追加する際の基準が紹介、検討される。最後に3章で、前嶋和弘教授が、ヘイトクライム規制をめぐる政治について検討を行う。ここでは、アメリカにおける近時の政治的分断が、ヘイトクライム法にいかなる影を落としているかが示される。たとえば各州の政治イデオロギーの差異が、ヘイトクライムの統計に深刻な歪みをもたらしていること、ヘイトクライムが過度に政治化され保守派からの反動をもたらしていること等が示される。巻末には、読者の便宜のため英米独の主要なヘイトクライム関連法規の日本語訳を一覧表にして掲載した。この表は編者の櫻庭が作成し、他の2名の編者のチェックを経たあと、最終的に櫻庭が調整を行った。

　本書の執筆者は、多忙な中われわれの急な依頼を快諾していただいたうえ、本書の趣旨を的確に汲み取りつつ、専門性を活かした論文を執筆してくださった。各執筆者には御礼を申し上げたい。本書の企画から出版に至るまで、日本評論社の柴田英輔氏に大変お世話になった。本書を企画したとき、柴田氏に出版のお願いをすることで、編者3名の意見は一致していた。柴田氏はこれまで多数のヘイトスピーチ関連の著書の編集を手掛けており、日本において重大なヘイトクライム事件が発生したことの問題性を、とりわけ強く認識されていると思ったからである。昨今の厳しい出版事情において、本書の出版は簡単ではなかったが、柴田氏には企画内容の改善のための数々の鋭い助言を与えていただいたうえ、数回にわたるオンラインの編集会議と、執筆者が集まるオンライン研究会の開催の準備もしていただいた。柴田氏には改めて感謝の意を表したい。

編者一同

巻頭言

ヘイトクライム
——暴力化する差別犯罪

龍谷大学教授
金尚均

1 日本におけるヘイトクライムの社会問題化

[1] 朝鮮第一初級学校襲撃事件（2009年）

　2009年以降、特定集団に対する社会からの排除と暴力を煽動する差別的言動である「ヘイトスピーチ」が社会問題化した。その象徴的事件として、京都朝鮮第一初級学校に対する襲撃事件を挙げることなしに、日本におけるヘイトスピーチ事件を語ることはできない。11名の男性らが、同校前で、白昼堂々、日本国旗や「在日特権を許さない市民の会」および「主権回復を目指す会」などと書かれたのぼり旗を掲げ、同校校長らに向かって怒声を張り上げて、拡声器を用いるなどして「日本人を拉致した朝鮮総連傘下、朝鮮学校、こんなもんは学校でない。」「都市公園法、京都市公園条例に違反して50年あまり、朝鮮学校はサッカーゴール、朝礼台、スピーカーなどなどのものを不法に設置している。こんなことは許すことできない。」「北朝鮮のスパイ養成機関、朝鮮学校を日本から叩き出せ。」「門を開けてくれ、設置したもんを運び届けたら我々は帰るんだよ。そもそもこの学校の土地も不法占拠なんですよ。」「戦争中、男手がいないとこ

ろ、女の人レイプして虐殺して奪ったのがこの土地。」「日本から出て行け。何が子供じゃ、こんなもん、お前、スパイの子供やないか。」「お前らがな、日本人ぶち殺してここの土地奪ったんやないか。」「約束というものは人間同士がするものなんですよ。人間と朝鮮人では約束は成立しません。」などと怒号し、同公園内に置かれていた朝礼台を校門前に移動させて門扉に打ち当て、同公園内に置かれていたサッカーゴールを倒すなどして、これらの引き取りを執拗に要求して喧騒を生じさせ、もって威力を用いて同校の業務を妨害した[1]。

　京都地方裁判所は、「朝鮮第一初級学校の校門前において、被告人ら11名が集合し、約46分間にわたって拡声器を使うなどして被害者らに対する侮辱的な言辞を大音量で怒号した上、被害者らの所有物を移動させてその引取りを執拗に要求するなどの実力行使に及んで喧噪を生じさせたものであり、許容される余地のない態様のものである。」として、威力業務妨害罪などで処断した。ただし、判決では、本件の背景にある被告人らの犯行の動機である差別動機については、何ら言及しなかった。これに対して、同事件の民事裁判の判決では、「本件示威活動における発言は、その内容に照らして、専ら在日朝鮮人を我が国から排除し、日本人や他の外国人と平等の立場で人権及び基本的自由を享有することを妨害しようとするものであって、日本国籍の有無による区別ではなく、民族的出身に基づく区別又は排除であり、人種差別撤廃条約1条1項にいう『人種差別』に該当するといわなければならない。」として人種差別の問題だと言い切った（大阪高判平26・7・8判時2232号34頁)[2]。

[2] 徳島教組襲撃事件（2010年）

　そして、上記事件を引き起こした同じメンバーらが、徳島県教職員組合

---

1) 朝鮮第一初級学校襲撃事件については、朴貞任「京都朝鮮学校襲撃事件――心に傷、差別の罪、その回復の歩み」法学セミナー編集部編『ヘイトスピーチとは何か――民族差別被害の救済』（日本評論社、2019年）16頁、中村一成『ルポ 京都朝鮮学校襲撃事件――〈ヘイトクライム〉に抗して』（岩波書店、2014年）など。
2) 朝鮮第一初級学校襲撃事件の裁判内容に関しては、冨増四季「京都朝鮮学校襲撃事件裁判」法学セミナー編集部編・前掲注1）100頁参照。

が朝鮮学校を支援したことに対する抗議であるとして同事務所できわめて酷い乱入と暴言の限りを尽くしたことに対して、高松高等裁判所は、「被告らの不法行為は、朝鮮学校に通う在日韓国朝鮮人の子供達の『平等の立場での人権及び基本的自由を認識し、享有し又は行使することを妨げ又は害する』目的と効果を持っていた。朝鮮人に手を貸した者はひどい目に遭うということを世間に知らしめ、マイノリティを支援する活動を萎縮させるという人種差別の目的は自明で、この効果も確実に現れている。よって、第1審被告らの不法行為は、人種差別撤廃条約1条の『人種差別』に該当し、悪質であるから、高額の損害額が算定されるべきである。」「第1審被告らは、本件各示威活動等において、第1審原告bに対し、『メンタ』『ババア』『ぶっさいく』などの女性に対する蔑称として使用される用語を用いて罵倒し、『チョメチョメするぞ』『bの家に行くぞ』などと強姦ないし性的暴力を加えることをほのめかすような威嚇的言動を行い、女性差別行為を行った。」として人種差別ならびに女性差別を認定した（高松高判平28・4・25LEX/DB 文献番号 25543016)[3]。

[3]　川崎市ふれあい館脅迫年賀状事件（2020年）

　2020年1月、川崎市のふれあい館／桜本子ども文化センターに、「在日韓国人をこの世から抹殺しよう。生き残りがいたら残酷に殺して行こう」と書かれた「年賀はがき」を、同月、川崎市市役所に、ふれあい館爆破及び在日コリアンへの殺害予告を含む「寒中見舞いはがき」を送る等したことにつき、威力業務妨害罪が成立するとして、懲役1年の実刑判決が下された（横浜地判川崎支部令2・12・3LEX/DB 文献番号 25568147)。

---

3) 徳島教組襲撃事件については、冨田真由美『あきらめない。──ヘイトクライムとたたかった2,394日』（アジェンダプロジェクト、2019年）、同「徳島県教組襲撃事件──ヘイトクライムと対峙して」法学セミナー編集部編・前掲注1) 41頁。

2 日本におけるヘイトスピーチそしてヘイトクライムへの対応

[1] 差別解消 3 法の制定・施行

　以上のいずれの事件も、特定集団、とりわけ社会におけるマイノリティ集団をターゲットにして、その排除と暴力の扇動をしている点で共通する。これらの事件を通して、日本でヘイトスピーチが法的に議論されるようになった。もっとも、上記の事件ではいずれも、ヘイトスピーチだけでなく「ヘイトクライム」が行われた。ヘイトクライムとは、皮膚の色、言語、宗教または信念、国籍または民族的・種族的出身、世系、年齢、障害、性別、ジェンダー、ジェンダーアイデンティティおよび性的指向等の属性を理由として、その集団またはその構成員に対して行われる犯罪のことをいう（☞Ⅰ部 2 章）。従来、日本においては、このヘイトクライムの問題にほとんど関心が向けられてこなかった（☞Ⅰ部 1 章）。

　もちろん、ヘイトスピーチの問題が日本でようやく本格的に議論されることになったことは肯定的に評価することができる。しかし、それ以前にヘイトスピーチの問題がまったくなかったのかといえば、そうではなく、むしろ、公然の差別的言動に対して無視または静観するだけでは済まない状況になったから問題化したというのが実態に即しているであろう。そして、ヘイトスピーチの法的議論においては、表現の自由の民主主義的価値とその限界、また、現場の実態をほとんど踏まえないままの非規制的な共生アプローチ等に議論の争点が置かれるあまり、ヘイトスピーチがもたらす実際の害悪、つまり被害者と社会に与える害悪の側面にあまり着目が集まらなかった。

　2016 年、ヘイトスピーチの社会問題化を受けて、いわゆる「ヘイトスピーチ解消法」[4] が制定・施行された。同年には「障害者差別解消法」[5] が施行、そして「部落差別解消推進法」[6] が制定・施行された[7] のであるが、

---

4) 「本邦外出身者に対する不当な差別的言動の解消に向けた取組の推進に関する法律」（平成 28 年法律第 68 号）。
5) 「障害を理由とする差別の解消の推進に関する法律」（平成 25 年法律第 65 号）。
6) 「部落差別の解消の推進に関する法律」（平成 28 年法律第 109 号）。

ヘイトスピーチ解消法では、対象とする差別行為に対して罰則などの制裁は設けられずにとどまり、そのため「理念法」と称されるに至った。立法されてもなお、差別は啓蒙・啓発による解決手法によることが選択されたのである。

実は、この手法は、かねてから採られ続けてきたものであり、新奇性はあまりなく、その意味では差別問題に対して抜本的に対策を施すというものではなかった。あえて言うならば、日本においてこれらの差別があることを立法を通じて公的に示したことに意義を見出だすことができる。つまり、これらの法律は「日本には差別がある。これを解消しましょう」という表明である。ヘイトスピーチ解消法になぞらえると、その前文において、「地域社会から排除することを煽動する不当な差別的言動が行われ、……地域社会に深刻な亀裂を生じさせている」ことを表明している。この法律は、社会に対してヘイトスピーチに対する立法者の認識を示し、看過できないとのシンボリックな宣言効果をもつ。たしかに、無いよりは有ったほうがよいだろう。民事裁判等でも不法行為を基礎づける際に利用可能といえる。しかし、差別的取扱い、ヘイトスピーチとヘイトクライムを抑止するのに有効かどうかといえば、十全とは言い難い。

[2] ヘイトクライムとしての相模原障害者施設殺傷事件（2016 年）
──個別法による対応の欠陥

つまり、公的機関として、差別を「許せない」とは言えても、「やめなさい」と言うことはできない。先述の差別解消 3 法が施行された同じ 2016 年の 7 月、神奈川県相模原市の知的障害者福祉施設で、障害者という属性を理由として 19 人の人々が殺害された（横浜地判令 2・3・16〔平成 29 年（わ）第 212 号〕）。障害者は生きる価値がないと、属性を理由とする十把一絡げの見下し評価により人間以下の存在に貶められることで、あたかも正当防衛であるかのように殺害された。これはまさにヘイトクライムである。「ヘイトスピーチを許さない」とするヘイトスピーチの議論は、

---

7) 2023 年には、いわゆる LGBT 理解増進法（「性的指向および性同一性に関する国民の理解増進に関する法律」〔令和 5 年法律第 68 号〕）も制定された。

罰則もなく、しかも「適法に居住する本邦外出身者又はその子孫」に対するヘイトスピーチというきわめていびつな限定によって、他の属性を理由とする差別問題に影響を及ぼすことができなかった。障害者差別解消法がヘイトスピーチを定めていないことが、本件が障害者に向けられたヘイトスピーチに起因する犯罪・ヘイトクライムであるとのパラレルな理解を妨げている。差別事象に対する個別法による対応の欠陥が露呈しているといえよう。

　上記の3つの差別解消法が制定されたものの、個別法であるがゆえに共通の差別事象が示されておらず、個別問題の解決が可能であったとしても、差別事象に対してその解消のための整合的な制度になっておらず、社会における差別事象の解消に有機的に繋がっていない。それによって相互の無言及・無関心が生じるおそれがある。このことに対する立法機関と学問の責任は大きいといえる。また、裁判所は、本事件の裁判で、行為者が犯行に及ぶに至った差別的な思想や動機については判示しなかった。判決の量刑部分では「本件において、量刑上最も重視すべきなのは殺人罪、とりわけ19名の人命が奪われたという結果が他の事例と比較できないほど甚だしく重大であることである。この一事からして既に、犯情は誠に重いというほかない。」と判示し、犯罪結果の重大性を強調するのみで、動機の部分は「犯情は誠に重い」との判示の中に埋め込まれており、独自に評価していない。19人の殺害という殺人罪の客観的重大性を知ることができたとしても、本件犯行の背景にある差別動機を知ることはできない。そうすると、行為者のもっていた差別動機により、障害者であることを理由に、本来同じ対等な人間であるはずの被害者たちに対して、同じ人間であることを否定することで卑劣な行為に及ぶのを可能にしたことを知ることができない。別の見方をすれば、司法が、本件が差別動機に基づく犯罪であることを認めなかったことにもなる。このことは、本件犯行が生命法益の侵害だけでなく、障害者権利条約10条ならびに「全ての障害者が、障害者でない者と等しく、基本的人権を享有する個人としてその尊厳が重んぜられ、その尊厳にふさわしい生活を保障される権利を有する」と定める障害者差別解消法1条にも抵触することからして、問題がないとはいえない。

　本件において障害者であることを理由に攻撃されることは、特定人に対

する生命法益の侵害であると同時に、当該属性を有する人々すべてがターゲットにされるわけであり、社会的排除と人間の尊厳の否定という当該行為が社会と当該集団に向けて発するメッセージを考慮すると、行為のもつ社会的意味はきわめて重大かつ危険だと評価するべきである。これは殺人により生命を侵害されたと同時に、特定の属性をもつとして恣意的にレッテル張りされ、人権と諸権利の享有主体であることを否定されたという意味で人間であることを否定されることで彼ら・彼女らの生命という法益を侵害されたのであり、まさに法の下の平等の侵害でもある。まさに差別犯罪なのである（☞Ⅲ部2章）。

3 ウトロ放火事件（2021年）

　2021年8月、京都府宇治市のウトロ地区で、住宅や倉庫など計7棟が焼け、地域の歴史を伝える資料が焼失した。当初、建物の老朽化などが原因での失火と見られていたが、12月6日、放火の疑いで容疑者が逮捕された（非現住建造物放火罪〔刑法109条〕）。同人は、7月、名古屋市の在日本大韓民国民団愛知県本部と隣の名古屋韓国学校の排水管に火を付けて壊し、器物損壊の疑いで（刑法261条）すでに10月に逮捕・起訴されていた[8]。京都地方裁判所は、判決の中で被告人の動機に言及して「動機は、主として、在日韓国朝鮮人という特定の出自を持つ人々に対する偏見や嫌悪感等に基づく、誠に独善的かつ身勝手なもの」として、属性を理由とする犯行と認定し、「被害の発生を顧みることなく放火や損壊といった暴力的な手段に訴えることで、……目的を達しようとすることは、民主主義社会において到底許容されるものではない。」として、民主主義の否定に対して弾劾した。日本政府は、従来「人種主義的動機は、我が国の刑事裁判手続において、動機の悪質性として適切に立証しており、裁判所において量刑上考慮されているものと認識している。」（人種差別撤廃条約第7回・第8回・第9回政府報告〔仮訳〕）と主張してきたものの（☞Ⅲ部3章）、その

---

8) ウトロ放火事件については、☞Ⅰ部2章および4章、中村一成『ウトロ ここで生き、ここで死ぬ』（三一書房、2022年）参照。

形跡を裁判例から見ることはできなかったのに対して、本京都地裁判決は、一歩踏み出したということができる。

その後、民団の徳島県の事務所に脅迫状を送った罪の裁判でも、徳島地方裁判所は、量刑理由として特定の属性を理由とする犯行として、被告人の差別動機を挙げている（徳島地判令5・5・31裁判所ウェブサイト）。

4　立法の不備とそれが生む偏見

[1]　人種差別動機に基づく犯罪に対応する法律の不存在

しかし、これら2つの判決は、ヘイトクライムによる被害の深刻さと社会的危険性に対する当事者らの訴えを反映した個々の裁判所の個別判断であって、明確な法律上の根拠によるものではない。その意味で法的安定性を欠く。

ヘイトクライムへの社会的関心がなくなれば、再び差別動機は等閑視されるかもしれない。もちろん、無視してもよいほど差別が社会からなくなっていれば別である。しかし、そうでない場合には、被害当事者たちの多大な負担と勇気によらざるを得ないことになる。それでは、差別問題の克服は、常に被害当事者が解決しなければいけない問題であって、マジョリティ側の問題ではないままとなり、旧態依然の状態から脱することができない。

国連の自由権規約20条2項、人種差別撤廃条約は、条約締約国に対して人種差別動機に基づく犯罪への対応を求めている。また、人種差別撤廃委員会「市民でない者に対する差別に関する一般的勧告30」（2004年8月5日第65会期採択 A/59/18 pp.93-97）では、条約締約国に対して「人種的動機または目的をもって犯罪をおこなったことが、より厳格な刑罰を求める刑の加重事由となるとする規定を刑事法の中に導入すること」を勧告している。しかし、日本政府と立法機関は、これらに十分に対応してこなかった。また、刑事司法の場において差別動機が解明の対象になってこなかった。そのため差別動機や背景が明らかにならず、有ったことが無かったことにされてきた。つまり、差別動機に基づく犯罪が行われたのに、肝心の差別動機の部分が捨象され、なぜ犯行が行われたのかが不問に付された

ままになってきたのである。

　社会におけるマイノリティに対する差別が放置され、国家的にそれを解消するための取組みがなされないところでは、ターゲットとなるマイノリティ集団が、逆に社会的リスクとみなされる。ウトロ地区での放火事件では、行為者が自白するまで捜査機関は、地区住民宅の漏電が原因であるとしていたようである（☞Ⅰ部3章）。被害者が加害者扱いされていたのかもしれない。ドイツでは、2000年から06年にかけて、人種差別動機に基づく10人の連続殺人事件が起きた。その当時、被害者遺族は、捜査機関からむしろ加害者と目されていた。これを被害者遺族の弁護人・オヌール・エツァータ弁護士は「体制内化した差別」と呼んだ。"Black lives matters" という呼びかけで知られるアフリカ系アメリカ人に対する差別的動機に基づく警察の対応によるジョージ・フロイドさんの死亡事件もその典型例である（2020年）。「レイシャル・プロファイリング」もその一例である。しかし、これらも氷山の一角でしかない。ヘイトクライムが起き、それが十分に解明されず、しかも被害者が加害者扱いされる背景には、マイノリティに対する差別が市民空間と公的空間で浸透していることが理由としてあるかもしれない。

[2] インターネットがヘイトクライムに及ぼす影響

　今日、このような状況を強固にすることで看過できないのは、インターネットの影響である。21世紀のヘイトクライムは、ネット上のヘイトスピーチとフェイクニュースが導因となっていることを指摘することができる。特に、匿名の投稿によるフェイクニュースの影響は看過できない。「フェイクニュースは、あらゆるところに真実のような顔をしてのさばり、容易に人を信じ込ませる。ネットでひとつ読めば、アルゴリズムで同じような記事が供与されるから、さらに信じ込むようになる。かくして、彼らの信じる『事実』を楯にして、頑迷で差別的な人々が生まれてくる」[9]。これはまさにフィルターバブルの帰結ともいえる現象である。これにより

9）桐野夏生「（寄稿）不寛容の時代」朝日新聞2020年12月15日朝刊。

「あの人たちばかりいい目を見ている」と傷つき、怒り、復讐しようとする。ここで、なにかおかしいぞ、そんなことあるはずがないと冷静に情報を疑うのではなく、「自分たちは被害者であり、悪いのは彼らだ」と被害者感情を抱くに至り、自分たちと違う人々を「敵」「加害者」と極端に区別して攻撃する。しばしばウソが信じたい事実であり、かつ怒りを生じさせる話題である場合に、ウソと本音がマッチングし、人々の心に気持ちよく受け入れられ、流布する。しかも、この情報がウソであるとわかった後も偏見を捨てきることができない。人間は誰しも「確証バイアス」と呼ばれる心理学的傾向をもっており、自分の考えを支持する情報のみを集め、考えに反する情報については無視または集めようとしない傾向がある。インターネットが普及した今日では、SNS等に掲載されるフェイクニュースなどで「ネットで真実を発見した」と人々が被害者感情を抱くに至り、「差別される側にも理由がある」として開き直り、根っこに潜んでいる差別感情を吐露するに至る。自分たちの苦境の原因は「特権をもっているアイツらだ」として、社会の敵を見つけ出したとばかり、むき出しの差別感情と被害感情のもとで犯行が行われる。

5 民主主義を瓦解させるヘイトクライム

　排除や暴力を煽動する言動であるヘイトスピーチは、差別的動機や憎悪感情をもって行われるヘイトクライムの導因である。ヘイトスピーチを刑事規制している国々ではヘイトスピーチもヘイトクライムに含まれるが、日本では、両者ともに法的規制は明示的には存在しないことから概念上区別される一方で、両者が行われる動機が、特定集団に対する差別動機、偏見または嫌悪感である点で共通し、ターゲットとなった集団の社会からの排除と暴力の煽動にある点も共通することから、ヘイトスピーチとヘイトクライムは密接な循環的連関性を有している[10]。両者の連関性を捨象すれば、ヘイトスピーチは単に不快な言動とされ、ヘイトクライムは通常の粗

---

10) ヘイトスピーチとヘイトクライムが密接な循環的連関性（☞Ⅰ部2章）を有する例として、ナチスによるユダヤ人虐殺、関東大震災時の朝鮮人虐殺がある。

暴犯と変わらなくなる。よって、両者に通底する差別的動機に基づく行為と特定集団の排除の煽動という社会的危険性に着目しつつ、各々の行為態様に応じて検討することが必要になる。民主政の背骨である表現の自由の保障と、その濫用としてのヘイトスピーチ、そしてこれに煽られた人々によるヘイトクライムによる法益侵害の予防と被害者救済のための刑事規制が求められる。

　ヘイトクライムは、動機や背景のない個人的な犯罪ではない。ヘイトスピーチは、単なる不快レベルの問題ではなく、将来における暴力と社会的排除を喚起し、実際に引き起こすものである。ヘイトスピーチによって醸成された差別意識が、特定の集団の人々に対する敵視、偏見そして憎悪を増長させるなかで、同じ人間であることを否定して、罪の意識なく犯罪が行われてしまう。　ヘイトクライムは、個人の法益を侵害し、危険にさらすだけでなく、日本で生活する特定のマイノリティの人々の生存権、つまり対等な人間として生きる権利を否定する。ヘイトクライムを許容する社会は、特定の属性をもつ人々が、人格権・生存権を否定されながら生き続けざるを得ない状況に置かれることを黙視する。ヘイトクライムによる攻撃は継続する。しかも、ヘイトクライムは、特定の集団に属する人々の排除を求めることから、私たちの社会の民主主義を否定することにもなる。ヘイトクライムは、民主主義社会における根本基盤である、対等で平等に生きることを否定する。それゆえ、ヘイトクライムは、個人にとってだけでなく、社会にとって危険な犯罪なのである。

6　本書に求めること

　ヘイトスピーチの議論がにわかに盛んに行われていた当時、法律分野では、立法事実の提示とそのための被害実態調査などの必要性が研究者によって指摘されたものの、それはいったい誰を名宛人として発言していたのであろうか。自ら骨の折れる作業をする者はいたであろうか。差別とその一態様であるヘイトクライムが、当事者が日々生活するうえでどのような弊害を生じさせ、恐怖を抱かせ、彼ら・彼女らの行動や考えの発表をいかに抑制させるのかなど、被害関係者の話に耳を傾けた人たちがどれだけい

たであろうか。規範研究としての法学の世界には、そのような人情話は不要だとでもいうのであろうか。ここに日本におけるヘイトスピーチの法的研究や議論が被害当事者に安心を与えることができていない理由がある。

　日本では、公的機関による、ヘイトスピーチとヘイトクライムに関する統計がない。そのため、これらに対する社会的認識は高くない[11]。あるのは「ヘイトスピーチに関する実態調査報告書」（2016年）[12]と、18,500人の在留外国人に調査票を郵送して4,252人から回答を得て発表された「外国人住民調査報告書」（2017年）[13]だけである。差別解消3法が制定された後も、事情は変わらない。私たちは、きわめて少ない前提事実しかないことを無視して規範的議論に没頭するだけであれば、いったい何のために、誰のためにヘイトクライムを論じるのかを、読者と社会に理解してもらうことはできないだろう。ヘイトクライムの現場はどのようなものか、そしてヘイトクライムがどのような害と恐怖を当事者と社会に与えるのかを知ることが、ぜひとも必要であろう。

　2024年現在、日本においてクルドの人たちに対するヘイトスピーチが頻発している。その状況は、2009年以降に起こった在日朝鮮・韓国人に対するヘイトスピーチと全く同じである。特定の問題を取り上げて、これを意図的に誇張して、またはフェイクニュースを拡散して、「異質な」マイノリティを誹謗中傷し、暴力を煽り、社会への同化という名目の服従またはそこからの排除を迫る。これがヘイトスピーチの本質なのである。歴史は繰り返されると述べるのは簡単であるが、日本における排外的風潮は依然強まっており、ヘイトスピーチ解消法が制定されても根本的に問題は解決していないと言わざるを得ない。同法の前文に規定されているように、

---

11) 2015年度龍谷大学人権問題研究委員会助成研究プロジェクト報告書『ヘイト・スピーチによる被害実態調査と人間の尊厳の保障』（2016年、龍谷大学宗教部〔https://www.ryukoku.ac.jp/shukyo/committee/pdf/2015_01.pdf〕）。

12) 平成27年度法務省委託調査研究事業「ヘイトスピーチに関する実態調査報告書」（公益財団法人人権教育啓発推進センター、2016年3月）法務省ウェブサイト（https://www.moj.go.jp/content/001201158.pdf）。

13) 平成27年度法務省委託調査研究事業「外国人住民調査報告書―訂正版―」（公益財団法人人権教育啓発推進センター、2019年6月）法務省ウェブサイト（https://www.moj.go.jp/content/001226182.pdf）。

こうした事態をこのまま看過することは、国際社会において日本の占める地位に照らしても、ふさわしいものではない。

　本書が、単にニッチなテーマを扱った珍しい書物ではなく、分断社会といわれ、少子高齢化が深刻化するなかで、より多様化が進むことが必然である日本社会において共生を構築するための一助となることを切に願う。

第Ⅰ部
日本における ヘイトクライムの 過去と現在

第Ⅰ部　日本におけるヘイトクライムの過去と現在

1

日本のヘイトクライムの歴史性からみた現代レイシズム克服のための課題

同志社大学教授
板垣竜太

1　ヘイトクライムは新しい問題か？

[1]　ポストジェノサイド社会としての日本
　　　──在日朝鮮人を対象としたヘイトクライムは歴史上くり返されてきた
●日本における在日朝鮮人を対象とするヘイトクライムは、ウトロ放火事件
（2021年）やコリア国際学園放火事件（2022年）が初めてのものだったので
しょうか？
板垣　在日朝鮮人[1]に対するヘイトクライムは、最近生じた現象ではなく、
歴史上繰り返されてきたと考えています。

　まず、ヘイトクライムといっても狭義と広義があります。狭義のヘイト
クライムは、既存の刑法の規定でも犯罪として認定されるもので、その犯
罪がヘイト（偏見やバイアスにもとづく犯罪動機）の特徴をもっているもの

---

1) 本稿では、国籍等にかかわらず「在日朝鮮人」という語を一般的に用いる。それは、日本
の朝鮮植民地支配の結果として在日朝鮮人が形成されたという歴史性を本稿で重要視して
おり、そのことを端的に示す語だからである。

です。広義のヘイトクライムは、ドイツの民衆煽動罪のように、今の日本でまだ犯罪としてカテゴライズされていないものも含みます。

　狭義のヘイトクライムに限定したとしても、日本では歴史上ヘイトクライムが繰り返されてきました。そして、現代につながっているレイシズムの問題は（後述3［1］）[2]、近代の産物であるといってよいと思います。

　日本における朝鮮人に対するヘイトクライムとして真っ先に挙げることができるのは、関東大震災時の集団虐殺（1923年）です。10人や20人ではありません。起訴された事件の被害者数だけで233人、吉野作造が当時団体から聞き取っただけで2,613名、実際にはそれ以上の人数の方々が虐殺されました。いちど集団虐殺（ジェノサイド）までいってしまった社会は「ポストジェノサイド社会」といわれます。ルワンダでの集団虐殺（1994年）で使われるようになった言葉です。日本社会は朝鮮人を集団虐殺できてしまった社会です。それはその後さまざまなかたちで、朝鮮人に対する差別やヘイトクライムとして尾を引きました。資料として主要なものを紹介しておきます。

〈関東大震災後〜戦中期〉
○木本事件（1926年1月、三重県熊野）[3]
口論の末、日本人が刀で朝鮮人を切りつけた。翌日、朝鮮人が神社に集まっていたことから、朝鮮人が「大挙してダイナマイトで木本町を灰じんにする」という流言が流れた。町長が在郷軍人らを招集して飯場を襲撃し、2名を殺害した。

〈戦後初期〉
○寄居事件（1947年7月、埼玉県寄居町）[4]
芝居興行を観覧していた朝鮮人青年に、あるテキ屋一家の者が「自転車を倒した」などとして殴打した。それに反撃すると、テキ屋集団が日本刀を振りかざして朝鮮人に切りつけ、2名を斬首し、1名に重傷を負わせるという事件

2）板垣竜太「レイシズムの歴史性と制度性」法学セミナー編集部編『ヘイトスピーチとは何か──民族差別被害の救済』（日本評論社、2019年）54頁。
3）金靜美「三重県木本における朝鮮人虐殺・襲撃について（1926年1月）」在日朝鮮人史研究18号（1988年）。
4）『朝連中央時報』1947.10.31, 11.7。

を起こした。犯人13名は逮捕され有罪判決を受けたが、朝鮮人側も19名が
検挙、起訴され、うち12名が有罪判決を受けた。

○津別町事件（1947年9月、北海道網走郡津別町）[5]

神社の露店で遊戯料を払わなかった朝鮮人に香具師が暴行を加えた。負傷者
収容のために北見から来た朝連の一群に対し、「町に火を放つ作戦」との流言
が発生した。警察の制止にもかかわらず香具師・町民が朝鮮人に暴行を加え、
2名が死亡し、13名が重傷した。

〈1960年代～70年代〉

○朝鮮学校高校生に対する集団暴行事件[6]

東京を中心として、各地で「朝高生」（朝鮮学校高級部の生徒）をターゲット
にした集団暴行事件が多発した。1962-63年に起きた事件だけでも、渋谷、
大塚、下北沢、梅ヶ丘、大塚、小田急百貨店、川崎では国士舘高校生を中心
とする高校生が、蓼科湖、愛知、十条ではヤクザや愚連隊が、集団で白昼、
刃物、棍棒などの凶器によって襲撃を行った。なかには死亡、重傷事件も含
まれる。1962～70年のあいだに確認された集団暴行事件だけで91件にのぼ
る。

○NHK提訴者への脅迫[7]

北九州在住の牧師崔昌華さんが、1975年、NHKを相手どって、韓国人名の
発音を日本語読みにして放送するのは人権侵害であるとして提訴した。する
と、「必ず返れ、返らなみんなころす殺す〔…〕うそと思うなころす、お前がお
るから皆悪いのだ、かぞくもころす、返れ返れ必ず本当だ、死ね死ね」など
と書かれた匿名の脅迫状が届いた。

〈1980年代〉

○指紋押捺拒否者への脅迫[8]

川崎の保育園主事だった李相鎬さんが、外国人だけに指紋押捺を強制するこ
とを批判し拒否したことで、外国人登録法違反だとして逮捕された。これが
テレビなどで報道されると、2か月のあいだに61通もの脅迫状が届いた。「我

---

5) 『津別町史』（津別町役場、1954年）。

6) 当時の事件数も報告書数も多いが、ここでは、在日朝鮮人の人権を守る会準備会『在日朝
鮮人は理由なしに殺傷されている——在日朝鮮中高生に対する暴行殺傷事件の全ぼう』
（1963年）、在日朝鮮人の人権を守る会＆朝鮮高校生に対する集団暴行事件弁護団『朝鮮
高校生に対する集団暴行事件の真相』（1970年）を参照した。

7) 崔昌華『名前と人権』（酒井書店、1979年）。

8) 民族差別と闘う関東交流集会実行委員会編『指紋押捺拒否者への「脅迫状」を読む』（明
石書店、1985年）。

が国の法律を守らなければ即刻退去を命ず。日本人の命には絶対服従を要求する。死ぬもまたよし。」など。

〈1980年代後半〜1990年代〉

○朝鮮人学校の学生に対する暴力事件[9]

大韓航空機爆破事件（1987年）、パチンコ疑惑（1989年）などをきっかけとして、チマ・チョゴリ切り裂き事件を象徴とする、朝鮮学校の生徒に対する暴行、脅迫、いやがらせ等が多発した。

○朝鮮総聯への強盗殺人放火事件[10]

1998年の朝鮮民主主義人民共和国のロケットの打ち上げに対し、日本社会では朝鮮総聯に対する数々の脅迫行為や街宣活動が巻き起こった。それを背景として、千葉で強盗殺人放火事件が起きた。朝鮮総聯が入っている千葉朝鮮会館に人が押し入り、宿直していた羅勲支部副委員長を殺害して、会館に放火した。犯人が特定されず迷宮入りした。

〈2000年代以降〉[11]

○京都朝鮮初級学校襲撃事件（2009年12月〜）[12]

「在日特権を許さない市民の会（在特会）」「主権回復を目指す会」などのいわゆる「行動する保守」メンバー十数名が、2009年12月、京都朝鮮第一初級学校の校門前に押し寄せ、差別的な罵詈雑言を約1時間にわたって浴びせ、学校に通う子どもたちや学校関係者たちに深刻な被害を与えた。同様の示威行為が、2010年1月、3月に繰り返された。

○徳島県教組襲撃事件（2010年4月）[13]、

徳島県教職員組合が、2009年8月に日教組が主催した「子ども支援カンパ」を通して支給された150万円を四国朝鮮初中級学校に寄付し、それがニュースとなった。2010年3月、この件につき国会で質問が行われ、それを産経新聞が報道。これを見た在特会メンバーが、同年4月、徳島県教組の事務所に

---

9) 朝鮮時報取材班『狙われるチマ・チョゴリ——逆国際化に病む日本』（拓殖書房、1990年）、朝鮮人学生に対する人権侵害調査委員会『切られたチマ・チョゴリ』（在日朝鮮人・人権セミナー／マスコミ市民、1994年）。

10) 前田朗「忘れられたヘイト・クライム——千葉朝鮮総連強盗殺人放火事件」（『部落解放』2021年11月）。

11) ☞ 2000年代以降のヘイトクライム事件に関しては、巻頭言2頁以下参照。

12) 中村一成『ルポ 京都朝鮮学校襲撃事件——〈ヘイトクライム〉に抗して』（岩波書店、2014年）、朴貞任「京都朝鮮学校襲撃事件——心に傷、差別の罪、その回復の歩み」法学セミナー編集部編・前掲書注1）16頁。

13) 冨田真由美『あきらめない。——ヘイトクライムとたたかった2,394日　原告手記・徳島県教組襲撃事件』（アジェンダ・プロジェクト、2019年）。

押しかけ、教組書記長を取り囲み罵詈雑言を浴びせて、事務所内を喧噪状態に陥れた。

○ウトロ放火事件（2021年）[14]

2021年8月、京都府宇治市のウトロ地区で、住宅や倉庫など計7棟が焼け、住民の生きた証を伝える原資料が焼失した放火事件。在日朝鮮人に対する明白な敵意を表明した被告人に対し、京都地方裁判所は、2022年8月、懲役4年に処する判決を下し、確定した。

○コリア国際学園放火事件（2022年）[15]

2022年4月の深夜、誰もいないコリア国際学園に忍び込み、1階広場にまとめていた段ボールに火をつけて逃げた放火事件。在日朝鮮人への嫌悪感をあらわにした被告人に対し、大阪地方裁判所は、2022年12月、被告人を懲役3年執行猶予5年に処する判決を下した。

　以上のように、関東大震災以降も、百年以上にわたり、現在に至るまで、姿かたちを変えながら朝鮮人に対するヘイトクライムが繰り返されてきました。

　これは日本による朝鮮の植民地化の歴史と深く関わります。日清戦争（1894-95年）での朝鮮における日本軍の虐殺行為、日露戦争（1904-05年）を契機とした日本の朝鮮占領と保護国化、そして義兵闘争を激しく鎮圧しながら進めた「韓国併合」（1910年）によって、日本は朝鮮を植民地化しましたが、日本内地に住む人々は、朝鮮半島の中で何が行われているか、ほとんど知りませんでした。政府の宣伝どおり「あの国は、自分たちで統治できないから、日本が代わって統治してあげている」くらいの認識でいたわけです。そこに1919年3月に独立運動（三・一独立運動）が起きたり、海外で独立武装闘争が展開されたりすると、「飼い犬に手を噛まれた」「征伐せよ」などと思った人々が多くいました。それに対する日本の弾圧報道も「暴徒をわが国が討伐した」といった書き方でした。満州地域の間島（カンド）（現在の中国吉林省）での虐殺（1920年）も、独立運動家を「不逞鮮人」と

14) ☞本章2のほか、I部3章、中村一成『ウトロ ここで生き、ここで死ぬ』（三一書房、2022年）。

15) 鵜塚健＝後藤由耶『ヘイトクライムとは何か──連鎖する民族差別犯罪』（角川新書、2023年）。

呼んだうえで行われました。その延長線上で、1923年の関東大震災時に朝鮮人の集団虐殺が起こったのです。ふだんは意識が及んでいない朝鮮半島の植民地、あるいは在日朝鮮人が、事件などをきっかけに、日本人に対して「悪さ」をしでかす存在として捉えられ、それに対して一気に攻撃が起こるといった構図を反復してきました。

　戦後間もない時期には、「第三国人」という呼び方が広がり、日本のなかで朝鮮人が勝手きままにやっていると国会でも報道でも喧伝されるなかで、先ほど紹介したようなとんでもない事件（寄居事件、津別町事件）が起こりました。植民地下で形成された関係性が、なぜ朝鮮独立後も継承されたのかについては、あとの［3］で述べます。

　1980年代以降にも、何かしらの報道や事件や外交的な何かがあると、在日朝鮮人に対する攻撃が広がるということが、何度も繰り返されてきました。

［2］　政府の主導性と加害構造の反復

板垣　このように歴史上くり返されてきたヘイトクライムの背景には、日本政府が在日朝鮮人に対する敵意や蔑視を主導、扇動してきた状況があります。あとでも述べるように、関東大震災では、内務大臣が朝鮮人に関する流言を真に受けて戒厳令を発布したわけですし、警保局長が「不逞」との文言を使って各地に朝鮮人の取り締まりを促す電文を送っています。政府や政治家は、近年も在日朝鮮人への攻撃を助長する役割を果たしてきました。2000年に石原慎太郎東京都知事（当時）が行った「三国人」発言は、関東大震災を想起させる語り口でしたし、その発言を陸上自衛隊の駐屯地で行ったという点で、一層危険なものでした。小池百合子東京都知事は、就任翌年の2017年から、9月1日の関東大震災の朝鮮人犠牲者追悼式典に追悼文を送ることを止めました。これはきわめて危険な公的メッセージになります。また、助長するどころか、政府は法制度上排除するという積極的行為を行っています。例えば、日本政府は2010年から始まった「高校無償化」制度から朝鮮学校を排除し、それに呼応するかたちで各地の地方公共団体が補助金を削減しはじめました。そしてこれが朝鮮学校に対するヘイト行為にお墨付きを与えています。

> ——戦後、日本政府や地方自治体が、在日朝鮮人に対する差別の解消のために自ら積極的に動いた経緯はあったのでしょうか？

板垣　国は、建前では、差別はいけませんと言いますが、人種差別撤廃条約の国内法がないあたりで、すでに消極的ですね。歴史的に見ると、地方自治体に関しては実はいろいろありました。しかし、地方自治体が独自の取り組みをすると、間もなく国から圧力がかかるという歴史もありました。

　たとえば、民族教育について見てみましょう。戦後、地方自治体の認可や黙認のもと、各地でさまざまなかたちで朝鮮人学校がたくさんできました。これを1949年に国が一斉につぶします。つぶされた後にも地方では、公立学校の中に民族学級をつくるとか、分校をつくって事実上朝鮮人学校にするといったことを認めてきた例がありました。しかし、それを1965年の日韓条約締結をきっかけに、国がまたつぶしにかかろうとします。と同時に、文部省は朝鮮学校を学校法人や各種学校としても認可するなと通知を出します。しかし地方は認可もするし、場合によっては補助金も出したりもしました。すると21世紀に入ってから、この補助金見直しの動きも国が旗振り役をしています。ともに地域の住民として生きている在日朝鮮人の最低限の要求を、地方自治体が認めきたわけです。この他にも、1980年代の指紋押捺拒否運動に際しては、地方自治体の職員の中から、国の要請に従わないかたちで拒否の支援側にまわった方々もいました。

　どちらかといえば国こそ、積極的に差別を是正し、過去の過ちをただすための取り組みを行わなければならないのですが、まったく逆の姿勢を示していることは大きな問題です。国にとっては、関東大震災時の朝鮮人虐殺の問題は、日本軍「慰安婦」問題や戦時強制労働動員問題などと同じ位置づけなのだろうと思います。かつて苦しんだ人々はいただろうが、既に法的に為すべきことはすべて終わっていて、今すべきことは無い、それ以上の要求をすることは「イチャモン」だという認識なのでしょう。そういった姿勢を貫くことが国を守ることだと信じ込んでいるのが現在の国の政治家や官僚なのだろうと思います。

　政府の加害責任が意識的に検証され反省の対象とならず、その構えが持続しているかぎり、民間を含めて、加害の構造も反復してしまいます。端的にいえば、関東大震災の加害を反復するような動きがその後も見られた

ということです。現在に近いところでみても、東日本大震災（2011年）の
ときに、流言や自警団組織の動きがありました（資料）。その後も、自然
災害のような非常時には、毎回必ずと言ってよいほど、外国人が被災地で
不法侵入して窃盗をはたらいているなどといったデマがインターネット上
のSNS等に書き込まれるといったことがくり返されています。

○東日本大震災での流言飛語による自警団組織：工藤正也（日本の会）イン
タビュー[16]
「あと石巻とかは、中国人がね、亡くなった方の腕や指切って貴金属を盗んで
るって聞いて、『そりゃ許せねぇだろ』ってことで、『被災地治安維持警備隊』
というのを結成してパトロールしましたね。無線の他に催涙ガスとか、スタ
ンガン、鉄パイプ、フル装備なんですけど、あまり意味がないんですよ。周
りが瓦礫だから、角材とか金属バットとか、ゴルフクラブ、ごろごろしてる
んですね。で、一番危険地帯って言われる所に行くんですけど、警察が一人
もいないんですよ。で、すれ違う人に声をかけて、『こんばんわ』つって、返
事がなければ、いろいろ話しかけて、ほんで『中国語でも喋ろうもんならそ
の場で殺しちゃえ』つってね。『まあ瓦礫に埋めときゃ、わかんねぇ』つって。
まあでも結果いませんでしたけどね。」

[3]　ジェノサイドのトラウマとその記憶の非対称性

板垣　このように繰り返されるデマは、日本社会のマジョリティにとって
は「けしからん話だ」で済むかもしれませんが、在日朝鮮人や日本に住む
外国人たちの心の中に暗い影を落としています。それが集団的なトラウマ
的記憶が消え去らない原因でもあります。

　実際、関東大震災時のジェノサイドの記憶は、その後、在日朝鮮人たち
のなかで集団的なトラウマ的記憶となり、それが伝播して、上の世代から
下の世代へと引き継がれていきました。鄭永寿さんの研究から、いくつか
紹介します[17]。

---

16) VICE International (YouTube), "Yakuza, Organized Crime, and the Japanese Right
　　Wing" (2015).

第Ⅰ部　日本におけるヘイトクライムの過去と現在

○関東大震災後に収容されていた習志野収容所から逃げ出した李珍鎬（イ・ジノ）は、その後、東京大空襲から避難して橋を渡るとき、妻に対し「一言もしゃべるな」と言った（息子の証言）。
○琴秉洞（クム・ビョンドン）の叔父は、解放直後、「我々が、今すぐ独立するんだと、うれしそうな顔をすると、倭人はきっと吾々に危害を加えるに違いない」と言った。
○行方不明となった伯父の話を母からくり返し聞かされた金道任（キム・ドイム）は、毎年9月1日が近づくと「日本刀を持った侍が私の首を切りつける」という悪夢を見るようになった。

　また鄭庚姫（チョン・ギョンヒ）さんという在日朝鮮人女性は、1945年9月、岡山県の疎開先の村で洪水に遭い、日本人住民とともに裏山に避難したときのことを、次のように回想しています[18]。

　　それから間もなく、異様な眼が私たちに向けられるのです。母と叔母が朝鮮語で話していたからでしょうか。そのうち、いきなり父が「さあ、食べものを探しにいこう」といって立ち上がったので、私たちは父のあとを追いました。空腹と疲労でついて行くのも苦しいほどでしたが、父は蝗と飛蝗をつかまえながら歩くのです。

　別の場所で一夜を明かした後、父が東京の白山での関東大震災体験を話し出しました。

　朝鮮人はほとんど殺されたやろ。皆集まって住んでいたし、身なりも違っとったからな。わしは浴衣着せられとったんや。浴衣のおかげで助かったようなもんや。〔中略〕わしは、あれから何かコトがあったとき日本人は信用ならんと思っとんのや。この戦争でも見てみい。共存共栄やいうけど、口先だけやった。昨日も見てみい。あんな中に長くいたら、関東大震災のときと同じことになるんや。

17）鄭永寿「関東大震災時の虐殺事件によるトラウマ的体験とそのゆくえ」Quadrante17号（2015年）；同「敗戦／解放前後における日本人の「疑心暗鬼」と朝鮮人の恐怖」コリア研究7号（2016年）。
18）鄭庚姫「三二年目に思うこと」季刊三千里13号（1978年）。

こうして家族、親類、隣人、友人などを通じて、関東大震災の記憶が受け継がれるとともに、そうしたことがまた起きたときに、日本人がどのような危害を加えるか分からないという恐怖も伝承されていきました。これがポストジェノサイド社会の現実です。

●植民地支配時代の日本のマジョリティの中には、差別に加担した人々がいて、差別はしたくないけれども差別を前にして沈黙した多くの人々がいました。中には少数ながら関東大震災時の朝鮮人虐殺から朝鮮人を匿って救った人たちもいたそうです。マジョリティ内部にも葛藤がなかったわけではないかもしれませんが、総体としてのマジョリティ側の「加害の記憶」は、戦後も長い間、公の場で語られることがほとんどなかったと思います。マジョリティ内部で「加害の記憶」が引き継がれてこなかったことも含めて、マジョリティと差別の被害者側の間の記憶の分断が長い間続いてきたということでしょうか。

板垣　実に深刻な問題です。マジョリティからしたら些細なことだと思ってしまえることが、マイノリティのなかでは危機的なものとして受けとめられうるということです。逆にいえば、先ほどのような恐怖の話を聞いても、「考え過ぎだよ」「もうそんなことは起きないよ」「被害妄想なんじゃないか」と思ってしまうマジョリティがいるということです。

　このような「非対称性」[19] は、記憶の分断に起因しますが、それが皮膚感覚のちがいとでも言うべきものにつながっています。これが新たなヘイトや、日常のちょっとしたマイクロアグレッションの源泉になっています。新たな被害が起こるかもしれない状況を敏感に察知するマイノリティと、それに鈍感に生きていくことができるマジョリティとの間に、レイシズムの日常的な発生源があります。

　その歴史的淵源は既に 1923 年にありました。関東大震災時の朝鮮人虐殺に関しては、当時、あれは自警団が暴走してやったことだとされたわけです。あとから述べますが、政府が「不逞」の朝鮮人を警戒して自警団を

---

19) 鄭暎惠「ヘイトスピーチ被害の非対称性」法学セミナー編集部編・前掲書注 1) 61 頁。

組織しろと触れて回ったといった類の話はどこかにもみ消されていった。実際に竹槍で刺したりした人だけが処罰されて、それ以外の人々の責任の問題もどこかに消えていった。そのようななかで、1945年までは検閲もあって、虐殺の被害について公論化できないまま在日朝鮮人のあいだでの記憶として伝承されていった。関東大震災後の間もない時期から在日朝鮮人による追悼式があったわけですが、それもしばしば取り締まりの対象となっていました。一方、自分が加害側にいたことを公然と告白するなどということは、それこそ普通の環境ではできないことなので、それはそれで秘められていったわけです。そのようなことで、いつの間にか一部の人が暴走した、政府は朝鮮人をむしろ「保護」した、という話だけが日本社会で伝承されることになりました。戦後、虐殺の事実がようやく歴史研究として活字化されたのは1960年代になってから、それも在日朝鮮人の手によってでした。あれほど大きな事件であっても事実が明らかになるまでに長い時間がかかったわけで、その他のほとんどのレイシズムやヘイトクライムはマジョリティの記憶から失われてしまいがちでした。これが強烈な非対称性の歴史的な源泉の1つです。

[4] 裁判の中で非対称性をどう扱うか

●日本の裁判で、在日朝鮮人に対するヘイトスピーチやヘイトクライムの被害が法的に争われるときに、事実認定において差別やレイシズムが加害行為の背景にあったことが裁判所によって認定されるか否かが注目されることが多いですが（☞巻頭言2頁、6-8頁、Ⅰ部2章52、55頁、Ⅰ部3章72頁）、これは、裁判の中でも差別する側と差別される側の非対称性を踏まえる必要があるということでしょうか？

板垣　そのとおりです。在日朝鮮人にとっては、それが命の危険までも感じさせ、人間の尊厳を否定される被害であったとしても、そのような問題がまず裁判にまで至ることのほうが稀なわけですが、裁判になったとしても、今度は日本の法律や裁判が、先ほど述べたような非対称性を踏まえることなしには、被害も加害も捉えることもできないし、被害者を救済する結果を導くこともできないだろうと思います。

　裁判官は、基本的に日本人、それも日本人の中でもいわばエリートで、

専門的な書類ばかりと向き合っているので、日本社会の差別やレイシズムの実態に対して、一般の「常識」以上の知識や感性を持っているわけでもないと思います。崔江以子さんに対するヘイトスピーチの裁判（横浜地川崎支判令5・10・12）で私は意見書を書きました。在日朝鮮人にとって「祖国へ帰れ」というヘイトスピーチがなぜ問題なのか、これを読む裁判官には直感的に理解できないことも前提にしなければならないと考えました。「ゴキブリ」のような汚いことば、「殺す」といった脅迫のことばなどと違って、「帰れ」ということばがもつ問題性を、裁判官が捉えがたい可能性があると思ったのです。そこで私は、実際に被害を受けた方々の経験談など、大量の「生」の資料を付けました。私自身、これを読んで編んでいるあいだに、辛い思いを追体験することになってしまい、胃がきりきりと痛みましたが…。それは一重に裁判官も持っているかもしれないバイアスを是正するためでした。

　別の言い方をすれば、ヘイトやレイシズムが関わる裁判において、法の下の平等と言うときに、ただ「同じ」手続によって、つまり形式的な平等だけをもって審理を進めていては、むしろ非対称性が温存されてしまい、結果の不平等をもたらしうるということです。裁判において非対称性を考慮する規範が形成されれば、司法のあり方も大きく変わっていくだろうと思います。

「祖国へ帰れ」ヘイトの問題
○ 40 代女性
「書き込み数が多かったため、実生活で顔を合わせている人の中にもこのような考えの人がいるかもしれないと思うようになり、以前より社会に警戒心を持つようになった。」
○ 30 代女性
「『帰れ』という発言だけではなく、『殺す』とか『死ね』という発言が、本当に自分に向かってくる感覚を覚え、特にヘイトスピーチデモを見たあとはしばらく、自分の周りに自分を監視したり危害を加えようとする人がいないか恐怖心を覚えるようになった。」
○ 20 代女性
「その後、私は、授業に行くのが気が重くなった。〔……〕これにより、その

> 授業への参加だけではなく、学部棟などにも入りにくくなり、さっさと通り
> 過ぎたり、大学に来ること自体にも不安を感じるようになった。それから半
> 年以上、学生の集まる場所（キャンパスや交通機関など）に近づくと不安に
> なる状態が続いた。」
> （以上、拙稿「『帰れ』発言に関する意見書」2022 年 11 月横浜地裁川崎支部
> 提出より）

2　ウトロ放火事件（2021 年）の加害論理と被害経験

[1]　ウトロ放火事件の特徴

●ウトロ放火事件（2021 年）はどのような事件だったのでしょうか？

板垣　以上のようなポストジェノサイド社会というべき現代の日本社会の
なかで、2021 年 8 月 30 日、京都府宇治市ウトロ 51 番地で放火事件が発
生し、家屋等 7 棟や家財が焼損し、ウトロ祈念館に展示予定だった看板等
が焼失しました（☞ I 部 3 章）。以下、この事件が関東大震災の構造をどの
ように反復しているか見てみましょう。

　この事件で興味深いのは、犯人Ａの敵意の対象が、「あいちトリエンナ
ーレ」の「表現の不自由展」から「名古屋韓国学校」へと移り、そこでま
ず放火を試み、そこからさらに旧・韓国学園である「京都国際高校」へと
移り、そして「ウトロ」の放火へと繋がったことです[20]。これらの対象に
は、何らかのかたちで「韓国（人）」に関係しているという以上の共通性
はありません。逆に「韓国（人）」に関係しているとみなされれば、何で
あっても攻撃の対象になり得たということです。被害者側にはかけがえの
ない固有性があるのに対して、加害者の認識には置換可能性があったとい
えます。いわば「差別的な無差別事件」ともいえるところがあります。こ
れは、関東大震災時の福田村事件[21] に代表されるように、「朝鮮人」とみ
なされた者であれば誰でも殺されたことを想起させます。

　Ａは、ウトロ住民はもちろん在日朝鮮人とも接触した経験すらありま

20）以下の記述は板垣竜太「ウトロ放火事件公判への意見書」評論・社会科学 142 号（2022
　年）に基づく。

せんでした。にもかかわらず、ウトロの平和祈念館が「過去の経緯を正当化」し、日本（人）に「害悪」を及ぼしているとみなして加害に及びました。この点でも、関東大震災時の虐殺で、直接に朝鮮人から被害を受けたこともない住民が朝鮮人に脅威を覚えて殺害に及んだことと類似しており、被害と加害の逆転が生じているといえます。

　また、Aは「ヤフコメ」（Yahoo! ニュースのコメント欄への投稿）をかなり見ていました。ヤフコメ上の差別的な投稿が暴力の正当化の源泉となっていました。これも、関東大震災時の朝鮮人虐殺が、「暴徒」「不逞鮮人」を日本が「討伐」しているという新聞等の言説が広がるなかで起こったことと重なります。このようにヘイトが「文化」となったとき、それは「敵」を特定するとともに、暴力を「文化的に正当化」する機能を果たしました[22]。逆に言えば、私たちはこのような「文化」の形成を防ぐべきなのです。

　レイシズムを克服するための啓蒙ツールとして「ヘイトのピラミッド」（図1）というモデルがあります。ピラミッドのように段が積み重なって、下の段の積み重ねと日常化が上の段の前提となっているというモデルです。そこに、私の方で「ヘイトスピーチ」や「レイシャルハラスメント」などを書き入れたものです。ピラミッドの頂上にはジェノサイドがあります。その下段には「偏見にもとづく暴力行為」があり、一番下には裾野のように「偏見（バイアス）」が広がっています。ただ、間違っても、下の方の段だから、より問題が少ないなどと考えるべきではありません。これはむしろ、さまざまなレベルでの対策を促進するためのモデルです。

　実際、行為がこのピラミッドの順を追ってエスカレートするわけでもな

21) 1923年9月6日、関東大震災後の混乱および流言蜚語が生み出した社会不安の中で、香川県の被差別部落出身の売薬行商人15名が千葉県東葛飾郡福田村（現在の野田市）三ツ堀で、地元の福田村および田中村（現柏市）の自警団から「言葉がおかしい」「朝鮮人ではないか」などと詰め寄られながら暴行を受け、うち9名が死亡した（辻野弥生『福田村事件——関東大震災・知られざる悲劇』〔五月書房新社、2023年〕）。

22) J. Levin & G. Rabrenovic, "Hate as Cultural Justification for Violence," Brian Levin ed., *Hate Crimes Volume 1: Understanding and Defining Hate Crime*, Praeger Perspectives, 2009.

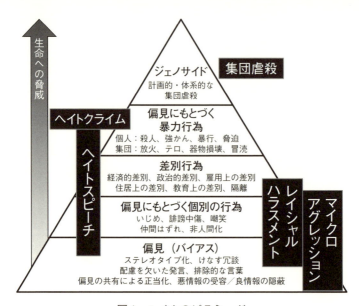

図1 ヘイトのピラミッド
Anti-Defamation League (http://www.adl.org/) を参考に作成

く、Aの場合には、いちばん下の「偏見（バイアス）」から、一気に上から2番目の「偏見にもとづく暴力行為」に及んだのが特徴です。この事件で人々をゾッとさせたのは、こういうノーマークの人物がいきなり放火を行ったことです。排外主義団体のように、常日頃ヘイトスピーチを発信している人たちが何かをしでかしたとすれば、それはもちろん許されるべきことではないのですが、まだ予測可能性があります。ところが、それまで発信もしておらず、存在感もなかった人が急に攻撃してくるとなると、むしろ深刻さが増してきます。それに、動機は悪質なのですが、ネット検索でターゲットが簡単に変わってしまうように、同時に「軽さ」もあるのが特徴です。Aはウトロに個人的恨みなどないと言っています。その一方で、Aは、朝鮮人が日本にいることに恐怖を感じるような事件を起こしたい、そのことで日本から朝鮮人を排除したいという動機は明確に持っています。ヘイトクライム研究の中でも、特定集団全体にメッセージを送るために、個別の対象を「象徴」として攻撃する側面が多く見られると言われていますが、ウトロ事件もそういう典型性を備えています。だからこそ、一番下

の「偏見（バイアス）」を含めて、どのレベルの対策も重要になってくるわけです。

　Aの最終意見陳述が忘れられないのですが、最後にAは「仮に私を極刑で裁いても、事件を個人の身勝手な差別感情によるものと収束させようとすれば、今後同種の事件、さらに凶悪な事件が起きる」と主張しました。彼は、自分のやり方が悪かったくらいにしか思っていないだけでなく、自分の事件を一つのステップとして位置づけ、後続の事件をも期待する発言をしました。その発言自体もちろん問題なのですが、このことが示しているのは、「第二のA」を生まないためにも、Aのような考えや行為を生み出した日本社会の土壌を、しっかりただしていく必要があるということです。

[2]　ヘイトクライム被害の広がり

●京都地裁判決後の朝日新聞社からの取材に対して、Aが実際は反省していないと答えていたことには驚きました[23]。ヘイトクライムが裁判で裁かれ、加害者に実刑判決が下されたにもかかわらず、その差別的な動機については、少なくとも判決の段階では加害者に反省を促すことにはならなかったようです。そのような意味では、現在の刑事裁判の限界が浮き彫りになった判決だったといえるかもしれませんね。

板垣　たしかにそうですね。ただ、加害者の動機や、反省を促すための処罰、という点だけに目を奪われてはならないと思います。

　刑事裁判では動機の悪質性を重視すると思うのですが、それだけでは捉えきれない問題があります。人種差別撤廃条約における人種差別の定義は、「目的又は効果」という形で定義しており[24]、人種差別を行う目的だけではなく、それがどのような効果をもたらすかを重視しています。刑事裁判でいえば、「目的」が「加害動機」だとすると、「効果」は「被害実態」に

---

23) 2022年8月31日付朝日新聞。「……被告は判決後、東京拘置所で朝日新聞記者の面会取材に応じた。判決を『受け入れるつもり』として、控訴しない意向を示した。ただ、現在の心境を、『実際は反省していない』と説明。平和祈念館の開館を阻止するという動機面については『差別感情そのものと言われても否定できない。一方的な韓国嫌悪の感情は変わっていない』と言い切った。」

なると思います。

　ウトロ事件の直接の被害は、住宅や倉庫など計7棟が焼けたことにあるわけですが、被害や被害者がそれにとどまるものではありません。イガンスキーという研究者が、次頁の**図2**のとおり、ヘイトクライムによって生み出される「損害の波（waves of harm）」という考え方でヘイトクライムの被害の広がりを捉えています[25]。これをウトロに当てはめると、**図2**の右側のような被害の広がりがあるということができます。例えば、ウトロ出身で現在はウトロに住んでない在日朝鮮人は、この図でいえば③になりますが、今回のヘイトクライムによってトラウマ的ともいえる症状が出ています（本書・具良鈺論考〔74頁〕参照）。

　図の④については、ウトロの火事が連続放火事件であることを知ったときの、在日朝鮮人や韓国から来られた方々が受けた衝撃を、2つほど紹介します。この事件をきっかけとして、いつ自分もやられるかわからないと思って、具体的に生活上の行動パターンまで変えたという人たちがいます。関東大震災を想起した方もいますが、これは、私たちが現在生きているのが、1で述べたようにジェノサイドが起こってしまった後の社会（ポストジェノサイド社会）であることを物語っています。それは、ひいては⑤日本社会の規範と価値を毀損していくことになります。こういった被害の広がりに目を向けずに、加害者の方ばかりを見ていてはいけないという思いから、私の意見書では被害論を先に持ってきました。

　加えて言うなら、Ａも、朝鮮人が日本にいることに恐怖を感じるような事件を起こしたいと言って、被害を広げることを意識していました。ということは、たいへん残念なことに、目的と効果が合致してしまった事件だったと言えます。

24）あらゆる形態の人種差別の撤廃に関する国際条約（人種差別撤廃条約）第1条第1項「この条約において、『人種差別』とは、人種、皮膚の色、世系又は民族的若しくは種族的出身に基づくあらゆる区別、排除、制限又は優先であって、政治的、経済的、社会的、文化的その他のあらゆる公的生活の分野における平等の立場での人権及び基本的自由を認識し、享有し又は行使することを妨げ又は害する目的又は効果を有するものをいう。」

25）Paul Iganski, "Hate Crimes Hurt More," *American Behavioral Scientist*, 45(4), 2001.

図2　ヘイトクライムによって生み出される
「損害の波（waves of harm）」（イガンスキー）

○関東在住の在日朝鮮人、女性、50代
ウトロ放火事件、そしてそれが朝鮮半島にルーツを持つ人々の家屋や施設に対する連続放火であったことを知ったとき、「ついにここまで来たか…」という思いと、恐怖のあまり身体が硬直する感覚を覚えました。普通に生活していても、いつ、どんな機会に在日朝鮮人であることを知られるかも分からないし、知られた途端に攻撃されるかもしれないと感じました。まるで関東大震災の時のようだと思ったし、このまま進むといつか命が奪われる事件も起きるのではないかと思いました。

○関西在住の韓国人留学生、女性、30代
犯人が「韓国人が嫌いだから」というのを普通に言えることをみると、まず思ってしまうのは自分が韓国人ということだけで殺されることもあり得るという恐怖です。ポストに書いてある名前だけで外国人であることが特定されるので、それまで気にしていなかったポストの名前が心配になってしまったり、外で友だちと韓国語で話す時も周りを気にしてしまいます。私の友だちは、子どもが外で「オンマ（お母さん）」と呼ぶだけで子どもに注意をしてしまうそうです。

3　在日朝鮮人へのレイシズムと植民地主義
──近現代史を通じてどのように形成され継承されたか

[1]　植民地主義とレイシズム
●戦後80年近く経った現在でも、日本社会において在日朝鮮人に対する差別が無くならないのはいったいなぜなのでしょうか？

板垣 日本社会における在日朝鮮人に対する差別の根深さの背景には、日本が朝鮮半島を植民地支配した歴史があり、その植民地時代に形成された関係性が是正されないまま、姿かたちを変えて存続してきたことがあります。植民地支配を維持するために必要不可欠なレイシズムの構造が、領土としては植民地が切り離された後も、関係性としては続いてきた。つまり植民地支配が終わった後も、植民地主義（colonialism）として、レイシズムと密接不可分なものとして残ってきました。このように植民地支配でつくられた関係性が解放後も植民地主義として続くことは、日本だけに限られることではありません。

　日本が朝鮮を支配した頃の朝鮮半島の状況としては、人口約2千万人のなかで、日本人は最も多いときでも約70万人であり、圧倒的に少数でした。数としてはマイノリティのはずなのに、官僚機構でも軍や警察などの暴力機構でも公教育機関でも、地位としては上の方で君臨しているわけです。日本人の方が知識、能力、技術などで朝鮮人よりも「上」という集団意識なしには、そのような関係構築は不可能です。「立派な日本人」になるしか生きる道はないかのように言いつのり、朝鮮の歴史や文化を継承する価値の無いものとみなすなどということは、そうした上下意識抜きには成り立ちません。それに抵抗する動きがあったら、それを抑え込むだけの暴力装置を常に作動させられるようにして、そのことを正当化する論理としては、「不逞」「反日」「国体毀損」などといった名目を用いて、「敵」として殲滅できるような仕組みと実践を繰り返すなかで、植民地支配が行われました。

　それが、関東大震災時の朝鮮人虐殺にもつながる論理にもなったわけです。姜徳相さんが強調してこられたように[26]、1919年の三・一独立運動のときに朝鮮総督府のナンバーツーの地位（政務総監）にいた水野錬太郎が、1923年の関東大震災時の戒厳令体制における警察行政の最上部に位置する内務大臣であり、朝鮮総督府の警務のトップ（警務局長）だった赤池濃が、関東大震災時には警視総監（内務大臣直属）でした。そして同じく

26）姜徳相「一国史を超えて──関東大震災における朝鮮人虐殺研究の50年」大原社会問題研究所雑誌668号（2014年）。

内務大臣直属の警保局長が、「朝鮮人は各地に放火し、不逞な目的を遂行せんとし〔中略〕鮮人の行動に対して厳密なる取締を加えられたし」との電文を各地に流したのです。この辺が関東大震災時に戒厳令を推し進めた中心人物です。軍人では、先に紹介した満州の間島での虐殺のときの朝鮮駐屯軍司令官だった大庭二郎が、関東大震災のときに軍事参議官でした。何かことが起これば朝鮮人は暴動を起こす、何かをしでかすと本当に思い込み、それを抑えようとする人たちが当時上にいたわけです[27]。

●植民地支配時代の内地の状況や日本人の認識といったものは、どのようなものだったのでしょうか?

板垣　ひと言で説明できることではないのですが、まず、先ほども述べたとおり、「内地」の日本人は、基本的に植民地の状況をあまり知らなかったと思います。地図で朝鮮半島は赤く塗られていて日本の領土だというくらいの認識しかない人が多かったと思います。また、在日朝鮮人は、「朝鮮人お断り」の住居差別や安定的収入からの排除などの結果として、居住地域の分離（セグリゲーション）が起こり、密集して住む場合が少なくなく、日本人からみたら、朝鮮人があそこに住んでいるのは知っているけれども交流はない、ということもめずらしくありませんでした。

　「一視同仁」という旗印のもと、天皇の下でみな同じく臣民だとの認識だけが広められるなか、歴然と存在していた不平等を知覚しにくい構造もあったと思います。この点については、京城帝国大学の経済学者で、戦後間もなく連合国の賠償対策の一環として日本政府内でまとめられた『日本人の海外活動に関する歴史調査』の執筆にあたった鈴木武雄が「朝鮮統治の性格と実績」で主張したことが象徴的です[28]。鈴木は、「一視同仁的同化政策」が植民主義的な政策を否定する考え方を含んでいたとします。「不徹底」な部分があったり、末期の皇民化運動のように「行過ぎ」の部

---

27) 本インタビュー後に出た次の著書は、こうした点で最重要文献である。慎蒼宇『朝鮮植民地戦争——甲午農民戦争から関東大震災まで』（有志舎、2024 年）。

28) この論考は、ゆまに書房から影印された大蔵省管理局『日本人の海外活動に関する歴史的調査』の第 5 巻・朝鮮篇（10）に入っている。

分もあったりしたが、理念としては差別的なものではなかったと強弁します。しかし、その鈴木自身が、日本人と朝鮮人の関係を「飼主」と「羊」にたとえて論じたりするわけですから、そこには圧倒的な「主人」意識があったわけです。

　実は、こうした「同化は差別ではない」といった考え方は今日にも引き継がれています。たとえば、よくある緩めの表現で言うなら「日本で日本人と同じように生きている人を差別してはいけない」という主張もそのバリエーションに属します。ここでの「同じ」は、実際のところ、相手の民族的な部分、「日本的」とは思われない部分を否定しているわけですし、仮に一定の「違いを認める」と言ったとしても、その寛容と不寛容のさじ加減を結局日本人が握っている点で、そこにはレイシズムがあるのです。当時も今もこのような「同化という名のレイシズム」の存在は、日本ではあまり意識されていないように見えます。

[2]　なぜ敗戦で終わらなかったのか？
──「戦後処理」から抜け落ちた「植民地支配後処理」

●当然生じる疑問だと思いますが、そのような関係性が、1945年の敗戦で終わらず、継続することになったのはなぜなのでしょうか？

板垣　1945年8月の日本の敗戦は、多くの日本人にとって「日本が戦争に負けた」という「敗戦」の衝撃だったろうと思います。その後、「戦後処理」が始まりました。つまり、責任者処罰に関わる戦犯裁判（東京裁判、極東国際軍事裁判）と、賠償や外交関係正常化に関わるサンフランシスコ講和会議が開かれました。しかし、そこでの焦点は日本が行った侵略戦争の処理であって、そこからは植民地支配の問題が抜け落ちました。日本の領土から朝鮮半島などが切り離されたりはしたのですが、植民地住民の被害といった問題は度外視されました。つまり「戦後処理」から「植民地支配後処理」が欠落したのです。

　東京裁判では、戦犯として南次郎（陸軍大将）や小磯國昭（陸軍大将）が裁かれました。彼らは、戦時期に朝鮮総督だった人物で、在任中（それぞれ1936〜42年と1942〜44年）に創氏改名制度や志願兵制度や徴兵制を導入した責任者です。これに対し、当時、在日朝鮮人運動団体などからは、

彼らが植民地支配下で行ったことも裁けという批判の声があがっていました。しかし、そうしたことは東京裁判の管轄外とされました。各地のBC級戦犯法廷でも、たとえばイギリスの植民地住民の被害が裁かれることはあっても、朝鮮や台湾などの日本の植民地住民の被害は裁かれませんでした。それどころが戦犯にされた朝鮮人や台湾人がいました。つまり、帝国の支配下にあった民族は、もとの宗主国の地位に従属させられたわけです。ここに国際法のもっていた植民地主義がありました。賠償問題も同様です。サンフランシスコ講和会議に、朝鮮半島にできていた2つの国はいずれも参加できませんでした。このように、敗戦と脱植民地化が同時に起こったことで、戦争のインパクトのなかで植民地支配の問題がどこかに消えていってしまうということがあったと思います。

　こうした構図のなかでレイシズムも姿形を変えて存続しました。日本の領土から朝鮮半島が切り離されたのにともない、多くの問題が国籍の問題へと転化していきました。植民地から脱して独立国家ができるわけですから、外国籍者になること自体は当然の成り行きとしても、国籍を基準とした排除が進められることになりました。戦没者の援護、国民年金、国民保険、公営住宅など、国籍条項によって、さまざまな制度から朝鮮人が排除されていったのです[29]。「国籍条項という名のレイシズム」とも言えるものです。ちょっと前までは「あなたたちは『皇国臣民』なんだから日本のために尽くして死になさい」と言われていたのに、戦後、「外国人だから、国民の恩恵は受けられない」ということで制度の外側に置かれてしまう。「それが嫌なら日本国籍をとればよい」「それも嫌ならば帰ればよい」「そうでないのであれば差別に甘んじるほかないのではないか」という論理が登場したわけです。日本では「少数民族」という考え方を制度化しなかったので、いったん日本国籍を取得してしまえば民族問題も公的に見えなくなっていきます。国籍問題になるがゆえに、それが在日朝鮮人に対するレイシズムであることが認識されにくくなってしまった。この状況を生み出したのは日本政府なのですが、日本政府の担当者にレイシズムの当事者

---

29) 田中宏『在日外国人——法の壁、心の溝〔第3版〕』（岩波新書、2013年）。

意識が無くなるのもこのことからきているのではないかと思います。

　以上のことは、日本国憲法14条1項（「すべて国民は、法の下に平等であつて、人種、信条、性別、社会的身分又は門地により、政治的、経済的又は社会的関係において、差別されない。」）があるのに、これが人種差別禁止のための積極的役割を果たせなかったことの原因にも関わっています。憲法14条1項は、GHQ案段階では法の下の平等と差別禁止の2つの文章に分かれていました。それどころか出身国差別にも言及されていましたし、外国人は法の平等な保護を受けるという条項も別途ありました。これらが1つの文章になるなかで、いつの間にか差別禁止の方が見えにくくなり、形式的な平等ばかりが浮かびあがった。そして、「自然人」が「国民」に書き換えられ、出身国関連の文言も消え去ることで、自ずと在日朝鮮人問題にリンクするということがないようなかたちで、日本国憲法ができあがっていったんですね[30]。これとも軌を一にしていると私は思っています。憲法の条文に「人種」差別が書き込まれていること自体は、当時の世界の憲法の中で画期的なものにも見えます。しかし、その「人種」とは、生物学的、身体的、見た目のちがいしか念頭になかった可能性が高く、当初それが在日朝鮮人の差別問題に関わるものと捉えられていなかったと考えられます。

[3]　日本におけるレイシズムの二重性

板垣　それは、近代日本のレイシズムの特徴と深く関わっています。私はそれを「レイシズムの二重性」ということがいえると呼んでいます[31]（図3）。

　これは授業で使っているスライドですが、近代レイシズムの一面（レコードのA面）は、「白人」や「黒人」といったいわゆる人種をもとにしたレイシズムです。グローバルな世界システムの中で、欧米中心にさまざ

30）小関彰一『日本国憲法の誕生』（岩波現代文庫、2009年）、木村草太『平等なき平等条項論』（東京大学大出版会、2008年）。
31）この点については、拙稿「日本のレイシズムとヘイトスピーチ」LAZAK編『ヘイトスピーチはどこまで規制できるか』（影書房、2016年）でも述べた。

A面 日本人が「黄色」人種として白人至上主義の劣位に位置づけられる
・自らを世界的な被抑圧者（差別される側）とみなす見方が生まれる
・生物学的な「人種」理解に基づき、日本国内にレイシズムは存在しないという錯覚が生ずる

B面 近代帝国主義国家としてレイシズムの主体にもなる
・先住民族、植民地住民に対するレイシズム
・さまざまな標識によるレイシズムが作動する

図3　近代日本のレイシズムの二重性

なことが動いていた近代には、白人至上主義と総称される人種秩序が組み込まれていました。その中で「黄色」人種とされた日本人は、白人至上主義の中では劣位に位置づけられました。実際、日系アメリカ人に代表されるような欧米に移住した日本人が差別され、時に迫害をうけてもいました。日本政府はそうした在外日本人を何とかしなければいけないと考え、第一次世界大戦後に国際連盟をつくる際には、人種差別の撤廃に関する条項を入れようと提案しました。しかし、そこで念頭にあった人種差別は、肌の色や見た目の違いを基準にした「人種」概念にもとづくという理解です。ジョン・ダワーが書いているように、その後、太平洋戦争の日米戦が「容赦なき戦争」となったのは、このＡ面のレイシズムが作動していたという側面がありました[32]。

　このＡ面のレイシズムによって見えにくくさせられていたのが、もう一方のレイシズム（レコードのＢ面）です。近代帝国主義国家としての日本は、膨張の結果としてさまざまな民族集団をその内に取り込むことになり、そのなかで「日本人」（「大和民族」）を中心とした人種秩序をつくりあげました。それは白人中心のＡ面のレイシズムの体系とは異なり、戸籍、言語、においなどさまざまな標識が動員され、いわば「人種なきレイシズ

---

32) ジョン・ダワー『容赦なき戦争——太平洋戦争における人種差別』（平凡社ライブラリー、2001年）。

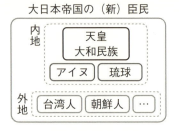

図4　大日本帝国の天皇制と臣民の重層構造

ム」とでも言うべきものになっていました。

　また、このＢ面については、天皇制の問題が関わります。大日本帝国憲法では、「万世一系の天皇」がいて（第1条）、「祖宗」が慈しんだ「臣民」の子孫である臣民（上諭）による国だといっています。先祖代々天皇に仕えてきたと想像される人たち、すなわちいわゆる大和民族を血統主義的に定義し、その周りでアイヌの先住権を奪い琉球を併合しながら新たな「臣民」としていきました。つまり、「一視同仁」と言いながら、はじめから中核たる大和民族の「臣民」とその後に新たに加わった「臣民」という構図が大日本帝国の憲法秩序の中に含まれていたわけです（図4）。

　このような二重性が一つの特徴であり、このうち「人種差別」の存在を日本政府が明確に認識していたのはＡ面です。Ｂ面の方は、先ほど述べたように「一視同仁」論で認識しにくい構造になっていました。だからこそ戦後の日本国憲法の14条に「人種」という文言が入っていても、それが日本人による朝鮮人差別に関わる文言であるとは、日本政府としては想定していなかったのではないかと考えています。それがのちに民族差別や国籍差別是正のための法的根拠になっていったとすれば、それはその後展開された在日朝鮮人らの権利獲得運動と国際的な人権規範を受け入れたことの産物だと見た方がよいと思います。

[4]　戦後日本に継承される偏見

●以上は日本政府の認識や法制度に関するものでしたが、戦後日本の民衆の意識はどのようなものだったのでしょうか？

板垣　泉靖一という人類学者が1951年に日本の偏見調査を行ったのです

1　日本のヘイトクライムの歴史性からみた現代レイシズム克服のための課題　041

表1　泉靖一の 1951 年偏見調査 (1)

順位	好きな民族		嫌いな民族	
1位	アメリカ人	167	朝鮮人	150
2位	フランス人	117	ロシア人	106
3位	イギリス人	105	シナ人(ママ)	74
4位	ドイツ人	83	ニグロ人(ママ)	64

（備考）好き嫌いの順序を 1〜16 位でつけた。

表2　泉靖一の 1951 年偏見調査 (2)

	日本への態度			接触の程度		
	馬鹿にする	政治的にためになる	経済的にためになる	みた	交際した	ほとんど知らない
朝鮮人	105	17	56	73%	26%	1%
シナ人(ママ)	56	33	113	76%	18%	6%
フィリッピン人	21	15	62	19%	3%	78%
インド人	3	56	168	29%	4%	67%
アメリカ人	16	199	282	83%	17%	0%
イギリス人	16	80	126	55%	7%	36%
フランス人	10	53	58	33%	3%	65%
オーストラリア人	30	16	85	42%	2%	56%
ドイツ人	6	31	40	35%	6%	59%
ロシア人	37	7	26	38%	5%	57%
ニグロ人(ママ)	7	9	13	85%	1%	11%

（備考）左は、それぞれの集団を表現することばを選ぶもの。右は接触経験。

が、あまりにショッキングな結果だったため、10 年以上経って 1963 年にようやく公表しました（表1、2）。その後、我妻洋・米山俊直『偏見の構造——日本人の人種観』（NHK 出版、1967 年）では、1960 年代の「日本人の人種態度」調査の結果が紹介されています（表3）。1950〜60 年代の調査なので、今からするとずいぶんおかしなカテゴリーもありますが、歴史資料としてご理解ください。

　表1の泉の調査では、好き嫌いの順位付けが出てきますが、「敗戦」からわずか6年の段階で、既に好きな民族ナンバーワンがアメリカ人となっ

表3　我妻洋・米山俊直の1967年偏見調査

グループ	順位	拒否度			
		日本に住む	隣に住む	日本に帰化	結婚
イギリス人	1	5.9%	5.9%	13.7%	34.4%
フランス人	2	3.3%	3.3%	8.5%	34.8%
ドイツ人	3	4.8%	5.6%	10.0%	34.8%
アメリカ人	4	7.8%	7.8%	13.0%	36.3%
イタリア人	5	6.7%	8.5%	12.2%	36.7%
インド人	6	9.7%	13.0%	13.3%	50.8%
ロシア人	7	17.4%	16.7%	22.2%	48.9%
タイ人	8	7.4%	10.0%	13.0%	43.7%
中国民族	9	15.2%	17.4%	21.9%	45.9%
インドネシア人	10	7.4%	11.7%	15.2%	47.4%
フィリピン人	11	11.4%	10.0%	16.3%	37.1%
朝鮮民族	12	31.1%	34.4%	31.9%	62.2%
黒人	13	17.8%	23.8%	24.4%	61.1%

ています。その一方で、嫌いな民族のナンバーワンが朝鮮人になっています。表2の「日本への態度」調査では「馬鹿にする」で朝鮮人が多くなっています。どちらが「馬鹿に」していたのか、逆じゃないのかと思いますが。アメリカ人は「政治的にためになる」「経済的にためになる」で高い数字になっています。そして、ここに挙げられている集団の中で、朝鮮人が一番接触が多いんですね。

　表3の我妻・米山の調査は、「〜人が〜することをどう思うか」というもので、反対の割合が「拒否度」となっています。「日本に住む」「隣に住む」などで朝鮮人の拒否度が高くなっています。「日本に帰化」さえ3割の人が反対しているし、「結婚」も、この中では朝鮮人との結婚が実際には一番多かったはずですが、6割が反対しています。

　このような結果は「外国人」全般に対する偏見という説明では理解しきれません。植民地主義という観点を導入してはじめて理解可能なものです。このような意識が、戦後日本の民衆意識として継続します。日本は「平和憲法」のもとで戦後をスタートさせ、全般的には経済成長を遂げていく。一方、報道などでは「韓国（人）」「朝鮮（人）」に関するネガティブな表

現ばかり出てくる。そうしたなかで、1945年以前に形成された関係性である植民地主義にもとづく偏見と差別が、姿形をかえて再生産されてきたと思います。

4　現代レイシズムの克服のために

[1]　ダーバン会議（2001年）から考える
●日本社会における現代レイシズムを克服するためには、どのような努力や考え方などが必要なのでしょうか？
板垣　こうした日本社会の現代レイシズムを克服するためのヒントになりうるのが、2001年に南アフリカで開かれたダーバン会議です。これは正式名称を「人種主義、人種差別、外国人排斥および関連のある不寛容に反対する世界会議」と言って、反レイシズム世界会議の第3回目にあたります。アフリカ諸国の提案によって開かれ、日本政府代表も参加しています。そこで採択されたダーバン宣言（政府間）は、現代レイシズムとその解消に関連して、歴史的な観点を重要視しており、私は画期的な内容だと思っています。

①レイシズムの源泉としての植民地主義／現在への被害の継続
14「植民地主義が人種主義、人種差別、外国人排斥および関連のある不寛容をもたらし、アフリカ人とアフリカ系人民、アジア人とアジア系人民、および先住民族は植民地主義の被害者であったし、いまなおその帰結の被害者であり続けていることを認める。」
前文「植民地時代に促進され実行された、ある人種や文化が他の人種や文化より優越しているという見解が、今日でもあれこれの形態で唱えられ続けていることに懸念をもって留意し…」
②過去の残虐行為や悲劇をしっかり学ぶことが現在・未来の社会のために大切
57「人類史が重大人権侵害の結果として多くの残虐行為に満ちていることを自覚し、歴史を記憶することによって将来の悲劇を防ぐことを教訓として学ぶことができると信じる。」
98「過去の悲劇を包括的かつ客観的に認識できるようにするために、古代から最近の過去までの人類史の事実と真実を教えること、ならびに人種主義、

人種差別、外国人排斥および関連のある不寛容の歴史、原因、性質と結果の事実と真実を教えることの重要性と必要性を強調する。」

106「いつどこで起きたものであれ、過去の犯罪や悪事を想起し、人種主義的悲劇を明白に非難し、歴史の真実を語ることが、国際的な和解、ならびに、正義、平等および連帯に基づく社会の創造にとって必須の要素であることを強調する。」

③犠牲者の記憶に敬意を捧げる

99「…過去の悲劇の犠牲者の記憶に敬意を捧げ…」

101「歴史の暗い章を閉じて、和解と癒しの手段として、国際社会とその構成員がこれらの悲劇の犠牲者の記憶に敬意を捧げるよう勧める。」

前文「…世界中すべての人種主義、人種差別、外国人排斥および関連のある不寛容のすべての被害者の記憶に敬意を表し、われわれは厳粛に『ダーバン宣言と行動計画』を採択する。」

板垣　このダーバン宣言を手がかりに、レイシズムの克服のために必要な考え方を整理してみます（図5）。

まず、過去の植民地支配を成立させたレイシズム（植民地レイシズム）が、現代のレイシズム（現代レイシズム）の源泉になっているという認識です（①）。既に述べたとおり、日本社会における在日朝鮮人に対するレイシズムは、日本が過去に朝鮮半島（および日本本土）で行った植民地支配が背景になっており、その関係性が現代に継続している（関係性の継続）という認識です。

そして、これが現代において過去をどう見るかということにも関わっています。現代レイシズムとワンセットになっているのは植民地支配の責任を否認する主張、すなわち、過去の植民地支配について「日本（人）は善いことをした」「悪いことはしなかった」「やむを得なかった」といった主張です。関係性の継承が認識の継承と連動しているわけですね。

ダーバン宣言で、残虐行為や悲劇をしっかり学ぶこと（②）を重視したのは、そのためです。それも植民者側、レイシスト側ではなく、その犠牲者の側から記憶を重視しています（③）。これはいわば植民地主義とレイシズムに対する「批判的記憶」とでも言うことができます。

だからこそ、現代レイシズムの克服のためには、二方面の克服が必要だと思います。まず、前掲「ヘイトのピラミッド」（図1）構造のなかで、

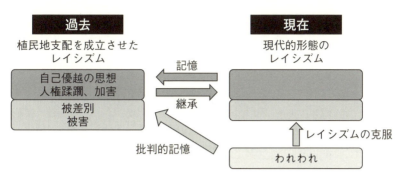

図5 植民地レイシズムと現代レイシズムの関係図

頂点であるジェノサイドの素地になりうるものを徹底して無くすための努力を続けることです。そして、それとワンセットで批判的記憶を形成していくことです。教育が重要でしょうし、マスコミでの発信に加えて、インターネット上での発信の活性化も不可欠だろうと思います。

● 「犠牲者の記憶に敬意を捧げる」「批判的記憶」と言うと、必ずといってよいほどそれは「自虐史観だ」という批判が返ってきますが、批判的記憶に対する攻撃について私たちはどのように考えればよいのでしょうか？

板垣　そのようなことを言う人たちに対しては、自警団をつくって竹槍で刺したり、それを促した当時の政府と自分との連続性をそんなに信奉したいのか、と私は逆に聞きたいです。そのような歴史と自分とを切断したいのであれば、それは忘却することや歪曲することによってではなく、「あれはやってはいけないことだった」と、しっかり批判しなければならないと思います。戦争犯罪や植民地支配責任についても、現代の日本人は、自分自身に直接の罪はないのですが、それらの歴史と自分との連続性が問われています。誤った過去を繰り返してはならないと思うのであれば、その誤りを日本人としてしっかり批判することが必要です。加害の責任を追及することこそが連続性を断ち切ることなのであって、それを隠蔽したり、日本人に誤りはなかったと強弁してみたりすることが「未来志向」という立場が強くなってしまっている現状、何か責任を追及しようとすると「反日」だ何だと言って攻撃するような現状は、きわめて問題です。

[2] レイシズム克服の法制化と取り組み

●レイシズムが克服できていない現在の日本で、ヘイトクライムを犯罪化することにはどのような意義があるでしょうか?

板垣　まず、レイシズムの無い状態が既に達成されているとか、将来達成されるだろうというようなことは簡単には言えません。反レイシズムとは、いつか「終わり」が来るものでもないし、「ときどき起こること」に対処すればよいというものではなく、不断のプロセスです。

　イブラム・X・ケンディが『アンチレイシストであるためには』(辰巳出版、2021年) で言っているのですが、「レイシスト」の反対は、「レイシストではない」つまり「『非』レイシスト」ではなく、「『アンチ』レイシスト」である。つまり、「自分はレイシストではない」と言っているだけではレイシズムに中立的であると言っているようなものであって、レイシズムとたたかってはじめて「アンチレイシスト」だということができる、というわかりやすい説明があります。ですから、マジョリティがレイシズムとたたかいつづける状況をつくらないといけないと思います。

　その際、ヘイトスピーチ、ヘイトクライム、レイシャルハラスメントなどのいくつかの態様がありますが、それらを「特殊な人が行う異常な行為」と捉えていては、これらの問題を克服できないだろうと思います。政府もレイシズムの主体であり、レイシズムを克服できずにいる日本国民も問題の当事者であるという認識をもちながら、アンチレイシズムの実践を広げていく必要があると思います。以上が原則論です。

　この十数年、こうした問題で裁判や交渉に関わってきたなかで私が実感してきたことがあります。裁判では、過去に良い判決が出たことも何度かありましたが、その際には、いつも被害者側がなんとか立ち上がって、その支援者や正面から取り組む弁護士が現れて、問題を理解する裁判官がいて、そうやって針の穴を通すような努力によって、結果的に良い判決が勝ち取られてきました。レイシズム解消のための一般的な法令があるわけでもないし、人種差別撤廃条約をそのまま民事裁判の判決の直接的根拠にできるわけでもないなかで、裁判官の「当たり」が良い場合は、かなり創意工夫しながら判決を書いてくれたなと思えた場合もありました。でも、そうでない場合も当然ありました。そんなことでよいのだろうか。そこまで

裁判官が背伸びしなくても、素直に法律を適用して判決を出せるということでないと、司法を通してレイシズムの問題を解決していくことは容易でないと思います。そのためには、せめて人種差別撤廃条約の国内法版をつくってほしいと思うのです。撤廃すべきレイシズムとはこのようなものだと定義を定めるだけでも、状況は大きくちがってくると思います。現在のヘイトスピーチ解消法の定義は狭すぎます。レイシズム全般をカバーする法律が必要だと思います。ただでさえ苦しんでいる被害者側が立ち上がらないと解決できないようなことではなく、ヘイトクライムの犯罪化、あるいは少なくともヘイトスピーチ解消法を人種差別撤廃条約の定義に合わせてアップグレードすることが必要だと思います。言論の自由を重視している米国でも、ヘイトクライム自体は法的に定義されていますし、包括的な差別禁止法としての市民権法がありますが、日本はその両方とも無いわけですからね。日本では「言論の自由」論だけが奇妙に肥大化しています。

　もちろん、立法をただ待ちつづけるわけにもいきません。裁判官や検察官は、レイシズムに関わるバイアスを除去し、非対称性を解消するための研修などを受けてほしいものだと思います。また私たちも、行政に働きかけ、積極的に対処するように促すとか、企業や学校の中に、パワハラやセクハラと同じように、レイシャルハラスメントに対処する仕組みを設けることなど、さまざまなレベルでの対応が必要だと思います。「ヘイトのピラミッド」のあらゆるレベルで取り組むことが必要ですし、また可能です。

[3]　日本社会の現代レイシズム克服のため行うべきこと

●私たちは、自分たち自身が実際に反差別の姿勢を示す、差別とたたかうということを、どのようにイメージすればよいのでしょうか？

板垣　「平和」「人権」「平等」「尊厳」といったポジティブな意味を持った言葉は、それを形式的に主張しているだけでは達成できるものではありません。「人権を守る」というのは、実際には人権の蹂躙を起こさせないことです。「人権」に対して、「人権の蹂躙」という「アンチ」があって、この「アンチ」に対する「アンチ」を行うことによってはじめてポジティブな価値が生まれてくるわけです。差別が平等に対するアンチならば、必要なのは「アンチ・アンチ平等」です。

わたしたちが反レイシズムのために具体的に何ができるのかを考えるとき、日常的な言葉の使い方ひとつとってみても、できることはたくさんあります。例えば「国民の税金」という言い方がよくされます。実際には税金は国民だけが払っているものではありませんよね。客観的にも間違っている表現なのに広く流通しています。外国籍で日本に住んでいる人たちは、このような「国民の」と聞くたびに排除を感じています。いわゆるマイクロアグレッションですよね。さらには、この「国民の税金」という表現が、税金も払わない外国人が生活保護をもらっているなどという、よくヘイトで言われる認識にさえつながっています。このような表現に出会うたびに、「おかしいですよ」と指摘し、変えさせていくだけでも、大きな変化につなげていくことができるはずだと思います。

マジョリティの認識を是正していくことがそう簡単でないことは私も痛感しているのですが、それでも教育の場や言論の場などで伝えつづけるしかないと思っています。その際、工夫も必要です。私が大学の授業でレイシズムについて教える際にも、いきなり在日朝鮮人に関わる問題を話すのではなく、たとえばまず欧米でのレイシズムの問題を論じたりします。先に述べたレイシズムの「A面」では、歴史的にも現代にも、日本人が「アジア人」として被害者になった事例がたくさんあるわけですね。近年では、コロナ下の米国で「アジア系」というだけで暴行を受けたりしました。それを聞いたら、学生も「理不尽だ」と思うでしょう。そのうえで、レイシズムの「B面」、つまり日本人が加害側になった問題に入っていくことで、被害者の側に立って見られるようにもなると考えています。そうやって、さまざまな方法で伝えていくしかないと思っています。

最後に、日本のレイシズムは、外交問題とも絡まって動いているので、日本国内だけではどうにもならないところがあります。外交問題とレイシズム問題を一緒くたにすべきでないという議論を耳にすることがあるのですが、20世紀以来、日本列島と朝鮮半島においては、植民地支配や南北分断などが人々の関係性を大きく規定してきましたから、そこから単純に切り離して、「日本の中のマイノリティ問題」としてだけ捉えるということもできないわけです。東アジアの平和構築といった大きな視点も持ちながら取り組むことが必要だろうと、私は考えています。

2 ヘイトスピーチから
ヘイトクライムへ

大阪公立大学准教授
明戸隆浩

1 はじめに──ヘイトスピーチからヘイトクライムへ

　2016 年 6 月 3 日、日本で初めての人種差別禁止法であるヘイトスピーチ解消法[1]が施行された。これは、2000 年代後半以降日本で頻繁に行われるようになっていた在特会などの排外主義団体によるデモや街宣を念頭に、その抑止を目指す法律である。海外のこうした法律では一般的に設けられている刑事罰を欠いたいわゆる「理念法」ではあるが、人種差別が法的には完全に野放しであったそれ以前の状況を考えると、ヘイトスピーチが公的に許されないものだと明確化されたことの意義は大きい。

　この点で 2016 年という年は日本においてヘイトスピーチの問題を考えるうえで重要な節目の 1 つであるのだが、しかしこのことは、実は本書の主題である「ヘイトクライム」についても当てはまる。2016 年 7 月 26 日、つまりヘイトスピーチ解消法施行の翌月ということだが、神奈川県相模原

---

1) 本邦外出身者に対する不当な差別的言動の解消に向けた取組の推進に関する法律（平成
　28 年法律第 68 号）

市の障害者施設「津久井やまゆり園」で、元職員植松聖が入所者19人を殺害する事件が起きた。植松は事件の半年前に大島理森衆議院議長（当時）に障害者の安楽死を主張する手紙を届けようとするなど明らかに差別的な動機に基づいてこうした事件を起こしており[2]、この事件は日本における最も凶悪なヘイトクライムの1つとして記憶されることになった[3]。

　言うまでもないことだが、相模原事件は人種差別ではなく障害者差別に基づくヘイトクライムであり、その点でヘイトスピーチ解消法と相模原事件のあいだに直接的な関係はない。しかし同時に、相模原事件が日本におけるヘイトクライムの現実性を一気に高めたこともまた、否定できない事実である。在特会などによるヘイトスピーチ＝差別煽動は、いつかその帰結として相模原事件のようなヘイトクライムを引き起こすのではないか。そしてそうした事件は、在特会などのデモや街宣のような「わかりやすい」ヘイトスピーチの抑止だけを念頭に置いたヘイトスピーチ解消法では、十分に対応できないのではないか。こうしたことは2016年7月の時点で既にリアルなものであり、その意味でその5年後、2021年8月に起きたウトロ事件は、決して予想外の事態ではなかった。

　以上をふまえて本章では、特にここでみた2016年という年を1つの節目と位置づけたうえで、在特会を1つの象徴とするヘイトスピーチが、いかなる形でウトロ事件に代表されるヘイトクライムへとつながっていったかについて考えてみたい。ただしここでいう「ヘイトスピーチからヘイトクライムへ」ということの含意は、2016年を境に問題の焦点が前者から後者へと移動したという時期の変化を表すものであると同時に、前者がその煽動効果によって後者を引き起こすという因果関係を示すものでもある。もう少しいえば、概念的にはヘイトスピーチとヘイトクライムは本来「セ

---

2) 明戸隆浩「『これはヘイトクライムである』の先へ――『自己決定』が可能な社会のために」現代思想44巻19号（2016年）213-221頁。
3) 「ヘイトクライム」という用語は、ヘイトスピーチという言葉が日本で急速に普及した2013年ごろから日本の文脈においても使われるようになっていたが、そこではヘイトクライムはヘイトスピーチと重なる形で用いられることが多かった（この2つの概念間の関係については後述）。これに対して相模原事件は「ヘイトクライム」としか形容しようがない事件であり、この点においてそれ以前の事件にはない重要性をもつ。

ット」であり、時間的な観点で前者が先に問題化されてその後後者へと焦点が移るというのは、これら2つのあいだに前者の煽動効果が一定の時間差を経て後者を引き起こすという関係にあるからにほかならない。このため次節以降では、まずヘイトスピーチとヘイトクライムの概念的な関係について整理したうえで(2)、2000年代後半以降の日本における排外主義を、「引き起こすもの」としてのヘイトスピーチと(3)、「引き起こされるもの」としてのヘイトクライムに分けて検討し(4)、2000年代後半以降日本で活発化したヘイトスピーチが、一定の時間差を伴いつつヘイトクライムへとつながっていった過程を素描したい。

2　ヘイトスピーチとヘイトクライム

[1] 3つのモデル

　ヘイトスピーチとヘイトクライムは、どちらも1980年代以降にアメリカで使われ始めた言葉である。その際の両者の関係は前者を「表現」、後者を「行為」とみなすいわゆる「表現／行為」二元論に基づくものであり、こうした二元論は表現の自由の観点からヘイトスピーチには法的な規制を設けない一方で、ヘイトクライムについては90年代以降複数回にわたって立法を行うという、アメリカ独自の立場を支えるものでもある[4]（☞Ⅲ部1章148頁）。

　しかしこうした二元論はいうまでもなく理念的なものにすぎず、ある言動が常に表現か行為かどちらかに分類されるということは必ずしも現実的なことではない。例えば「脅迫」はその多くが言語を通して行われるという意味で「表現」であるが、アメリカのヘイトクライム法ではこれをヘイ

---

4) Erik Bleich, *The Freedom to Be Racist?: How the United States and Europe Struggle to Preserve Freedom and Combat Racism*, Oxford University Press（2011）.（明戸隆浩ほか訳『ヘイトスピーチ　表現の自由はどこまで認められるか』〔明石書店、2014年〕）、明戸隆浩「アメリカにおけるヘイトスピーチ規制論の歴史的文脈——90年代の規制論争における公民権運動の『継承』」アジア太平洋レビュー11号（2014年）26頁注7、桧垣伸次『ヘイト・スピーチ規制の憲法学的考察——表現の自由のジレンマ』（法律文化社、2017年）。

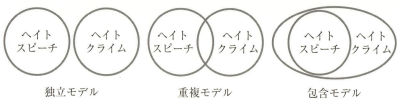

図1　ヘイトスピーチとヘイトクライムの関係

トクライムに含めており、その意味で「行為」としても扱われていることになる[5]。

さらに、そもそも「スピーチ」を「表現」に対応させるのはともかく、「犯罪」を意味する「クライム」を「行為」に対応させることが現実的な意味をもつのは、ヘイトスピーチは法的規制の対象ではないというアメリカ的な前提を置いた場合にすぎない点にも注意が必要である。実際ヘイトスピーチを刑事処罰の対象とする国を前提にした場合には、ヘイトスピーチはすべてヘイトクライムでもあると主張することも十分に可能だ。

こうしたことをふまえて刑法学者の前田朗は、ヘイトスピーチとヘイトクライムの関係を、「独立モデル」「重複モデル」「包含モデル」の３つに整理している（図1）[6]。ここまでの議論に対応させていえば、「表現／行為」二元論を純粋に主張したものが「独立モデル」、先に挙げた脅迫（や侮辱）など一部の重複を認めるのが「重複モデル」、ヘイトスピーチに対する刑事罰を前提にヘイトスピーチは同時にヘイトクライムでもあると考えるのが「包含モデル」だということになるだろう。

[2]「上流」としてのヘイトスピーチ／「下流」としてのヘイトクライム

とはいえ、ここでの目的はこうした概念論に決着をつけることではない。重要なのは、あくまでも2000年代後半以降の日本の排外主義の歴史的展

---

5) また脅迫だけでなく特定個人に対する侮辱もヘイトスピーチとヘイトクライムの重複部分に含め、不特定の対象に対する差別煽動（「〇〇人は出ていけ」など）のみを（純粋な）ヘイトスピーチとみなす考え方もありうるだろう（本章執筆者の立場はこれに近い）。
6) 前田朗『ヘイト・スピーチ法研究序説――差別煽動犯罪の刑法学』（三一書房、2015年）。

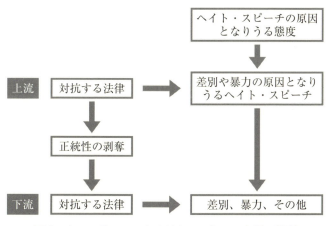

図 2　ウォルドロンによるドウォーキンの立場の整理

開を描写するうえで、「ヘイトスピーチ」「ヘイトクライム」それぞれに適切な概念的役割を与えることだ。そしてこうした観点からみたときに参考になると思われるのが、ニュージーランド出身でアメリカで活躍する法哲学者ジェレミー・ウォルドロンが、アメリカの法哲学者ロナルド・ドウォーキンの立場を整理するために用いた図である（図2）[7]。

　ここではヘイトスピーチが「上流」、ヘイトクライム（「差別、暴力、その他」）が「下流」と位置づけられ、それぞれに対抗する法律がありうることが示されている。この図自体はヘイトスピーチ規制の必要性を主張するウォルドロンが、表現の自由を徹底する観点からそうした規制に強く反対するドウォーキンの立場を批判的に再構成したものであり、そこでのドウォーキンの基本的な発想は、アメリカでは下流にあたるヘイトクライムに対抗する法律があるので、そこでさらに上流にあたるヘイトスピーチを規制すると、むしろそれによってヘイトクライム法の正当性が失われてしまうというものだ。

---

7) Ronald Dworkin, "Foreword", Ivan Hare and James Weinstein eds., *Extreme Speech and Democracy*, Oxford University Press (2009); Jeremy Waldron, *The Harm in Hate Speech*, Harvard University Press (2012) at 179.（谷澤正嗣＝川岸令和訳『ヘイト・スピーチという危害』〔みすず書房、2015年〕213頁）。

しかしここで重要なのはそうしたいかにもドゥオーキン的なレトリックではなく、ヘイトスピーチが「上流」としてヘイトクライムを引き起こすものとして位置づけられる一方で、ヘイトクライムが「下流」としてヘイトスピーチによって引き起こされるものとして位置づけられているということだ。こうした関係づけについては、ヘイトスピーチの核心が「差別煽動」であるという点を想起すれば[8]、それがアメリカの法哲学者間のローカルな論争を超えた普遍的な含意をもつことが確認できるだろう。そこでは差別を引き起こす言動がヘイトスピーチであり、それによって引き起こされる犯罪がヘイトクライムである。次節以降では以上の議論をふまえて、2000年代後半以降の日本の排外主義の動向を、「ヘイトスピーチ＝引き起こすもの」と「ヘイトクライム＝引き起こされるもの」に分けたうえで、あらためて整理してみたい。

3　現代日本におけるヘイトスピーチ──引き起こすもの

[1]　京都朝鮮第一初級学校襲撃事件

　「はじめに」でも触れたように、2000年代後半以降の日本の排外主義を象徴するのは、2007年12月に設立された「在特会」である。そしてその構成メンバーが関わった初期の重大事件として、2009年12月[9]の京都朝鮮第一初級学校襲撃事件を挙げることができる。この事件については2011年4月の刑事裁判で威力業務妨害罪、器物損壊罪、侮辱罪等が適用されたが、そこでは差別的動機については一切言及されなかった（つまりヘイトクライムではないただの暴力事件として処理された〔☞巻頭言2頁〕）。その後学校側が民事裁判を提起し、2013年10月の京都地裁での一審判決で在特会の言動が明確に「人種差別」と認定され、約1200万円の支払いおよび新校舎付近での街宣禁止を求める判決が出された（2014年7月の大阪高裁でも同様の判決が出された後、2014年12月に最高裁で確定）。

---

8) 師岡康子『ヘイト・スピーチとは何か』（岩波新書、2013年）。

9) 実際には翌2010年1月および3月にも同様の襲撃が行われており、正確にはこれら3回を合わせて「京都朝鮮第一初級学校襲撃事件」と呼ぶ。

この事件は、刑事裁判で威力業務妨害罪や器物損壊罪が問われていることからも明らかなように、行われたことはおよそ「表現」にとどまるものではなく、アメリカ流に対象を物理的行為に限定したとしても「ヘイトクライム」にほかならない[10]。しかし実際には一部の報道を除いてこの事件を捉える基本的なフレームは「ヘイトスピーチ」であり、2012年以降在特会が東京・新大久保や大阪・鶴橋などで繰り返し行っていた排外主義的なデモや街宣といわば「同列」の扱いだった[11]。その点では、もしこの時点でヘイトスピーチだけではなくヘイトクライムについても真剣な議論がなされていれば、現在のヘイトクライムをめぐる法的状況ももう少し早く進んでいた可能性はある。

しかしここであえてこの事件を「ヘイトスピーチ」の側に入れたのは、それが当時のフレームに沿うものであるということもちろんあるが、それ以上にこの事件が「差別煽動」の側面を強くもつものだったからだ。在特会などはこうした事件では自分たちの行動を動画で記録してそれをYouTubeやニコニコ動画にアップするということを常套手段としていたが、実際京都事件はその半年ほど前の2009年4月に埼玉県蕨市で行われた「フィリピン人一家追放デモ」（両親が超過滞在を理由にフィリピンに送還されることになった日本生まれの中学生が通う中学校を標的にしたデモ）と並んで、ネット上における在特会の注目度を一気に高める効果をもった。この2つの事件は蕨市が中学校、京都が小学校を標的にしたという点だけでも悪質では済まされないほど酷いものだが、しかしむしろその悪質さゆえに、ネット上では差別煽動としての効果をより強くもったのである。

---

10) 外国人人権法連絡会「ヘイトクライム対策の提言」（2022年）（https://gjhr.net/wp-content/uploads/2022/05/4285422694461fdc0488bc4df2bf2838.pdf）では、日本におけるヘイトクライムの事例として、後述するウトロ事件のほか、ここで扱う京都朝鮮学校襲撃事件、在日コリアンの李信恵さんによる在特会会長（当時）桜井誠および保守速報に対する裁判、川崎市ふれあい館脅迫事件を挙げている。

11) 大阪市では2016年1月にヘイトスピーチ解消法に先行して全国初のヘイトスピーチ対策条例が成立しているが（施行は解消法よりも遅い2016年7月）、その直接のきっかけとなったのも京都事件の判決である。

[2]「全国部落調査」復刻版出版事件

　日本におけるヘイトスピーチは在特会などが関わったもの以外にももちろんさまざまなものがあるが、その中で特にここで取り上げておきたいのは、2016年2月に川崎市の出版社「示現舎」が、「全国部落調査」復刻版の出版およびウェブサイト掲載を行った事件である。「全国部落調査」は1936年に政府の外郭団体が作成した調査報告書で、全国5,367に及ぶ同和地区の地名、戸数、人口、職業、生活程度が記載されており、今回の復刻版はこれに現在の地名を加えて全国の被差別部落の所在地が一覧できる形となっていた。これに対して部落解放同盟がすぐに提訴を行い、同年3月には出版禁止、4月にはウェブサイト掲載禁止の仮処分が出された。その後2021年9月には出版およびウェブサイト掲載禁止と原告235人のうち219人に計488万円の損害賠償を認める判決が下され、また2023年6月の高裁判決では「差別を受けずに平穏な生活を送る人格的利益」に触れたうえで、禁止の範囲および賠償額が拡大された。

　この事件は狭義の人種差別ではなく部落差別に関わるものであり、また地名などを公開すること（いわゆる「アウティング」）が差別になるということは、一般の人種差別にはない部落差別特有の問題でもある。しかしそうした文脈上の違いを超えてこの事件が示すのは、たとえ過去の公的文書の復刊という一見問題がなさそうな「表現」であっても、その使い方によっては更なる差別を引き起こす差別煽動になりうるということだ。実際YouTubeなどではビデオカメラを手に部落の所在地とされる場所を訪ね、それをおどろおどろしいテロップなどとともに流す動画もみられるが、「全国部落調査」復刻版の出版という行為は、まさにこうした形で「差別を受けずに平穏な生活を送る人格的利益」を侵害するのである。

　なお「示現舎」の主要メンバーは「鳥取ループ」というハンドル名で知られる宮部龍彦というプログラマーだが、彼は2023年3月から4月にか

12）宮部は当初はChatGPTに部落地名を尋ねていわせるという使い方をしていたが、最終的にはGPTのAPIを利用して自前のサーバーに地名データをアップして簡易なチャットボットを構築、限定公開した。なおChatGPTの利用の際には、部落地名の返答を拒否するChatGPTに対して部落解放同盟の幹部になりすまして聞き出しに成功するなど、いわゆる「ジェイルブレイク」を実践している。

けて、自身が所有する「神奈川県人権啓発センター」アカウント（一見公的機関のアカウントのようだがまったくの偽物）でChatGPTを利用した部落地名の拡散を画策した[12]。ChatGPTをはじめとした生成AIは今後ヘイトスピーチとの関連でも悪用の危険性が危惧されるが[13]、こうした観点からもこの問題は今後さらに注意を払う必要がある。

4 現代日本におけるヘイトクライム――引き起こされるもの

[1] ウトロ事件

2021年8月、在日コリアンが多く暮らす京都府宇治市のウトロ地区で火事があり、倉庫などを含む計5棟が全焼、住宅2棟が半焼した。当初は失火とされていたが、同年10月に別の事件（7月24日に起こした名古屋市の韓国民団愛知県本部での放火事件）で逮捕されていた有本匠が自供し、放火事件となった。有本は7月29日には奈良県大和高田市の韓国民団支部でも放火事件を起こしており、これらはすべて在日コリアンに関わる建物を標的としている点、また容疑者自身が在日コリアンに対する敵対感情をもっていたことを繰り返し言明していた点で、極めて典型的なヘイトクライムである[14]。

この事件については2022年8月に京都地裁で判決があり、検察の求刑どおり懲役4年の実刑判決が言い渡された。判決では在日コリアンに対する「偏見」や「嫌悪感」が事件の背景にあったとする一方、「ヘイトクライム」「差別的動機」といったことは明記されず、またそうした背景が量刑にどういう形で反映されたのかも不明である。とはいえ、英語圏ではヘイトクライムはbias crimeという言葉で表現されることもあり、「偏見（bias）」という言葉が用いられたことをもって、この事件が事実上ヘイトクライムだとみなされたと考えることは可能だろう[15]。またそうした裁判の結果にかかわらず、この事件は多くの報道の中で「ヘイトクライム」というフレームで捉えられており、そうした点で先にみた京都事件などの先

---

13) 宮下萌「AIと差別」世界2023年7月号（971号）114頁。
14) ☞この事件については、I部1章および3章、III部2章でより詳しく検討されている。

行事例とは大きく異なる。

　そしてこの事件のもう1つの重要性は、それがネット上のヘイトスピーチを背景に引き起こされたものであることが、ほかならぬ有本自身の口から明確に語られた点にある。それによると、有本は普段からYahoo!ニュースのコメント欄（「ヤフコメ」）を「参考」にしており、また事件の目的の1つは「ヤフコメ民をヒートアップさせる」ことだった[16]。「ヤフコメ」は特に在日コリアンや外国人関連のニュースでは差別的なコメントが並ぶことで知られており、ヘイトスピーチ拡散の場になっていると以前から指摘されていた。その意味で有本の供述はまったく意外なものではないが、とはいえ日本で人種差別を動機として生じたヘイトクライムとしては最初の典型事例となったこの事件で、ヘイトスピーチとの関連が明確にされたことは非常に重要である[17]。

[2] 弁護士大量懲戒請求事件

　そのうえで最後に、時期的にはウトロ事件よりも前であり、また民事裁判であるために「ヘイトクライム」というフレームでは扱われていないものの、「引き起こされるもの」である点でヘイトクライムを考えるうえでも重要な示唆を与える事例として、弁護士大量懲戒請求事件に触れておきたい。この事件は、2017年6月ごろから「朝鮮学校補助金支給要求声明

---

15) 刑事裁判においてヘイトクライムをどう位置づけるかという問題は、ウトロ事件の裁判と並行して2022年3月に発生したコリア国際学園放火事件の裁判に引き継がれた。この裁判では検察が建造物損壊などの罪で懲役3年を求め、2022年12月の大阪地裁では求刑通り懲役3年、執行猶予5年の判決となったが、検察が論告で「不合理な差別」「歪んだ憎悪心」などに言及したのに対して、判決ではそうした文言はみられなかった。

16) 籏智広太「『ヤフコメ民をヒートアップさせたかった』在日コリアンを狙った22歳。ウトロ放火事件"ヘイトクライム"の動機とは」バズフィード2022年4月15日（https://www.buzzfeed.com/jp/kotahatachi/utoro-arson-hatecrime）。

17) なお注15）で触れたコリア国際学園放火事件は、立憲民主党の辻元清美氏の事務所（高槻市）への侵入事件、および創価学会の淀川文化会館（大阪市淀川区）への侵入事件と連続で生じたものだが、犯人の太刀川誠は、Twitterなどの影響で在日コリアンや立憲民主党、創価学会などが日本を危険にさらす存在だという認識をもったと供述している（籏智広太「立憲は日本を滅亡に追い込む組織」「在日を野放しにすると…」辻元事務所やコリア学園、創価学会を襲撃した被告。裁判で語ったこと」バズフィード2022年10月13日〔https://www.buzzfeed.com/jp/kotahatachi/hatecrime-osaka-2〕）。

に賛成した」という理由で全国の弁護士に大量の懲戒請求が送付されたもので、これを煽動したのは、ネット上のブログ「余命3年時事日記」である。「余命3年時事日記」は2015年以降複数回にわたって書籍化もされているが、このブログが最初に注目を集めたのは、2015年7月に在日コリアンの入管への「通報」を煽動した際のことだ[18]。この際も、また2017年の大量懲戒請求においても、当該ブログがとったのは標的となる相手のリストを作成して支持者に通報や懲戒請求を煽る、という手法だった。

　しかし、大量懲戒請求事件で被害者となったのは当然ながらすべて弁護士であり、翌2018年5月に被害者である佐々木亮・北周士の両弁護士が記者会見、法的措置をとることを表明したあたりから風向きが変わり、佐々木・北両弁護士（同年11月提訴）のほか、神原元弁護士ら（同年5月提訴）、金竜介弁護士（同年7月提訴）の3つの弁護士グループがそれぞれ複数の訴訟を提起する展開となった。そして2018年10月に金竜介弁護士の賠償要求に対して東京地裁で33万円の支払いを命じる判決があったのを皮切りに（2019年10月判決確定）、佐々木・北両弁護士の裁判、神原弁護士らの裁判でも同様の判決が次々と出された。いずれの裁判でもささいな気持ちで煽動に乗って懲戒請求を行った人々が賠償を命じられる結果になっており、差別煽動によって引き起こされた具体的な行為に対して法的な制裁が行われた事例として、個別の事例を超えて重要な論点を提起するものだ。

　なおこの事例が興味深いのは、懲戒請求の標的となった弁護士に金弁護士などの在日コリアン弁護士が複数含まれている一方で、数としては日本人の弁護士のほうがずっと多いということである。しかし既に述べたように、こうした懲戒請求は「朝鮮学校補助金支給要求声明に賛成した」という理由で行われており、日本人が多く含まれるからといって人種差別的動機がないということにはまったくならない。ヘイトクライム概念について

18）このとき当該ブログは、在日コリアンなど特別永住の在留資格をもつ者の一部が「外国人登録証明書」から「特別永住者証明書」への切り替えを行う期限が2015年7月8日であったこと（それ自体は事実である）にこじつける形で、7月9日以降在日コリアンが「不法滞在」となって「強制送還」されるというデマを流し、実際にこうしたデマに基づく多くのメールや電話が法務省入国管理局に殺到した。

は一般に「憎悪の動機（hatred motivation）」モデルと「集団選択（group selection）」モデルが区別され、後者の方が憎悪の立証を必要としない分主張のハードルが低いとされることが多い[19]。しかし大量懲戒請求事件は、対象が所属する集団にはバラツキがあるのにむしろ「憎悪の動機」だけは明確であるという事例であり、もしこれが刑事事件であれば、ヘイトクライム概念に関わる議論に対しても一定のインパクトを与えるものとなっていただろうと思う。

5　おわりに

以上みてきたように、2000年代後半以降の日本の排外主義は、「引き起こすもの」としてのヘイトスピーチだけでなく、「引き起こされるもの」としてのヘイトクライムを併せてみることで、その実態をより正確に捉えることができる。これら2つのうち因果関係上もまた時間的にも先行するのはヘイトスピーチであるが、ヘイトスピーチがそれのみで終わることはその特性上基本的にありえず、ヘイトスピーチが一定以上の広がりをみせれば、（時間的なギャップはあるとしても）それに伴ってヘイトクライムの可能性も確実に拡大する。

そのうえで、最後に3点ほど補足をしておきたい。1点目だが、冒頭で触れた2016年という区切りについてである。2016年のヘイトスピーチ解消法成立を1つの境として在特会などによる路上でのデモや街宣の形をとるヘイトスピーチが減少し、代わって相模原事件やウトロ事件のようなヘイトクライムが目立つようになったというのは、あくまでも1つの歴史記述にすぎない。特に重要なのは、ヘイトクライムが目立つ時期になったからといってヘイトスピーチが減少するわけではないということだ[20]。こうした観点からすると、本章のタイトルである「ヘイトスピーチからヘイト

---

19) Frederick M. Lawrence, *Punishing Hate: Bias Crimes under American Law*, Harvard University Press（1999）; Mark Austin Walters, *Hate Crime and Restorative Justice: Exploring Causes, Repairing Harms*, Oxford University Press（2014）.（寺中誠監訳／福井昌子訳『ヘイトクライムと修復的司法——被害からの回復にむけた理論と実践』〔明石書店、2018年〕）。

クライムへ」は歴史的な変遷を捉えるフレーズとしてはややミスリーディングであり、より正確には「ヘイトスピーチが先行して広がる時代から、ヘイトスピーチが個別のヘイトクライムを引き起こす時代へ」ということになるだろう。

　2点目は、本章では「ヘイトスピーチ」「ヘイトクライム」それぞれについて事例を挙げるという形をとったが、前者を「引き起こすもの」、後者を「引き起こされるもの」という観点で捉えるということを徹底するなら、実際にはある事例が必ずどちらかに分類されるということにはならないということだ。例えば既に述べたように、在特会による京都事件はヘイトスピーチであり同時にヘイトクライムでもあるという事例である。またウトロ事件についても、報道のあり方や法的対応の仕方によってはさらなる差別を煽動する効果ももちうることが指摘されている。こうした「ヘイトクライムのヘイトスピーチ的効果」とでも呼ぶべきものがあることを理解するためにも、両者が1つの事例の複数の側面として両立しうる可能性に、常に注意を払う必要がある。

　最後に3点目だが、本章では「ヘイトスピーチ」「ヘイトクライム」いずれについても裁判になった事件を中心にまとめたが、実際にはこうした形で明確な位置づけをしにくい、いわば「社会全体の雰囲気」として生じる排外主義も無視できない。例えば2012年以降に在特会によるデモや街宣が活発化した背景にあったのは日韓関係の悪化だが、内閣府が毎年行っている「外交に関する世論調査」によると、2012年は前年に比べて韓国に対する好感度が20ポイント以上下落している。言い換えれば在特会などによるデモや街宣というのは排外主義全体としてみた場合にはあくまでも「最も目立つ氷山の一角」なのであり、実際にはネット上の書き込みやテレビ（特にワイドショー）の報道、あるいは学校や職場における対面で

---

20) この点については、特にネット上のヘイトスピーチの問題を視野に入れることでより明確になる。2016年以降下降傾向にあるのはあくまでも在特会などによる路上のヘイトスピーチであり、ネット上のヘイトスピーチについては特に法対策を含めた議論がされるようになったのは、むしろ2016年以降である（明戸隆浩「ネット上のヘイトスピーチの現状と課題——ネットヘイトから『AIによる差別』まで」宮下萌編著『テクノロジーと差別』〔解放出版社、2022年〕2-3頁）。

のやりとりにおいても、こうした傾向は確実に反映される。こうした点で、本章で着目した「ヘイトスピーチ→ヘイトクライム」の因果関係に加えて、その背後により広義の排外主義的傾向があることもまた、常に念頭に置く必要があるだろう。

とはいえ以上の留保は、本章でみてきた2000年代後半以降の日本における排外主義の傾向それ自体の意義を失わせるものではない。在特会を象徴とするヘイトスピーチだけを念頭に置いていればよかった日本の排外主義の現状は、2016年以降確実に変化している。今後の日本のヘイトスピーチ／ヘイトクライム対策は、少なくとも本章で示した基本的な傾向をふまえてなされるべきものであり、そしてそうした対策についての具体的検討は、まさに本書自体がそうであるように、既に始まっている。

3 ウトロ放火にみる ヘイトクライムの害悪

弁護士
具良鈺

　私は、1982 年にウトロに生まれた。物心のついた頃から、低いトタン屋根の上に、ニンニクや唐辛子が干してあるウトロの景色を見て育った。当時、日本はめざましい経済発展に不動産バブル、景気のいい話にもちきりだった。そんな日本社会とはまったく無縁の孤立した場所、それがウトロだった。

　私の住所は、京都府宇治市伊勢田町ウトロ 51 番地。50 メートルほど離れた幼なじみの住所も、私とまったく同じだった。総面積 2.1 ヘクタール、南北約 90 メートル、東西約 330 メートルの広大な敷地は、戦後 70 年以上一度も区画整理も行われず番地の区分もないまま、そこに住んでいた約 100 世帯[1] すべての住所が「ウトロ 51 番地」だった。郵便配達は、表札だけを頼りに行われていた。半世紀以上放置され、出て行けといわれ、挙げ句の果てには放火され、いまや祈念館となった場所がウトロだ。

---

1) ウトロには、最大で 200 世帯ほどが住んでいた時期もあったが、人口の流入、流出等により私が住んでいた 1980 年代から 1990 年代中盤頃までは 100 世帯前後、ウトロ土地裁判に関する後述の京都地裁判決が出された 1998 年頃には 80 世帯ほどが住んでいたとされる。

1 ウトロの歴史とアイデンティティ

　1938 年、日本の逓信省（当時）が日本全国各地に飛行場と航空乗務員養成所を建設する構想を発表した。1939 年、国際工業株式会社（後に日本国際航空工業株式会社）が設立され、京都飛行場と関連施設の建設が計画された。この飛行場建設に従事した朝鮮人労働者が家族とともに建設現場内の飯場小屋で生活するようになった。これがウトロ地区のはじまりである。

　1945 年 8 月 15 日に日本が敗戦を迎え京都飛行場建設は中止となった。しかし、飛行場建設に従事した朝鮮人労働者とその家族は、何の権利も補償も仕事もないまま、ウトロに放置された。その後の朝鮮半島での戦争や混乱のために帰国もできなかったウトロ住民らは、自力で飯場のバラックにつぎはぎをしたり、プレハブや掘建て小屋を建てて、井戸水で生活をはじめた。こうして、ウトロに朝鮮人コミュニティが形成されていった。

　ウトロ住民の生活は困窮を極めた。ウトロの居住環境は、これが高度経済成長を遂げた日本なのだろうかというくらい、劣悪なものだった。私はいまも、ウトロでのあの悪臭を鮮明に記憶している。ウトロ住民自前の脆弱なインフラ設備によるものだった。戦後日本社会では、国と自治体の公共事業で下水道や電気、ガスなどインフラが整備される中、ウトロにはそれらが整備されることはなく、上下水道をはじめとするインフラはウトロ住民が自力で用意するほかなかった。そのため、雨がたくさん降ると下水道が逆流した。蒸し暑い夏には、どこからともなく下水の匂いが充満し、自前の水路にはボウフラが発生した。トイレは水洗ではなく、汲み取り式だった。ガスはプロパンガスだった。ウトロで水道管の埋設工事が行われたのは 1988 年になってからだった。雨が降れば雨漏りをバケツで受けたり、古傘を家の中でさしながら夜が明けるのを待つこともあった。生活水の汚染のため、伝染病が発生したりもした。いつしかウトロは、私にとって恥ずかしい場所となっていった。

　それでもウトロは、私の心の故郷だった。ウトロの子どもたちと毎日、日が暮れるまで遊んだ。どこからか七輪で焼肉をする匂いにつられてそのそばを通ると、「今日は焼肉だよ。食べていきな」と呼ばれたり、「塩貸して」とお隣さんがやってきたりした。大雨が降ってウトロにだけ洪水が起

こると、すぐに皆、外に出てきて「大丈夫かー」と互いに声を掛け合って、雨水の汲み出しを助け合ったりした。歴史的な痛みを背負って生きてきたウトロの人々は、子育ても、暮らしも、仕事も、軒を連ねてともに助けあって暮らしていた。

　ウトロから一歩外に出れば、日本社会からは、「貧しい、危ない場所。近づいてはいけない場所」と敬遠されていたウトロではあったが、実際は、家に鍵をかけなくてよいほど安全な場所でもあった。ウトロは、共働きで忙しかった両親に代わって、私たち兄弟を育ててくれた、暖かいコミュニティであった。

　電気も水道もガスもキレイな水も土地も権利も、何もかもが無いものだらけだったけれど、在日コリアンとしての自尊心だけは、ウトロにいると守られた。朝鮮人だからという理由で差別されることはなかった。自分という存在を説明しなくてもよかった。なぜ名前が「具」なのか、何と読むのか、どこから来たのか、なぜここに住んでいるのか、すべての説明が不要だった。戦争と植民地支配の犠牲の中でも、日本社会からは差別と偏見に晒されながらも、在日コリアンとして誇りをもって生きるウトロ住民の姿は、私に人間としてのプライドを与えてくれた。日本でコリアンとして生きる希望でもあり、光でもあった。

2　ウトロ土地裁判

　私が小学校に上がる1989年、ウトロ土地裁判が始まった。終戦当時ウトロの土地は、飛行場建設のために日本国際航空工業株式会社（後に日国工業株式会社に商号変更）が所有していたが、日産車体工機株式会社（後に日産車体株式会社へ商号変更）に吸収合併され、1987年当時は日産車体株式会社がウトロの土地を所有していた。当時日本は不動産バブルの時代。日産車体株式会社から有限会社西日本殖産という不動産会社に転々売買され、その不動産会社がウトロ住民を相手に、建物収去土地明渡請求訴訟を提起した。私の父は、この訴訟の被告だった。他人の土地に父が家を建てて住んでいるので、家を壊して出ていけ、という主張である。

　私は当時、幼いながらに大きな疑問を感じた。戦争と植民地支配の被害

者であるはずの私たちが、なぜ「被告」なのか、なぜ訴えられなければならないのか、何か悪いことをしたのか、という疑問だった。この裁判において、ウトロ住民は、ウトロの歴史性と土地転売の経過をふまえるならば明渡しを請求するのは権利の濫用である、ウトロ住民が土地を時効取得している、戦争と植民地支配の犠牲者であるウトロ住民にはウトロに居住する権利が認められるべきである、と主張した。

　裁判の開始とともに、裁判闘争決起集会が開かれた。ウトロの真ん中にある広場にウトロ住民たちが集まり、裁判の状況の報告や意見、思いを述べるスピーチの後、ウトロに住む権利を求めてスローガンを叫んだ。「ウトロに住みたい！」「勝訴に向けて！」。

　ウトロ土地裁判が進むにつれ、住民集会やデモ行進の機会は増えていき、いつしか、集会やデモでのウトロ住民のスローガンは、立て看板となってウトロのあちこちに立て掛けられるようになった。立て看板は、ウトロ住民の生きた証だった。「우토로에서 살아왔고 우토로에서 살리라」（ウトロに住んできた、ウトロに住みたい）　住民の思いは１つだった。この場所に住みたい、私も自分の願いを重ね合わせた。またあるときは、住民たちは頭にねじり鉢巻をして、シットインの抗議活動に出た。　「死んでも退かない」「ウトロはふるさと」。このときのスローガンもまた、ウトロのあちこちに立て看板として並んだ。

　私は、中学校１年生の２学期まで、ウトロに住んでいた。この頃、裁判の流れが芳しくなく、負けるかもしれないという話を耳にした両親が、ウトロからの引越しを決意した。私は思った。「逃げるのか」「何か悪いことをしたのか」「ウトロに住み続けたい」。しかし、両親には聞けなかった。触れてはいけないことのように思えたし、答えを聞くのが怖くもあった。ウトロが育ててくれた在日コリアンとしての誇りが揺らいでしまうのが怖かった。

　引っ越した先は、ウトロから２kmしか離れていない、同じ宇治市内だった。上下水道が整備され水道とガスの通った、「普通の家」だった。大雨が降ってもお隣さんを心配する必要がなくなった。蒸し暑い日も雨の日も匂いを心配する必要がなくなった。プロパンガスが切れる心配もなくなった。トイレは、レバー１つ軽く回せば流れた。住所に細かい地番があっ

た。便利になったはずであったが、心には穴があいたようだった。表札は
「松山」となった。私がいなくなったようだった。

　ウトロから引っ越して2年ほど経った1998年1月30日、京都地裁は、
ウトロ住民側の主張をすべて排斥して、全住民に対して土地の明渡しを命
ずる住民全面敗訴の判決を言い渡した。これに抗議するスローガンと立て
看板が、ウトロ中に増えていった。「不当判決！断固反対！」「許さぬ！不
審者の侵入は」「私たちの血の涙が見えますか」「京都府、宇治市はウトロ
の中をまず見てください」。切実で激しいフレーズの看板が増えていった。

　ウトロ住民らは大阪高裁に控訴し、さらに最高裁にも上告したが、いず
れも住民側の主張は認められることがないまま、2000年11月14日、最
高裁で全住民敗訴の判決が確定した。私は過去のウトロの記憶にとり残さ
れたままだった。小学校1年生の頃から高校3年生になるまで続いたウト
ロ土地裁判は、ウトロ住民は「不法占拠」者であるという結論を京都地裁、
大阪高裁、最高裁で確定されることにより終了した。

　いいようのないショックを味わった。「やはりそうか」という諦めに近
い気持ちもあった。ウトロから引っ越すと聞いたときから、結論はみえて
いたのかもしれない。一方で激しい怒りも沸き起こった。どうせ私たちの
苦労や、半世紀以上に及ぶ歴史などわかるはずがない、日本の裁判官に何
がわかるのか。日本社会に対する反発でもあり、不信でもあった。しかし、
そのような怒りと不信は、必ずといってよいほど最後には自分自身に向け
られるのであった。なぜ私は、ウトロに生まれ、在日コリアンとして生ま
れたのか。もう考えたくもなかった。

　そうして、引っ越した後も足繁く通っていたウトロに向かう足は、徐々
に遠のいた。裁判所の「出ていけ」という命令は、私をウトロに近づけな
くした。住めといわれた場所に住んでいたら、今度は出ていけといわれた。
このような理不尽がまかり通ってよいのか、自分が自分の立場で飛び込め
ば何かを変えられるかもしれない、一か八かの思いが、弁護士を目指す動
機となった。

3　国際人権法とウトロ

　2000年の敗訴判決確定にもかかわらず、ウトロ住民は諦めなかった。日本社会への訴えかけはもちろん、国際人権法に基づく主張や国連でのロビイングなど国際社会への働きかけに発展した。ウトロの立て看板は、国際社会へのアピールを伴うようになっていった。「強制立ち退きは国際人権規約に違反する」「ウトロの中をまず見てください」「ウトロ住民の新たな戦い　まちづくり」。

　結果、次のような国際社会からの批判をもたらした。第1に、国連社会権規約委員会の最終見解である[2]。実は、京都地裁での敗訴後、大阪高裁では新たに、社会権規約に基づく居住権の主張を追加していた。この主張について、弁護団は否定的な姿勢であったが、ウトロ住民らとそれを支える有志の団体であるウトロを守る会やウトロを支える市民らが強く要望し、加えられたものだった。大阪高裁では、予想通り「同規約は私人間に直接適用される法規範ではない」と一蹴されたものの、判決文に規約への言及があったことがその後の国連でのロビイングにつながった。すなわち、2001年8月、国連社会権規約委員会による第2回日本政府報告書審査において、ウトロを守る会の1人が社会権規約に言及した高裁判決の問題点を指摘し、強制執行が行われればウトロの高齢者の過半数がホームレスになると訴え、委員の関心をひいた。結果、翌月に出された総括所見には、委員会のウトロ地区住民に対する強制退去について委員会が「懸念」を表明した。ウトロへの対応は、社会権規約委員会の条約解釈を示す一般的意見に「違反」する、すなわち条約違反であることを指摘するものであった。

　　"委員会はまた、強制的な立退き、特にウトロ地区に……長期にわたって家屋に居住してきた人々の立退きを懸念している。この点に関して、

---

2) UN Committee on Economic, Social and Cultural Rights, "Consideration of Reports Submitted by States Parties under Articles 16 and 17 of the Covenant, Concluding Observation of the Committee on Economic, Social and Cultural Rights JAPAN", E/C.12/1/Add.67, 24 September 2001.

委員会は特に、仮処分命令手続に基づき、執行停止の対象とされること
なく、理由が示されることなく仮の立退命令が裁判所によって下される
略式手続について懸念している。このため、いかなる上訴権も無意味と
なり、事実上、仮の立退命令が恒久的なものに変質しており、委員会の
一般的意見第4号および第7号で定められたガイドラインに違反してい
る"（パラグラフ30）。

　国際社会からの批判の第2は、国連特別報告書である。2005年7月、
国連人権委員会の特別報告者であるドゥドゥ・ディエン氏[3]が日本を訪問
し、日本における人種主義、人種差別、外国人排斥およびそれに関連する
不寛容の状況を調査する中で、ウトロを訪問した。彼が国連に提出した報
告書は次のように述べている。

　"政府は、ウトロの住民と対話し、強制退去から保護し、ホームレスに
ならないように即時の措置を講じるべきである。ウトロの住民は、日本
統治時代にこの土地に配備され、日本の戦争のために働き、60年間居
住を容認されたことをふまえ、この土地に引き続き居住する権利を認め
る適切な措置を講じるべきである"（パラグラフ92）[4]

　私にとっては、国内裁判所の敗訴確定にもかかわらず、国連の人権機関
がウトロの状況を条約違反だと批判したことは、尊厳回復につながった。

　"住民の多くは、ウトロで60年以上を過ごし、このような非常に不安定
な生活環境に苦しみ、いまも苦しみ続けているが、唯一のアイデンティ
ティ、記憶、感情的なつながりとして、この土地に深い愛着を抱いてい
る。しかし、……京都地裁と大阪高裁は、ウトロ住民の主張を退け、家

3) The Special Rapporteur on Contemporary Forms of Racism, Racial Discrimination,
Xenophobia and Related Intolerance, Doudou Dièn

4) Dou Dou Dien, "Report of the Special Rapporteur on contemporary forms of racism,
racial discrimination, xenophobia and related intolerance, Mission to JAPAN", E/
CN.4/2006/16/Add.2, January 24, 2006.

屋を取り壊し、ウトロから立ち退くよう判決を下した。……最高裁は、ウトロの人々が日本当局によって連れてこられ、60年以上住んでいた土地に関するいかなる権利も認めず、追放を確定した。さらに、判決には立退きの期日が示されていないため、ウトロの人々は常に立退きの脅威にさらされ、耐え難い生活を強いられている。ウトロに住む朝鮮人は、自分たちが植民地支配と戦争の被害者であり、その後差別と排斥の被害者となり、最近では不動産投機の被害者であると感じている。彼らの基本的人権は、60年以上にわたり侵害されてきた"（パラグラフ55）。

　60年以上にわたり日本社会で孤立し、見捨てられ、見向きもされなかったウトロ住民の、言葉にならない、説明できないけれどとてつもなく苦しく痛く辛く歯痒い思いが、セネガル出身の国連報告者によって国際人権法を通して文字化され、国連の文書記録として残った瞬間であった。

　日本の国内裁判所での敗訴にもかかわらず、このような国際社会からの非難は、世界世論を巻き起こした。日本社会、韓国社会、国際社会での認知も広まっていった[5]。この頃ウトロの立て看板も、「ウトロに愛を」といったソフトなフレーズや、地球儀にいろいろな地域出身の子どもたちが手を取り合っている絵に変わっていった[6]。韓国や日本の市民社会からの募金に加え、韓国国会も予算を執行するなどした。このように世界各地から集まった良心と支援で基金をつくり、ウトロの土地の一部を買い取り、公園や公営住宅を整備するとともに、ウトロの歴史を保存し知らせるためのウトロ平和祈念館設立の構想が現実化していった。のちに触れるウトロ放火事件は、このようにして設立にこぎつけたウトロ平和記念館の開館を阻

[5) ウトロ町内会は一方で、京都府、宇治市に要望したまちづくり計画を進めるよう動いていた。当初要望した計画は、公共事業として土地を買い取り、不良住宅群を買収・撤去したうえで1階に共有スペースを設けた公営住宅、公園等を整備する、希望する者には公営住宅入居を保障する、といったものだったが、その後、韓国と日本の市民社会からの募金、韓国政府からの支援により、ウトロ土地の一部を買い取り、買い取った土地の上に公営住宅、ウトロ平和祈念館と公園等を整備することとなった。中村一成『ウトロ——ここで生き、ここで死ぬ』（三一書房、2022年）284頁以下。

6) この看板も、後の放火により、焼失することとなった。

止する目的で行われたのであった[7]。

4　ヘイト京都事件

　ウトロ放火事件の前に言及すべきは、2009年に起きた京都朝鮮第一初級学校襲撃事件（以下、「ヘイト京都事件」という）である。この延長上にウトロへの放火事件があると考えられるからである。

　ヘイト京都事件は、私が弁護士登録をしたその月に起こった。運命なのか、「在日特権を許さない市民の会」（略称「在特会」）らにより襲撃されたこの学校は、私の母校だった。私はこの事件の弁護団に加わり被害者支援に関わった。

　2009年12月、在特会らが校門前において1時間以上にわたり、スピーカーで「朝鮮学校を日本から叩き出せ！」「何が子どもや、スパイの子どもやないか！」「うんこ食っとけ」など罵声を浴びせかけ、学校が設置したスピーカーの線を切断するなどの破壊行為に出た。子どもたちは泣き出し、教育現場は混乱した。学校への襲撃は、その後も2010年1月、3月とたてつづけに合計3度も行われた。

　事件を受けて子どもたちは親に、「何か悪いことをしたの？」「朝鮮人って悪い言葉なの？」といった自身の存在自体に対するさまざまな疑問を親や教師に投げかけるようになった。まさに、私が幼い頃に感じていた疑問だった。後輩たちには私と同じような思いや経験をさせたくないという弁護士を志した初心は、弁護士になった途端にこっぱみじんに砕かれた。ウトロ土地裁判から20年以上が経っても、時が止まったようだった。

　思い起こせば私も、通学路で「帰れ」「出ていけ」といった暴言を浴びせられたり、舌打ちをされたり、電車に乗ろうとしたら後ろから「朝鮮人のくせに先に乗るな！」といって髪の毛を引っ張られるといったことを経験してきた。朝鮮半島情勢についてのニュースが悪く報道されるたび、このような事件が続出したため、私の卒業後まもなくして、朝鮮学校女子生

7）このような動機について被告人は、取調べにおいても、公判においても認めている。

徒は、制服であるチマチョゴリを着ることができなくなった。私が学生の頃に受けたヘイト言動といえば、このように個人が、こそこそと行っていたものだった。しかし、在特会らをはじめとするレイシスト団体は、堂々と人種差別を目的に掲げて、在日コリアンに対する差別と排除のスローガンを叫び、インターネット上で大々的に会員を募って、組織的に、白昼堂々と差別行為を行い、しかもその過激な様子をビデオに撮影してネットを通じて拡散する。行為態様も言動も、不快な悪口や侮辱といったレベルを遥かに超えて殺人予告、脅迫にまで及んでいる。これこそ国際人権条約、とりわけ人種差別撤廃条約が禁止する差別「煽動」そのものである。

3度のヘイト街宣による学校業務への支障は甚大なものであった。教師らは、毎日何時間も登下校の見守り活動と付き添いを行った。それまで鍵をかけていなかった校門に鍵をかけるようになった。幼稚園はお出かけをすることができなくなった。通学バスの学校名を隠すようになった。保護者は、地元のスーパーマーケットで、「オンマー！」と無邪気に駆け寄ってくるわが子の口を、とっさに覆うようになった。とうとう、私の母校である京都朝鮮第一初級学校は、民事訴訟の途中である2012年3月、廃校となった。ウトロに続き、母校までがなくなってしまった。

この事件の民事裁判で、原告らの主張の柱は2つであった。ヘイトクライム（差別犯罪）であること、民族教育権の侵害であること。約5年の裁判闘争の末、第一審京都地裁は、2013年10月7日、画期的な判決を下した。はじめて、人種差別撤廃条約を引用し、在日コリアンへの「差別」であると認定し、1,200万円を超える損害賠償を命じた。この判決は、日本を含めて世界中で報道された[8]。大阪高裁は、この一審判決を維持し、さらに踏み込んで、朝鮮学校が日本社会において「民族教育を行う利益」についても言及した。2014年12月、最高裁で確定し、「勝利」が確定した。

私は、ウトロ土地裁判で住民敗訴を言い渡した京都地裁、大阪高裁、最高裁が、弁護士になってから関わったこの事件では勝訴判決を言い渡した

---

8) 外務省は、ホームページ上で、この京都地裁判決を紹介するニューヨークタイムズ記事を、「世界が報じた日本」の欄で紹介した（2013年10月8日付〔https://www.mofa.go.jp/mofaj/press/page4_000252.html（最終アクセス2024年8月28日）〕）。

ことに、弁護士としても当事者的な立場としても、ようやく一筋の光をみるようだった。ここから何かが変わっていけるかもしれない、と一抹の光をみるようだった。判決文のうち、在特会らの活動が「在日朝鮮人という民族的出身に基づく排除であって、在日朝鮮人の平等の立場での人権及び基本的自由の享有を妨げる目的を有する」というくだりに、私は涙が止まらなかった。ここまで本当に長かった、けれど少しずつ変わっていける、そう思えた瞬間であった。

5 ヘイトクライムの増大とウトロへの放火

しかし、そう思うも束の間、この1件の勝訴をもってしては食い止められないくらい、日本社会の中のヘイトのパワーは増大していった。ヘイト京都事件の刑事裁判では、実行犯らのうち4名は有罪判決が確定し、うち1名はこの件の執行猶予中に別件のヘイト街宣を行ったことにより服役した。日本で「ヘイトスピーチ」事件として耳目を集めたこの事件は、2009年当時でも既に日本の刑法違反、すなわち現行法に基づいても犯罪であったのだ。しかし、刑事裁判では、有罪判決が下ったものの、民事裁判における判断とは異なり、これらの行為が差別であることが不問に付された（☞巻頭言2頁）。

このことが、その後の刑事裁判における誤った判断を導く結果となったように思う。すなわち、2009年のヘイト京都事件により服役を終えた元在特会幹部が出所してすぐに、また同じ場所（京都朝鮮第一初級学校跡地）を訪れ、拡声器を使って同様のヘイト街宣を行った2017年の事件について裁判所は、「公益を図る目的」を認定した[9]。被告人が法廷で行った、「拉致問題の解明」のために当該デモを行ったという弁明を、裁判所は鵜呑みにしたのである。先の民事裁判における勝利を覆されたようだった。私は、回復しつつあった尊厳がまた根底から踏みにじられ、二度死んだようだった。

---

9) 京都地裁第三刑事部2019年11月29日判決。同判決は、大阪高裁2020年9月14日判決でも維持され、2020年12月14日、最高裁で確定した。

私が幼い頃に見聞きし経験した朝鮮学校生徒への暴言、暴行もまた、刑法違反であり犯罪であった。在日コリアンに対するヘイトクライムは、何十年と日本社会に深く根付き、繰り返されてきた。なぜ、「表現の自由」という、いわばマジックワードを掲げさえすれば人々が思考停止するのか。「うじ虫」と言われ、何と反論すればよいのか。聞き手を人間扱いしない話者の何でも言いたい自由を守ることは、聞き手の人間としての根源的な尊厳を踏みにじり、この社会で生きること自体に苦痛と恐怖を味わわせるという、いわば「魂の殺人」ともいえる犠牲を伴う。そして、そのような言動は、自分も、親も、祖父母の世代も経験してきた民族差別に対する記憶をいまに蘇らせ、子ども世代や孫の世代にわたっても未来永劫続くかもしれないという絶望を甘受させてまで、守られるべきものだろうか。

裁判官までもが、ヘイトの本質は差別であり排除であり、人らしく生きる尊厳の蹂躙である点を見逃している。2017年の事件に対する判決は、ヘイトのパワーを後押しする結果となり、日本社会は、ヘイトの暴走へと突き進んでいった。

レイシストによる攻撃はその後、朝鮮学校だけではなく、コリアタウン、ヘイトに共闘する日本人支援者や弁護士にまで広がっていき、いまや、在日外国人との交流のための市民施設、韓国民団、韓国学校、ウトロという、一見成り立ちの背景が異なる対象さえもが、ヘイトクライムの標的となっていった。被害者は朝鮮半島出身者、その1点だけが共通している。

そして加害の態様も、過激な罵詈雑言から、直接の脅迫や有形力の行使、さらには火を放つという抹殺を意図する象徴的行為にまで及び、過激さを増している。

2021年8月ウトロは放火された。放火犯は、貴重な歴史的資料であるウトロの看板を燃やした。被告人は、平和祈念館に展示する予定の歴史的資料を狙ったと供述している。看板は、ウトロの生きた歴史である。ウトロ土地裁判にも屈せず、敗訴判決にも諦めず、必死になって国際社会に訴えかけ、なんとか守ってきた70年近くにわたるウトロ住民の生き様であった。

私は、ウトロの放火について、はじめは不審火だと聞いた。不審火の言葉の与えるニュアンスは、せいぜいボヤ程度であろう。私は、火が上がっ

た当時の映像を見て衝撃を受けた。メラメラ、バリバリと音を立てながら、家が、倉庫が火柱を上げて激しく燃えていた。これが不審火の扱いを受けるのか。朝鮮人コミュニティが燃えるのは日本社会にとって何でもないことなのだろうか。

さらに衝撃を受けたのは警察の対応である。ウトロ放火事件の被害者への聞き取りを通じてわかったのは、警察が住民らに対し漏電による失火であると説明する際、「この地域は盗電が多いんですよ」と言い放ったという。盗電のための不良設備から漏電し、火が上がったというものだ。ウトロ住民があたかも盗電に関わっているかのように。朝鮮学校女子生徒への暴言、暴行事件においても、ヘイト京都事件においても、そして、ウトロ放火事件においても、警察は在日コリアンを被害者とする事件において極めて非協力的であった。警察官の頭の中では、犯罪被害者に在日コリアンが含まれていないのだろうか。

ウトロの放火事件としての捜査の端緒は、被告人が名古屋にある民団事務所への放火について捜査を受ける過程で、ウトロへの放火も自分が行ったものであると自白したことである。その自白がなければ、いまも失火としてまともな捜査さえ行われず、闇に葬られていたように思えてならない。

6　ヘイトクライムの害悪

2009年のヘイト京都事件が起こったとき、こう言う人がいた。「たまたまだよ」「運が悪かった」。

ここまでの説明で十分に自明だと思う。日本のヘイトは、運が悪かったのでも、たまたまでもない。根深い差別意識と、歴史的な差別構造に根付いている。100年前、関東大震災で朝鮮人が大量虐殺された延長上で、私たちはいまなお、虫ケラのように扱われ差別の標的となり続けてきた。国も自治体もあるときは積極的に在日コリアンを制度的に排除する作為により、またあるときは何もせずに放置する不作為により、差別行為と差別構造の維持強化に加担してきた。

在日コリアンがいるからヘイトの問題があるのではない。私たちは、生まれる場所も時代も選ぶこともできずに、ただここに生まれ、日本人と同

じように「ただ生きてきた」だけである。差別をする人に出会ったから差別を経験したのである。その意味でヘイトの問題は、差別をする側、すなわち日本社会の問題である。

ヘイトクライムは社会を断絶する。ウトロ土地裁判と、学生時代の暴言、暴行を経て日本社会への不信と怒りでいっぱいだった私は、国連の人権条約機関による勧告や報告、ヘイト京都事件における判決、そしてヘイト事件の弁護団活動を通じた日本社会との深い関わりの中で、日本社会への信頼と自身の尊厳を回復する途上にあった。しかし、ウトロ放火事件とその後立て続けに起こる放火やヘイトクライムは、やっと回復しつつあった日本社会への信頼を、再度根底から揺らがせている。私はこの社会で生きていてはいけない存在なのだろうか。

もう1つ、ヘイトクライムの本質でもある差別の互換性を考えてみたい。社会的に優位な立場にある多数者が少数者の存在を否定する社会は、他のさまざまな関係においても同様のアプローチをとるであろう。人は常に社会的関係において劣位者の地位における現実性を有している。ある側面では多数者であっても、違う側面では社会的弱者であったり少数者であったりする多様な要素を、誰もが皆、大なり小なり抱えながら生きている。日本のヘイトの状況は、いつ自分がそのような要素を理由に差別の標的になるかわからない社会なのである。自らが歳老いて、あるいは交通事故に遭って社会的弱者の立場になるかもしれないし、あるいは子どもや親、友人が、年齢や出自、性別等を理由にヘイトの被害を受けるかもしれない。少数者の存在を否定し攻撃する社会とは、あらゆる人間の人間性を否定する社会ともいえる。そのような社会がはたして、健全な社会、生きやすい社会であるといえるだろうか。

ウトロは守り保存するにはあまりにはかなく、消えてなくなるにはあまりに容易かった。約90年に及ぶウトロの歴史は、そして渡日から100年近くに及ぶ私たち家族の歴史は、放火により完全に燃えてなくなってしまったかのようだ。

劣悪な生活環境にも、裁判にもかかわらず何度でも立ち上がり、国際社会にまで訴えかけて奔走したウトロ住民の生き様を伝える立て看板は、放火により灰となって消えてしまった。私は、私の体が燃えてなくなってし

まったように感じた。

　私はいまでも、私自身が、そして在日コリアンコミュニティがいまも負い続けている痛みで眠れなくなることがある。ウトロでの楽しい記憶とともに、変わっていったウトロの様子、隠していた自分、そして家がなくなった様子、最後に放火により燃えるウトロで頭がいっぱいになる。またあるときは、ふと夜中に目が覚めて、ヘイト京都事件のことを考える。はじめは友人らと校舎で遊んでいた記憶、次に在特会が叫んだ暴言、そして勝訴こそしたものの廃校となった学校跡地に思いが及び、眠れなくなる。私たちが何か悪いことをしたのか。なぜいつも私たちなのか。

　ある人が私に言った。「あまり過去にとらわれずに生きようよ」

　そうなりたい。私だって過去から自由になりたい。そうなればどんなに素晴らしいだろうか。忘れようとしても、なかったことにしても、心にしまったとしても、あるときはヘイト団体が「出ていけ」と道端で叫ぶとき、「出ていけ」と法廷で言い渡されたウトロ裁判を否応なく思い出す。またあるときは在日コリアン生徒が暴言や暴行を受けたと聞いたとき、朝鮮学校に通っていた頃に浴びせられた「朝鮮人のくせに！」「帰れ」の暴言が思い出される。Ｊアラートが鳴るたびに、私の後輩の子どもたちが攻撃されるのではないかとソワソワして不安になり眠れなくなる。下水の匂いを嗅ぐたびにウトロの匂いが思い出され、ウトロが話題に出たとき、ヘイト団体がウトロを徘徊したと聞いたとき、放火されたとき、否応なく過去に引き戻されるのだ。そしていまも、隣の部屋ですやすやと眠る子どもの顔を見ながら、このような過去をさらさなければいけない時代が終わることを願うとともに、きっと私の親や祖父母も同じ気持ちであったことを想像し、いつになれば私たちはここから自由になれるのかと暗澹たる気持ちになることがある。この子たちの世代にはどうか、この負の記憶と歴史が連鎖しないようにと、心から願う。

　もう十分だ。もう、終わりにしたいのである。

第II部
各国のヘイトクライム法およびそれをめぐる議論

第Ⅱ部　各国のヘイトクライム法およびそれをめぐる議論

1

アメリカ

静岡大学教授
小谷順子

1　「ヘイトクライム」対策立法の登場と展開

[1]　アメリカのヘイトクライム対策立法の特色

　アメリカのヘイトクライム対策法制の特色は、ヘイトクライムとヘイトスピーチとを区別したうえで、前者を多層的に規制しつつ、後者の規制を回避している点である。すなわち、アメリカでは、合衆国憲法修正１条の表現の自由を強固に保障する判例法のもと、「ヘイト（憎悪、嫌悪）」の思考そのものを処罰することは許されないと解されており[1]、「ヘイト」ないし偏見の言語化にとどまる表現行為であるヘイトスピーチを一般的に規制することに関しては極めて消極的である。一方、純粋な表現（pure speech）の範疇を超えた「ヘイト」ないし偏見の言動については、連邦および大多数の州で多様な法制を設けてこれに対抗している[2]。

---

1) *See, e.g.*, United States v. Schwimmer, 279 U.S. 644, 654-55 (1929)(Holmes, J., dissenting); ZACHARY J. WOLFE, HATE CRIMES LAW, § 1: 4.
2) ヘイトクライム法とは別に、各種の差別禁止法も設けられている。

なお、アメリカの連邦制のもとでは、一般的な犯罪の管轄権は州が有しており、ヘイトクライムの刑事規制も原則的には州法（または自治体条例）で設けられる。これに対し、連邦の刑事法は、合衆国憲法で連邦政府に限定的に付与された権限の範囲内で規制するにとどまるが、人種等に基づくヘイトクライム対策に関しては、奴隷制廃止や平等保護の実施権限を連邦議会に付与する合衆国憲法の修正条項（修正13条、14条、15条）や州際通商の規制権限を連邦議会に付与する条項（1条8項）を根拠に、連邦レベルでも多様な法制を設けている。

[2]「ヘイトクライム」の概念とその対策法

連邦のヘイトクライム対策法は19世紀後半に登場した。1865年以降、奴隷制を廃止する合衆国憲法修正13条、平等保護を規定する修正14条、選挙権に関する差別を禁止する修正15条が成立し、その実施権限が連邦議会に付与されたことから、連邦議会は、黒人の投票権等の実効化を図るために一連の実施法[3]を制定し、投票権行使等に対する暴力や脅迫等による妨害行為等を禁止した。これらの法律は、法文上でヘイトクライムという名称こそ用いていないが、いずれも黒人の憲法上の権利の行使に対する人種差別的な妨害行為を防止するための立法である点において、ヘイトクライム法として位置づけることができる。

一方、ヘイトクライムという語がアメリカ社会に定着・浸透したのは、1980年代後半以降である。この時期、ヘイトクライムの増加を受け、司法省の管轄する犯罪統計に「ヘイトクライム（Hate Crimes）」という項目を付加するための法案が連邦議会に繰り返し提出され[4]、それをめぐる議論を通してヘイトクライムという呼称が一般化した。その後、1990年にヘイトクライム統計法が成立し、ヘイトクライムは連邦法上の概念として確立するに至り[5]、1992年のRAV判決と1993年のMitchell判決を経て、

---

3) The Enforcement Act, 16 Stat. 140 (1870); The Second Enforcement Act, 16 Stat. 433 (1871); The Third Enforcement Act, 17 Stat. 13 (1871).

4) 法案の一例として、Hate Crime Statistics Act, H.R. 1171, 99th Cong. (1985) など。

5) See, e.g., Scott Phillips & Ryken Grattet, *Judicial Rhetoric, Meaning-Making, and the Institutionalization of Hate Crime Law*, 34 Law & Soc'y Rev. 567, 580-81 (2000).

ヘイトクライムとヘイトスピーチとが区別されるようになる（後述）。

なお、ヘイトクライムの「ヘイト」の事由として、主な連邦法では、人種、肌の色、宗教、出身国、性的指向、ジェンダー、ジェンダー自認および障害を列挙する[6]。州法上の列挙事由は州毎に異なるものの、大部分は人種、肌の色、宗教を明示しており、これらに加え、多くの州法で、性的指向、ジェンダー、ジェンダー自認、障害を列挙する[7]。いずれの法律も、合衆国憲法修正14条の平等保護の要請のもと、列挙事由に基づく一定の行為であれば、社会的弱者から強者に対する行為も含めて一律に双方向に禁止する方式をとる。

[3] 本稿の射程

アメリカのヘイトクライム対策法制[8]をその内容に応じて分類すると、ヘイトクライム対策を促進または潤滑化するための諸施策を定める法律（第1類型）、ヘイトクライムの刑罰を加重する法律（第2類型）、一定の行為をヘイトクライムとして定義づけたうえで禁止する法律（第3類型）の3類型に分けることができる。本稿ではこの分類を用いる。

なお、連邦および州の該当条文の総数が極めて多いことに加え、アメリカの刑事法の特性上、規制文言の曖昧性を回避するために詳細に規定する条文が多いことから、以下、条文の紹介に際して省略ないし要約した箇所が多いことに留意されたい。また、特に明記していない場合であっても、各法律の制定の背景には、ヘイトクライムの増加等の立法事実があったことにも留意されたい。

---

6) *See, e.g.*, U.S. Dep't of Just., Hate Crimes Laws and Policies, https://www.justice.gov/hatecrimes/laws-and-policies（last visited Nov. 6, 2023）.

7) *Ibid.*

8) アメリカのヘイトクライム法制につき、奈須祐治『ヘイト・スピーチ法の比較研究』（信山社、2019年）40頁以下、桧垣伸次『ヘイト・スピーチ規制の憲法学的考察——表現の自由のジレンマ』（法律文化社、2017年）59頁以下参照。各州の法整備状況については、MICHAEL GERMAN & EMMANUEL MAULEÓN, BRENNAN CTR. FOR JUST., FIGHTING FAR-RIGHT VIOLENCE AND HATE CRIMES 21-40 (2019) および Brennan Center for Justice の公式サイト参照。

2 ヘイトクライム対策法の類型

[1] ヘイトクライム対策の促進・潤滑化のための諸法（第1類型）

(i) ヘイトクライム統計法（連邦法）

　前述のとおり、1990年の連邦のヘイトクライム統計法[9]は、ヘイトクライムという語を法文上で初めて用いた。同法（制定時）は、「人種、宗教、性的指向または民族に基づく（based on）偏見の証拠が示される犯罪に関するデータ」を収集したうえで統計概要を公表することに加え、偏見の存在を認めるために必要な証拠や基準等に関するガイドラインを策定することを司法長官に義務づけた[10]。データ収集の対象となる犯罪は、謀殺、故殺、暴行・脅迫による強姦、加重暴行、単純暴行、脅迫、放火、財産破壊・損壊である。偏見の事由として、当初は上記4事由のみが列挙されていたが、1994年の改正で障害が追加され[11]、2009年の改正でジェンダーおよびジェンダー自認が追加された[12]。なお、同法では、本規定が訴訟の原因または訴訟提起の権利を創出するものではないことが明記されているが[13]、これは、一部の州法において、ヘイトクライムの被害に関して損害賠償請求等の権利を認めていることと対比される。

(ii) 近年の連邦法

　ヘイトクライム対策法制は、社会におけるヘイトクライムの発生動向を受け、随時、制定または改正されている。近年では、新型コロナウイルス感染症の流行拡大に伴ってアジア・太平洋諸島系アメリカ人に対するヘイ

---

9) Hate Crime Statistics Act, 34 U.S.C. § 41305.

10) ヘイトクライムの発生件数と認知件数との間の顕著な差にも留意が必要である（☞Ⅳ部3章）。Kaitlyn Sill & Paul A. Haskins, *Using Research to Improve Hate Crime Reporting and Identification*, https://nij.ojp.gov/topics/articles/using-research-improve-hate-crime-reporting-and-identification（last visited Nov. 6, 2023）.

11) Violent Crime Control and Law Enforcement Act of 1994 § 320926, Pub. L. 103-322, 108 Stat. 1796（1994）.

12) Matthew Shepard and James Byrd, Jr. Hate Crimes Prevention Act, Div E, § 4708, Pub. L. 111-84, 123 Stat. 2190（2009）.

13) 34 U.S.C. § 41305(b)(3).

トクライムが急増したことを受け、2021 年に COVID-19 ヘイトクライム法[14]を制定し、ヘイトクライムへの注意喚起を図るための指針を設けることなどを定めた。また、同時に制定された Jabara-Heyer 反ヘイト法[15]は、ヘイトクライムのデータ収集の不十分さを認めたうえで、ヘイトクライムの通報・報告の拡充を図るための環境整備等を規定した。

［2］ ヘイトクライム刑罰加重規定（第 2 類型）

　第 2 の類型は、一定の犯罪を遂行した際に既定の「ヘイト」の要素の存在が認められる場合に刑罰を加重する立法である。次に示すとおり、連邦では 1994 年に刑罰加重が法制化され、大多数の州でも法制化されている。

（ⅰ）連邦の刑罰加重法制

　連邦の 1994 年暴力犯罪抑止および法執行法（量刑加重法）には、ヘイトクライムに関する刑罰加重のガイドラインを定めるよう、合衆国量刑委員会（US Sentencing Commission）に対して命じる規定が盛り込まれた[16]。現行のガイドラインによると、ヘイトクライムとは、被告人が「なんらかの者（of any person）」の実際のもしくは認知上の人種、肌の色、宗教、出身国、民族、ジェンダー、ジェンダー自認、障害もしくは性的指向を理由として（because of）意図的に被害者を選択した犯罪、または財産犯罪の場合は犯罪の対象物となる財産を選択した犯罪と定義される。連邦法は、合衆国量刑委員会に対し、裁判における事実認定者が合理的な疑いを超えてヘイトクライムであると認定する犯罪に関し、3 段階以上の刑罰加重を定めるガイドラインを策定または改正するよう求めており、これを受けたガイドラインには、ヘイトクライムに関する詳細な項目が設けられている[17]。

14) COVID-19 Hate Crimes Act, Pub. L. No. 117-13, 135 Stat. 265, § 1（2021).

15) Jabara-Heyer NO Hate Act, Pub. L. No. 117-13, 135 Stat. 265, § 5（2021).

16) Violent Crime Control and Law Enforcement Act of 1994, § 280003. *See also* 18 U.S.C. app. § 3A1. 1.

17) United States Sentencing Commission Guidelines Manual 2021 § 3A1. 1.

(ⅱ) 「ヘイト」の属性の規定手法

　いま述べたとおり、ヘイトクライムの定義において、「なんらかの者（any person）」の人種等の属性という規定手法をとることがあるが、これにより、例えば白人優越主義者が他者の黒人という人種属性を理由に暴力犯罪を遂行した事案において、暴力行為の直接の被害者が、黒人であった場合だけでなく、黒人を暴力から守ろうとした白人であった場合や、黒人と同行しているがゆえに暴力を受けた白人であった場合などもヘイトクライムが成立しうることになる[18]。後述の法律の多くも「なんらかの者」という文言を用いる。

　また、「実際のまたは認知上の（actual or perceived）」属性という規定手法も多用されるが、この規定手法により、行為者が人種等の属性を誤認していた場合であってもヘイトクライムが成立しうることになる。

(ⅲ)　州法の刑罰加重規定

　大多数の州がヘイトクライムに関する刑罰加重規定を設けている[19]。各州の刑罰加重規定の内容・文言は多様であり、列挙されるヘイトの事由も多様であるが、原則的に人種、肌の色、宗教は盛り込まれている。具体的にみると、例えばニューヨーク州法[20]では、加害者が他者に対して「特定の犯罪」（暴行、故殺および謀殺を含む多数の列挙犯罪）を遂行したまたは遂行しようとした際に、完全または部分的に、当該他者の人種、肌の色、出身国、祖先、ジェンダー、ジェンダー自認、ジェンダー表現、宗教、宗教的行為、年齢（60歳以上の年齢）、障害もしくは性的指向に関する信念または認識を理由として（because of）いた場合に、当該信念または認識の

---

18) *E.g.*, Peter G. Berris, Cong. Rsch. Serv. R47060, Overview of Federal Hate Crime Laws 8 (2022).

19) *See, e.g.*, Anti-Defamation League, ADL Hate Crime Map, https://www.adl.org/resources/tools-to-track-hate/hate-crime-map; German & Mauléon, *supra* note 8, at 21-40. ヘイトクライム法の分類基準にもよるが、アーカンソー州、インディアナ州（但し、Ind. Code § 35-38-1-7.1(a)(12)）、ノースダコタ州、サウスカロライナ州、ワイオミング州はいずれの類型のヘイトクライム法も設けていないと解される。

20) N.Y. Penal Law § 485.05.

正確性にかかわらず刑罰を加重することを規定する。

　同法の列挙する属性は連邦法のそれよりも多いが、この点につき、例えばワシントンDCの偏見関連犯罪（bias-related crimes）の刑罰加重規定[21]では、さらにホームレス性、学校（matriculation）、政治党派性（political affiliation）等も列挙する。このように拡大された列挙事由については、ヘイトクライム対策の陳腐化ないし嘲笑化につながるとの懸念もある[22]。

［3］　ヘイトクライムの処罰規定（第3類型）
（ⅰ）　州法上の固有のヘイトクライム

　第3の類型は、人種等の「ヘイト」の要素を有する一定の言動を固有の犯罪として定義したうえで禁止するものである。多くの州でこの類型の規制を設けているが、法文上ではヘイトクライムではなく「偏見犯罪」（bias-crime）等の名称を用いることもある[23]。また、州によっては、脅迫の意図で十字架を燃やすことを禁止する法律や、公衆の面前で覆面を着用することを禁止する法律を設けている場合もある[24]。これらの立法は、その文言中で人種等の属性に言及していない場合であっても、そこで規制される行為は、白人優越主義集団の用いる典型的な威嚇・迫害の言動であり、その背景があるがゆえに威嚇・迫害のメッセージを発するのであるから、ヘイトクライム法として位置づけることができる。

　多くの州が第3類型の規定を有するが、その規制対象、定義、手法は多様である。一例のみ挙げると、例えばコロラド州法[25]では、行為者が他者

---

21) D.C. Code § 22-3701.
22) Avlana Eisenberg, *Expressive Enforcement*, 61 UCLA L. Rev. 858, 909-10 (2014). なお、DC法の学校（matriculation）は、法文上では定義されていないが、対立関係にある学校（school）間の抗争等を想定しているとの指摘がある。*Id.* at 909, n. 245.
23) *E.g.,* Colo. Rev. Stat. § 18-9-121 (Bias-motivated crimes), Or. Rev. Stat. § 166.155 (Bias crimes).
24) 両者の合憲性について、小谷順子「十字架を燃やす行為の規制をめぐる憲法問題——The Story of Virginia v. Black, 538 U.S. 343 (2003)」大沢秀介・大林啓吾編『アメリカ憲法判例の物語』137頁（成文堂、2014年）、同「アメリカ合衆国憲法修正1条と覆面禁止法」静岡大学法政研究14巻3・4号344頁（2010年）参照。
25) Colo. Rev. Stat. § 18-9-121.

を威嚇するまたは嫌がらせをする意図をもって下記(a)から(c)のいずれかの行為を認識しながら遂行した際に、完全または部分的にその者の実際または認知上の人種、肌の色、宗教、祖先、出身国、身体的もしくは精神的障害または性的指向を理由として（because of）いた場合に「偏見を動機とした犯罪」が成立する。なお、(a)は、他者の身体に傷害を生じさせること、(b)は、言葉または行為によって他者または他者の財産に直接向けられた即座の違法行為の発生のおそれを当該他者に抱かせ、かつ、当該言葉または行為が当該他者の身体への傷害または財産への損壊を生じさせる可能性が高いこと、(c)は、他者の財産に損壊または破壊を生じさせることと規定される。上記(b)は、その定義に純粋な言論を含むゆえ、身体または財産への差し迫った加害のおそれおよび当該加害の発生の蓋然性の高さを求めることで、修正1条の保護を受ける表現を規制対象から除外している点が注目される[26]。

(ii) 連邦法上のヘイトクライム処罰規定

連邦法である Jabara-Heyer 反ヘイト法では、連邦法上のヘイトクライムに当たる犯罪として、連邦刑法（合衆国法典18編）245条、247条、249条および1968年公民権法901条を列挙しており[27]、これら4つの犯罪が連邦法上の狭義のヘイトクライムであるといえる。これらに加えて、連邦法で保護される権利を剥奪する謀議の禁止[28]（連邦刑法241条、242条）等もヘイトクライム法として分類されることがある。また、ジェノサイド（集団殺害）およびその扇動を禁止する連邦のジェノサイド条約実施法[29]も典型的なヘイトクライム法である。なお、連邦のヘイトクライム規制は、連邦政府が規制権限をもつ事項に限定されることから、以下のとおり、合

---

26) 同様に、ワシントン州法 Wash. Rev. Code § 9A.36.080(1)(c) も表現行為を含むゆえに厳格に規定されている。

27) *Jabara-Heyer NO Hate Act*, 34 U.S.C. § 30507(c)(1).

28) 18 U.S.C. § 241, 242.

29) Genocide Convention Implementation Act of 1987, 18 U.S.C. § 1091. 同法について、小谷順子「人種等の集団に対する暴力行為を扇動する表現の規制についての一考察——米国のジェノサイド扇動表現の禁止規定を題材に」メディア法研究2号（2024年）111頁。

衆国憲法または連邦法で保障される権利への妨害行為の禁止が中心となる。

(iii) 連邦法で保護される活動に対する暴力的干渉等の禁止（連邦法）

　連邦刑法245条(b)(2)項[30] は、他者の人種、肌の色、宗教または出身国を理由とし（because of）、かつ、その者が連邦法で保護される行為を行ったもしくは行っていることを理由として、暴力（force）もしくは暴力行使の脅迫により、意図的にその者を傷害、威嚇もしくは干渉することまたはそれらを試みることを禁止する。連邦法で保護される行為は詳細に規定されているが、要約すると、公立学校等への入学・在学、州等のプログラム・施設等への参加、民間または州機関の雇用への応募または従業等、州裁判所の陪審の従事、州際通商に該当する施設の利用または公共交通機関の施設・乗物等の利用、一定の施設（ホテル等、レストラン等、ガソリンスタンド、公衆向けの映画館等）における商品・施設等の享受である。

　なお、一般的な犯罪の管轄権は州に存することから、245条の訴追に際しては州の犯罪管轄権が優先され、同条に基づく連邦政府の訴追が可能となるのは、連邦政府による訴追が公益に適合することおよび実質的正義のために必要であること等を明示した司法長官またはその指定者による文書が発行された場合に限られる[31]。同様の要件は、以下の247条および249条にも付されている。

(iv) 宗教的財産の損壊および宗教的信念の行使の妨害の禁止（連邦法）

　連邦刑法247条(a)項[32] は、州際または国際通商に関係する状況下において、なんらかの宗教的不動産（教会、シナゴーグ、モスク、宗教上の墓地ほか）を、その宗教的性格を理由として（because of）意図的に損壊もしくは破壊すること、または、なんらかの者の宗教上の信念の行使の自由の享受を暴力（force）もしくは暴力行使の脅迫によって意図的に妨害すること

---

30) 18 U.S.C. § 245(b)(2). 245条の法定刑は、犯罪の種類に応じて罰金刑から死刑まで規定されている。

31) 18 U.S.C. § 245(a).

32) 18 U.S.C. § 247(a). 247条の法定刑は、犯罪の種類に応じて罰金刑から死刑まで規定されている。

を禁止する。一方、同条(c)項[33]は、なんらかの宗教的不動産と関係を有するなんらかの者の人種、肌の色または民族的属性を理由としてその宗教的不動産を意図的に損壊、損害もしくは破壊することを禁止する。両項とも未遂罪も規定する。

(v) ヘイトクライム行為の禁止 (連邦法)

連邦刑法 249 条は、2009 年にヘイトクライム防止法[34]として制定されて連邦刑法に編入されたものであり、特に同条(a)(1)項[35]は、連邦権限事項に限定することなく一般的に一定の行為を禁止する点において、連邦初の一般的なヘイトクライム規制法として位置づけられる。具体的にみると、同項は、「ヘイトクライム行為 (hate crime acts)」として、なんらかの者の実際のもしくは認知上の人種、肌の色、宗教もしくは出身国を理由として (because of)、意図的に人の身体に傷害を負わせること (以上、既遂)、または火器、銃器、危険な武器、爆発性もしくは焼夷性の装置を使用して人の身体に傷害を負わせることを試みることを禁止する[36]。

(vi) 居住の権利の侵害の禁止 (連邦法)

合衆国法典 42 編 3631 条(a)項[37]は、なんらかの者の人種、肌の色、宗教、性別、障害 (handicap)、家族構成 (familial status。主に 18 歳未満の子との同居) もしくは出身国を理由とし (because of)、かつ、その者が住居の販

---

33) 18 U.S.C. § 247(c).

34) Matthew Shepard and James Byrd, Jr. Hate Crimes Prevention Act, 123 Stat 2190 (2009) ; 18 U.S.C. § 249.

35) 18 U.S.C. § 249(a)(1). 249 条の法定刑は、犯罪の種類に応じて罰金刑から終身刑まで規定されている。

36) 18 U.S.C. § 249(a)(2) は、いずれかの者の実際のもしくは認知上の宗教、出身国、ジェンダー、性的指向、性自認もしくは障害を理由として、意図的に人の身体に傷害を負わせること、または前項列挙の火器等を使用して人の身体に傷害を負わせることを試みることを禁止するが、同項の規定内容に関しては、奴隷制廃止等の憲法修正条項に基づく連邦権限がないことから、州際通商に関する連邦権限の存する限定的な状況下においてのみ適用されうる。

37) 42 U.S.C. § 3631(a). 同条(b)および(c)項も関連の行為を禁止する。3631 条の法定刑は、行為の種類に応じて罰金刑から終身刑まで規定されている。

売、購入、賃貸、融資、占有、（住居の販売、購入、賃貸、融資もしくは占有のための）契約もしくは交渉を行ったこと、または住居の販売もしくは賃貸の事業に関連するサービス、組織もしくは施設に申込または参加を行ったもしくは行っていることを理由として、その者に対して暴力（force）もしくは暴力の行使の威嚇によって意図的に傷害、威嚇もしくは干渉することまたはそれらを試みることを禁止する。

(vii)　民事上の権利の創設

　以上のとおり、第2類型と第3類型の規制は、いずれも人種等の属性を理由として（because of）遂行された一定の行為に刑罰を科すという構造をもつ。一方、こうした刑事規制に加えて、一部の州においては、ヘイトクライムの被害者に民事上の訴訟提起の権利を付与する制度を設けている。例えばアイオワ州法[38]では、州法上のヘイトクライムの結果として身体的、精神的または財産的害悪を被った被害者が加害者に対して差止請求と損害賠償請求を行う権利を規定している。このような被害の回復手段の制度化も注目すべきであろう。

3　ヘイトクライム規制の憲法上の限界

[1]　ヘイトスピーチ規制法の違憲判決

　ヘイトスピーチの一般的な規制は、1992年の連邦最高裁のRAV判決[39]において合衆国憲法修正1条に違反すると判断されたが、本稿で紹介したヘイトクライム対策の諸法は、特定の人種等に対する偏見や憎悪を理由または動機とした言動に対して刑罰を科すものである点において、加害者の信念・信条という内心部分やその内心に基づく外部的行為に対する規制という性格も有しており、修正1条上の疑義が生じうるように思われる。

　そこでRAV判決の判示内容を改めて確認すると、同判決では、たとえ規制の許される表現カテゴリー（同事件では「喧嘩言葉」）の表現であって

38）Iowa Code § 729A.5. *See also* Mich. Comp. Laws § 750.147b(3).
39）R.A.V. v. City of St. Paul, 505 U.S. 377 (1992).

も、人種等の不人気な題材に関する表現のみを抽出して規制することは表現内容規制に当たると述べられ、規制可能なカテゴリー内の小領域の規制が許されるのは、①小領域の規制根拠がカテゴリー全体の規制根拠と同一である場合、②表現のもたらす二次的効果を規制する場合、③表現抑圧の可能性がまったく認められない場合にかぎられると述べられた。一方、連邦最高裁は、以下に示すとおり、ヘイトクライムへの刑罰加重について、これを（表現規制ではなく）行為規制と解したうえでその規制を正当化している。

[2]　ヘイトクライムへの刑罰加重の合憲性

　ヘイトクライムへの刑罰加重については、刑罰加重規定に基づいて行う手法と、明文上の根拠のないまま量刑時に裁量で行う手法とが想定される。後者の合憲性について、連邦最高裁は、1983年のBarclay判決において、殺人罪の被告人の量刑に際して裁判官が同人の有していた人種的憎悪（racial hatred）を考慮したことは合衆国憲法に違反しないと述べたが[40]、1992年のDawson判決[41]では、被告人の白人優越主義団体への帰属を量刑加重の要素として考慮したことについて、修正1条に保護される信念や結社を証拠として考慮することは許されると述べつつも、当該団体の人種差別的信念と犯罪行為との関連性等を示すことなく被告人の抽象的な信念を考慮することは許されないと述べている[42]。

　一方、人種や性別等を理由とした（because of）差別を禁止する連邦法を合憲と判断した一連の連邦最高裁判決は、差別規制に付随して生じる差別的表現要素の制約を正当化しており[43]、1992年のR.A.V判決も、連邦法の差別禁止規定を例示して、ある行為に表現要素が含まれることだけを理由にその行為が行為規制の適用対象から外されるものではないと述べている[44]。

---

40) Barclay v. Florida, 463 U.S. 939, 949（1983）.
41) Dawson v. Delaware, 503 U.S. 159（1992）.
42) *Id*. at. 165-68.
43) *See, e.g.*, Hishon v. King, 467 U.S. 69, 78（1984）; Roberts v. United States Jaycee, 468 U.S. 609, 628-29（1984）.

第Ⅱ部　各国のヘイトクライム法およびそれをめぐる議論

　このような先例を背景に、連邦最高裁は、1993年のMitchell判決[45]において、ヘイトクライムの刑罰加重規定を合憲と判断した。同判決の争点となったのは、被告人が犯罪を遂行する相手を、その人種、宗教、肌の色、障害、性的指向、出身国または祖先（ancestry）を理由として（because of）意図的に選択した場合に最大刑を加重することを定めた州法規定の合憲性である。連邦最高裁は、まず、Barclay判決とDawson判決を引用しつつ、被告人の有する抽象的な信念を量刑時に考慮することは許されないものの、被告人の被害者に対する人種的敵意（racial animus）を考慮することは認められると述べた[46]。また、差別的な動機ないし理由に刑罰を科すことの合憲性について、連邦最高裁は、差別禁止法のもとにおける動機の考慮が従前から合憲とされてきていること、雇用関係における人種等を理由とした差別行為の禁止が行為者（雇用主）の修正1条の権利を侵害しないと判示されてきていること、また、当該差別禁止規定が内容中立的な行為規制として合憲とされてきていることを指摘し、さらに、RAV判決で違憲とされた条例の規制対象が表現（言論ないしメッセージ）であったのに対し、本件州法規定の対象は修正1条の保護を受けない行為であると述べ、両者の差別化を図った[47]。そのうえで、連邦最高裁は、偏見に動機づけられた犯罪の害悪に関する州の認識——すなわち偏見動機犯罪が他の犯罪よりも報復犯罪を誘発させ、特異な感情的害悪を被害者に生じさせ、社会の不安定を扇動する可能性が高いという認識——に基づいて州がその害悪に対抗するために刑罰加重という手法を選んだことを肯定し、当該規定を合憲と判断している[48]。

---

44)　*R.A.V.*, 505 U.S. at 389-90.

45)　Wisconsin v. Mitchell, 508 U.S. 476（1993）. 同法は、人権擁護団体 Anti-Defamation League of B'nai B'rith（現 ADL）の立法案をモデルとしており、同様の規定を設けた州も多かったことから、連邦最高裁の判断が注目されていた。

46)　*Id.* at 485-87.

47)　*Id.* at 487.

48)　*Id.* at 487-88.

[3] 若干の考察

　以上のとおり、連邦最高裁は、抽象的な「ヘイト」の思考の表明や、犯罪行為の背景にある抽象的な（ヘイトの）思考そのものを処罰することは許されないとしつつ、他方で、犯罪の動機ないし理由としての人種的敵意ないし憎悪を考慮することは許されると判示しており[49]、これを受けて、連邦および州のヘイトクライムも後者の形で規定されている。

　もっとも、判例上、実際に遂行された犯罪行為とその遂行に至った内心の動機ないし理由としての人種等の要素との関係性については、確定的に解釈されているわけではない。つまり、ヘイトクライムの処罰規定の多くが、人種等を「理由として（because of）」一定の行為をなすことを禁止するが、ここにいう「理由として」の解釈は確定していない[50]。この点につき、連邦最高裁は、ヘイトクライム法ではない刑事法規定の「結果として生じる（result from）」という文言の解釈の際に、同文言と「理由として（because of）」とを相互互換的に用いて、両文言は特定の事由が存在しなかった場合には当該犯罪が生じえなかったという因果関係の存在を求めると述べたことがあるが[51]、これはヘイトクライム法における「理由として」の終局的な解釈ではない。そのため、ヘイトクライム法の「理由として」に関する下級審の解釈は分かれており、犯罪遂行の不可欠要素としての因果関係を要求する連邦裁判所が散見される[52]一方で、ヘイトクライム法における「理由として」を動機に関する文言であると解したうえで、実質的な動機要素であったことを意味すると解する連邦裁判所もあり[53]、こ

---

49) さらに連邦最高裁は、Virginia v. Black, 538 U.S. 343（2003）において、特定の個人または集団を威嚇する意図で十字架を燃やす行為（注：白人優越主義の象徴的表現）を禁止する州法の合憲性について、当該州法は規制可能な脅迫表現のうちの一部分のみを抽出して規制しているものの、米国史における十字架と暴力との結びつきをふまえて最も威嚇的な脅迫を抽出しているにすぎず、RAV 判決の第 1 の例外に当たるうえ、人種等の限定的な観点のみを禁止するものではなく、表現内容差別にも観点差別にも当たらないと述べた。

50) BERRIS, *supra* note 18, at 4–6.

51) Burrage v. United States, 571 U.S. 204, 212–14（2014）.

52) *See* United States v. Miller, 767 F.3d 585, 593（6th Cir. 2014）; United States v. Metcalf, 2016 U.S. Dist. LEXIS 52589, at *8（N.D. Iowa Apr. 20, 2016）; *See also* BERRIS, *supra* note 18, at 6.

の点については今後の判例の動向を注視する必要がある。

　本稿で紹介したヘイトクライム対策法のうち、連邦法の諸規定については、連邦政府の規制権限に関する違憲判決はあるものの、ヘイトクライムへの刑罰の賦課そのものを正面から違憲とした判決はみあたらない。一方、連邦刑法245条と249条については、行為規制であって違憲性はないとした連邦下級審の判決があるほか[54]、居住の権利の侵害の禁止規定について、威嚇等の意図の要件を設けることによって修正1条の保護を受ける表現が規制対象から除外されていると述べて文面上の違憲性を否定した判決もある[55]。

　連邦最高裁は、R.A.V.判決以降、ヘイトクライム規定を正面から違憲と判断したことはないのであって、意図の要件を設けたうえで人種等の属性を理由とした暴力行為や威嚇行為を禁止することについては、憲法上の問題を生じさせないと考えられている。このようなヘイトクライム対策法の理解がみられることに加え、アメリカでは、不特定多数の利用を想定した施設や店舗等における私人間の差別行為を禁止する法律や雇用関係における差別行為を禁止する法律も整備されていることも指摘されるべきであろう。

---

53) United State v. Maybee, 687 F.3d 1026, 1032 (8th Cir. 2012).

54) United States v. McDermott, 29 F.3d 404, 410 (8th Cir. 1994) (18 U.S.C. § 245(b)の合憲性); United States v. Jenkins, 909 F. Supp. 2d 758, 777 (E.D. Ky. 2012) (18 U.S.C. § 249の合憲性).

55) United States v. Gilbert, 813 F.2d 1523, 1529-30 (9th Cir. 1987), *cert. denied*, 484 U.S. 860 (1987).

2 イギリス

西南学院大学教授
奈須祐治

　本章では、イギリスのヘイトクライム法を紹介する。イギリスがヘイトクライムに対する刑罰の加重を始めたのは90年代後半であり、それほど歴史があるわけではない。しかし、この領域での議論は非常に活発で、頻繁に法改正による改善が図られており、学説の蓄積も顕著であるため、紹介の価値があると思われる。

1　予備的事項

[1]　法域

　最初にいくつかの予備的事項を確認しておきたい。イギリスは正式には、「グレートブリテンおよび北アイルランド連合王国（United Kingdom of Great Britain and Northern Ireland）」であり、イングランド、ウェールズ、スコットランド、北アイルランドの4箇国の連合体である。イングランドとウェールズは通常同一の法域（jurisdiction）として扱われるので、法域は主にイングランド・ウェールズ、スコットランド、北アイルランドの3つである。ヘイトクライム法もこの3つが独自の体系を形成している。本

第Ⅱ部　各国のヘイトクライム法およびそれをめぐる議論

章では、主にイングランド・ウェールズを扱い、必要に応じて他の法域にも言及する（以下の叙述で、「イギリス」はイングランド・ウェールズを指すものとする）。

[2] ヘイトクライムの定義

　次に、ヘイトクライム（hate crime）という用語をめぐって留意すべきことがある。イギリスでは一般に、人種等の集団に対する敵意に基づく犯罪に対して刑罰が加重されている。こうした犯罪をヘイトスピーチ（hate speech）とは区別して、ヘイトクライムと呼ぶことがある（狭義のヘイトクライム）。一方で、イギリスはヘイトスピーチにも刑罰を科すため、上記の刑罰の加重がなされる犯罪に加え、犯罪を構成するヘイトスピーチを含めてヘイトクライムと称することがある（広義のヘイトクライム）。本稿では、主として狭義のヘイトクライムを考察対象とする。なお、ヘイトスピーチ、ヘイトクライムという用語は、イギリスの法律で用いられておらず、実務や学界で使用されるものにすぎない。

[3] ヘイトインシデント

　イギリスには「ヘイトインシデント（hate incident）」という概念もある。ヘイトインシデントとは、概ね「特定の属性をもつ人々への敵意や偏見を動機とする、特定の行為を伴う事件」と定義され、「犯罪を構成しないヘイトインシデント（non-crime hate incident）」とも呼ばれる[1]。警察は将来

---

1) Home Office, 'Non-Crime Hate Incidents: Code of Practice on the Recording and Retention of Personal Data' (3 June 2023), para 11 〈https://www.gov.uk/government/publications/non-crime-hate-incidents-code-of-practice/non-crime-hate-incidents-code-of-practice-on-the-recording-and-retention-of-personal-data-accessible〉 accessed 23 August 2024. ヘイト・インシデントの認定には、証拠に基づく厳格な証明は不要であり、通常人の認識で足りる。

2) 黒人少年が白人少年グループに殺害された後、警察の捜査が適切に行われなかったことで大きな論争を呼んだ、スティーブン・ローレンス事件をめぐる報告書が、人種主義に関する事件の適切な記録を求めたことをきっかけに、この慣行が始まった。*The Stephen Lawrence Inquiry: Report of an Inquiry by Sir William Macpherson of Cluny* (Cm 4262-I, 1999), paras 15-17.

の犯罪予防のためにヘイトインシデントの記録を行ってきたが[2]、これに関して最近ある事件の裁判をきっかけに法整備がなされた。この事件では、ある男性がツイッター（現・X）で行った、トランスジェンダーに対する批判的ツイートに関し、トランスジェンダーの女性が警察に通報したところ、警察がヘイトインシデントとして記録を行ったこと等が争われた。控訴審判決は、この記録の根拠になった警察協会（College of Policing）のガイダンスが、欧州人権条約10条1項の保障する表現の自由を侵害することを認めた[3]。その後制定された2022年警察、犯罪、量刑及び裁判所法（Police, Crime, Sentencing and Courts Act 2022）の60条で、国務大臣がヘイトインシデントに関する個人情報の扱いを定める実務指針（code of practice）を制定できるとする定めが置かれ、それを根拠に実際に実務指針が設けられ、個人情報の慎重な処理や表現の自由への配慮が求められるようになった[4]。

2　各法律の内容

[1] 概要

最初にイギリスの現行法の概要を確認しておきたい。まずイギリスにはヘイトスピーチに関して、1986年公共秩序法（Public Order Act 1986）と1991年サッカー（犯罪）法（Football (Offences) Act 1991）があり、（狭義の）ヘイトクライムに関して、1998年犯罪及び秩序違反法（Crime and Disorder Act 1998：以下、1998年法）と、2020年量刑法（Sentencing Act 2020：以下、2020年法）がある。このうち本稿が扱うのは1998年法と2020年法である。最初に両法律の変遷を簡単に確認しておく[5]。

1998年法は、政権交代を成し遂げた第1次ブレア労働党政権がマニフェストに掲げていた政策を実現すべく、定めたものである[6]。同法は人種等に対する敵意に基づくことを理由に、既定のいくつかの犯罪の刑の上限

---

3) *Miller v College of Policing* [2021] EWCA Civ 1926, [2022] 1 WLR 4987.

4) Home Office (n 1).

5) Law Commission, *Hate Crime Laws: A Consultation Paper* (2020), para 2.50 以下参照。

を加重するものである。加重された犯罪は、「加重犯（aggravated offences）」と称される。もともと1998年法には属性として「人種」のみが掲げられていたが、2001年反テロリズム、犯罪及び治安法（Anti-terrorism, Crime and Security Act 2001：以下、2001年法）により「宗教」が加えられた。

2020年法は、敵意に基づくことを理由にすべての罪の「量刑加重（sentence enhancement）」を行う。当初は1998年法82条に量刑加重規定が設けられていたが、後にこの規定は2000年刑事裁判所権限（量刑）法（Powers of Criminal Courts（Sentencing）Act 2000）153条に移された。当初は属性として「人種」のみを掲げていたが、1998年法と同様に、2001年法がこの153条の規定に「宗教」を加えた。その後、この規定は2003年刑事司法法（Criminal Justice Act 2003）145条に移された。この法律では、さらに属性として「性的指向」・「障害」が加えられた（146条）。その後、2012年法律扶助、犯罪者に対する量刑及び刑罰法（Legal Aid, Sentencing and Punishment of Offenders Act 2012）により属性として「トランスジェンダー」が加えられた。そして2020年に量刑法典（Sentencing Code）を包含する2020年法が設けられ、そこに2003年刑事裁判法の量刑加重の規定が移行されることになった。

[2] 加重犯の特徴

1998年法28条以下は、次の2つのいずれかの場合に、既存の4種の犯罪（暴行罪・器物損壊罪・公共秩序犯罪・ハラスメントとそれに関連する罪）の刑の上限の加重を行うものである[7]。第1に、犯罪を行う者が、犯罪遂行の際（またはその直前・直後）に、被害者が人種的・宗教的集団に属していることに基づいて、被害者に対して敵意（hostility）を示す場合であ

---

6) See Labour Party, 'New Labour, Because Britain Deserves Better'（1997）. それ以前にも人種的動機が刑罰の加重要因になるとする判例はあった。See *Attorney General's Reference*（Nos 29, 30 and 31 of 1994）（1995）16 Cr App R（S）698. しかし、加重を行うための明確な法的根拠はなかった。

7) 各罪の加重前後の刑の上限を比較する表として、Law Commission, *Hate Crime Laws: Final Report*（2021）, para 2.37 参照。

る（28条1項a号：以下、表示型）[8]。第2に、人種的・宗教的集団に属する人々に対する、その集団への所属に基づいた敵意を、犯罪の動機とする場合である（28条1項b号：以下、動機型）。表示型の罪は客観的な敵意の表示の証明を、動機型の罪は主観的な敵意の動機の証明を要する。前者の証明のほうが容易であることから、適用の頻度がはるかに高かった[9]。

　28条の「人種的集団」は「人種、肌の色、国籍（市民権を含む。）または民族的もしくは国民的起源によって定義された集団」をいうが（28条4項）、この規定は判例上広く解釈されており、外国人を差別する言動にも適用されてきた[10]。「宗教的集団」は、「宗教的信仰またはその欠如によって定義された集団」をいう（28条5項）。この定義には無神論者は包含されるが、哲学等の非宗教的信念によって結合する集団は包含されない[11]。このように、1998年法は人種と宗教という属性しか保護していないため保障の範囲が狭い。なお、同法はマイノリティだけでなくマジョリティをも保護する「対称型」の法令である[12]。また、加害者が被害者と同一の人種集団に属していても罪は成立するとした判例がある[13]。

　1998年法28条は「憎悪」ではなく「敵意」という用語を用いるが、こ

---

8) 被害者の人種的・宗教的集団への所属は犯罪者の「推定による所属（presumed membership）」で足りるとされているため、実際に所属していることの証明は要しない（28条1項a号・28条2項）。また、「所属」は、被害者の実際の所属だけでなく、当該集団の成員と付き合いがあるにすぎない場合も含む（28条2項）。

9) See Law Commission（n 7）, para 2.27.

10) ある男性がケバブ店の店員に、「けだもの（bastard）」、「くそ外国人（bloody foreigners）」等と発言した *DPP v M* [2004] EWHC 1453 (Admin), [2004] 1 WLR 2758 で、当該言動は1998年法28条にいう「人種的集団」に対する敵意を示すものとされた。この解釈は類似の事例で貴族院（現在の最高裁）により受け入れられた。ある男性がスペイン人女性のグループに向かって「くそ外国人（bloody foreigners）」、「国に帰れ」等と発言した事件である *R v. Rogers* [2007] UKHL 8, [2007] 2 AC 62, para 12 で、貴族院は1998年法の「人種的集団」の柔軟な解釈を支持し、当該発言を人種に対する敵意の表明であると認めた。See also *Attorney General's Reference (No 4 of 2004)* [2005] EWCA Crim 889, [2005] 1 WLR 2810（「移民の医者」等という言葉を発して医師に暴行を行った事例に関し、「移民」は「人種的集団」に含まれうるとされた）。また、「アフリカ人の売女（African bitch）」という、人種・国籍等を特定しない抽象的な誹謗でも、28条の「人種的集団」への敵意の証明に該当しうるとした *R v White (Anthony)* [2001] EWCA Crim 216, [2001] 1 WLR 1352 参照。

11) See Law Commission（n 7）, para 2.34.

の用語の定義規定はない。また、この用語は標準的な法律用語ではないうえ、その意義に関して共有された理解もないため、辞書的な定義によりつつ事実審において判断されるしかない[14]。

28条3項によると、敵意が他の動機と混合していても罪の成立に差し支えない。いくつかの判例でこの点に関する誤った判断がなされ、真の、または主たる動機が別のところにあるという理由で加重犯を構成しないとされたことがあったが、最近では3項の正しい適用がなされるようになっている[15]。

1998年法が加重の対象とする犯罪は、上記4種に限定される。この4種は、人種主義的意図でなされることが多いという理由で選別された[16]。正式起訴犯罪の場合は、検察側が加重犯の証明に失敗した場合、刑事法院がベースとなる犯罪（以下、基本犯）で有罪にする選択肢をもつ（1967年刑法法（Criminal Law Act 1967）6条3項による）が、治安判事裁判所が扱う略式起訴犯罪においては、このような代替的な有罪判決を下すことはできない。そのため検察庁は、加重犯と基本犯の両方で訴追するという基本方針を示している[17]。ただ、人種等に基づく敵意が犯罪の本質を構成する場合には、基本犯という観念自体が成り立たないため、上記の議論はあて

---

12) あるイスラム教徒が警官に対して「お前たちは皆爆破されるのだ」、「お前たちの政府は報いを受けるのだ」等と発言したことで、1998年法31条の加重公共秩序犯罪に問われた事例である *R v Alkidar* [2019] EWCA Crim 330, [2019] 2 WLUK 571、黒人の男性が白人の駐車場係員に対し、黒人の縄張りから出ていけという趣旨の発言をし、同じく31条の罪で有罪とされた *Johnson v DPP* [2008] EWHC 509 (Admin), [2008] 2 WLUK 645 参照。

13) See *White* (n 10).

14) See Mark Austin Walters, 'Conceptualizing Hostility for Hate Crime Law: Minding the Minutiae When Interpreting Section 28(1)(a) of the Crime and Disorder Act 1998' (2014) 34 OJLS 47, 48–49.

15) *DPP v Pal* [2000] Crim LR 756 では、アジア人の間の諍いで差別的な言葉を発しながら暴行がなされた事件で、被告人の真の動機はその場を立ち退くようにいわれ憤慨したからだとして、加重犯の成立を認めなかった。他方その後の判例では、他の動機の存在は加重犯の成立を妨げないとされた。See eg *DPP v Woods* [2002] EWHC 85 Admin, 2002 WL 45110; *DPP v McFarlane* [2002] EWHC 485 (Admin), [2002] 3 WLUK 144.

16) See Law Commission (n 7), para 4.8. なお、ここに殺人罪等の重い罪が含まれていないのは、それらの罪の上限が最初から高いため、加重の実益がないからだとされる。Hansard (HL) 12 Feb 1998 vol 585, col 1280.

はまらない[18]。

　量刑評議会（Sentencing Council）の指針では、最初に基本犯の量刑を決めてから、次に加重をするという2段階アプローチが推奨され[19]、実際に多くの裁判所によりその手法が実践されている[20]。ただし、上述した、人種等に基づく敵意が犯罪の本質部分を構成するケースは例外である。

　28条1項の罪のうち、表示型の罪の形態は比較法的にみて珍しい。例えば人種主義の思想をもたない者が酔っぱらって差別語を発して罪を犯したような場合は、ヘイトクライムとしての処罰は適当でないとも考えられる[21]。これに対し、ウォルターズ（Mark A. Walters）は、敵意の表示が憎悪に動機づけられていないとしても、そうした表示は被害者を従属させ、追加的な害悪を与える意識的な試みとして捉えられると反論している[22]。表示型の罪は敵意の表示があれば足りるから、動機型の罪とは違って差別的動機の証明は要しない[23]。表示型に関するa号は「被害者に対して（towards the victim）」敵意を表示することを要件とするから、例えば人種

---

17) See Crown Prosecution Service, *Racist and Religious Hate Crime - Prosecution Guidance*（Updated 3 March 2022）〈https://www.cps.gov.uk/legal-guidance/racist-and-religious-hate-crime-prosecution-guidance〉accessed 23 August 2024. ただし正式起訴犯罪においても、起訴の段階で代替としての基本犯を示しておくのが望ましいとされる。

18) 被告人が警官に対して差別発言を繰り返し、1998年法32条の加重ハラスメント罪に問われた事件である *R v Fitzgerald*［2003］EWCA Crim 2875,［2004］1 Cr App R（S）74では、人種加重の要素が犯罪そのものに内在しており、その本質的要素を構成するとされた。

19) See Sentencing Council, *Explanatory Materials*〈https://www.sentencingcouncil.org.uk/explanatory-material/magistrates-court/item/hate-crime/3-approach-to-sentencing/〉accessed 23 August 2024.

20) See eg *Alkidar*（n 12）.

21) See generally David Gadd, 'Aggravating Racism and Elusive Motivation'（2009）49 Brit J Criminol 755.

22) See Walters（n 14）73.

23) See *Jones v DPP*［2010］EWHC 523（Admin),［2011］1 WLR 833（ある女性が酔って近所の女性に差別的な言葉を発し、1998年法31条の加重公共秩序犯罪に問われた事例で、表示型の罪の証明には主観的動機の証明を要しないとされた。）; *DPP v Green*［2004］EWHC 1225（Admin), 2004 WL 1074457（女性が警官に対し差別的蔑称を繰り返し発した事件で、同じく表示型の罪に人種的動機の証明は要しないとされた）. See also *McFarlane*（n 15）参照。なお、敵意の表示がなされた以上、被害者がどう受け止めたかは無関係であるとする *Woods*（n 15）参照。

差別的な発言が当該人種に属しない者に向けて発せられた場合、同号の要件は満たさない[24]。

　表示型の罪は犯罪遂行の際に、またはその直前・直後に敵意が示されたことの証明を求める。この直前・直後の意義が争いになったことがある。*R v Babbs*[25] では、ある男性が被害者に暴行を行う数分前に、被害者に対し外国人を差別する内容の発言をしていた。裁判所は発言と暴行の間に時間は少しあったものの、「直前」の要件を充足すると認めた。

　動機型の罪に関しては、条文上「全体的または部分的に」敵意に動機づけられていればよいので、別の動機が混在していても罪は成立する。動機の証明は、過去の行為や加入している結社等の証拠に基づいてなされる。証明は困難なため、上記のように多くの訴追は表示型を対象とする[26]。

[3] 量刑加重の特徴

　2020 年法 66 条は、人種等への敵意に基づく犯罪に対し量刑加重を行うものである。同条は加重犯に関する 1998 年法 28 条の文言を流用しつつ、敵意を表示した場合と、敵意を動機とする場合に加重を行うので（66 条 4 項）、加重の要件は 1998 年法と同じである。一方、1998 年法とは異なり、保護の対象になる属性は人種・宗教に加え、障害、性的指向、トランスジェンダー・アイデンティティをも含む（66 条 1 項）。66 条 4 項の加重の要件を満たした場合、裁判所はその事実を加重要因として「扱わなければならない（must treat）」（66 条 2 項 a 号）ので、加重は義務的である。加重が行われたことは公開の法廷で宣言しなければならない（66 条 2 項 b 号）。

　人種・宗教の定義は 1998 年法と同様である。障害は「身体的または精神的損傷」と定義され、トランスジェンダーは「トランスセクシュアルであること、または性別適合手術の過程もしくは一部の過程を実施している、

---

24) See *DPP v Dykes* [2008] EWHC 2775 (Admin), [2009] ACD 20（自分を治療した医師を人種的に誹謗する発言を行ったが、その発言の際に当該医師や、その医師と同じ民族的属性をもつ者はいなかったため、加重犯の成立は否定された。）.

25) [2007] EWCA Crim 2737, [2007] 10 WLUK 681.

26) b 号が適用された稀な例として、*DPP v Howard* [2008] EWHC 608 (Admin), [2008] 2 WLUK 155 参照。

実施する予定である、もしくは既に実施したこと」と定義される（66条6項）。このトランスジェンダーの定義は、排他的なものではなく開かれたものであると説明されている[27]。一方、この法律では性的指向の定義はなされていない。なお、1998年法と同様に、人種的、宗教的集団の成員という文言は、当該集団の成員と付き合いがあるにすぎない場合も含むが（66条6項c号）、その他の属性には付き合いに関する規定がない。そのため、例えばある男性がトランスジェンダーと交際していることを理由に、その男性に暴行を加えるという場合、66条は適用されない。

2020年法はあらゆる犯罪に適用されるが、1998年法の加重犯を構成する罪に対し、量刑加重を行うことは、加重分の二重加算となるため許されない（66条3項）。一方で、加重犯で起訴されたものの加重犯が成立せず、基本犯で有罪となった被告人に対し、量刑加重を行うことができるかについては議論がある[28]。

加重犯の場合は加重自体が罪の構成要素となるため、加重の要因となる事実は公判手続における証拠調べにより証明される必要があるが、量刑加重においては加重事由は犯罪構成要素ではないため、裁判官・治安判事の量刑段階での判断の対象となるにすぎない。事実審で加重の基礎となる事実が認定されなかったケースや、被告人が有罪の答弁を行ったものの加重の基礎となる事実を受け入れていないケースで裁判所が量刑加重を行うために、「ニュートン聴聞（Newton hearing）」という手続により、加重に係る事実の認定がなされることがある[29]。量刑の方法としては、加重犯と同じように、まず加重なしの刑を確定してから量刑加重を行う。ただし、加重犯と同様に敵意が犯罪の核心部分を構成する場合は例外である。

ちなみに、これまで量刑加重の場合には、加重犯とは違って全国警察コ

---

27) Hansard（HL）, 7 February 2012, vol 735, col 153.
28) See *R v McGillivray*［2005］EWCA Crim 604,［2005］2 Cr App R（S）60（加重犯で有罪とされたわけではない被告人に対し、人種差別を量刑加重の理由とすることはできないとする。）.
29) See Law Commission（n 7）, para 2.61. ニュートン聴聞が必要となる場合を詳細に論じた判例として、*DPP v Giles*［2019］EWHC 2015（Admin）,［2020］1 Cr App R（S）20参照。

ンピュータ（Police National Computer）に記録されなかったが、この点は
制度が改められ、現在では記録がされるようになった[30]。

　なお、量刑評議会の量刑ガイドラインによると、脆弱性を理由に被害者
を標的とした場合等に、責任が重くなるとしている[31]。そのため、2020年
法66条の要件を満たさない場合（高齢者やホームレスを標的にした犯罪等）
でも、ヘイトクライムに対する量刑加重がなされる余地はあることに留意
する必要がある。

3　現行法の改革論議

　イングランド・ウェールズの法律委員会はヘイトクライム法の課題を総
合的に検証したうえで、2020年9月23日に改革案の内容を示した諮問書
（Hate Crime Laws: A Consultation Paper）を公表し、各利害関係者に意見
を求めた。それらの意見を集約した後、2021年12月6日に、その意見を
反映した最終報告書（Hate Crime Laws: Final Report）を公表し、政府に対
して法改正に向けたいくつかの改革案を示した。現時点ではこの報告書に
応じた法改正は実現していないが、今後法改正が実現する可能性がある。
法律委員会が示した主な勧告として、以下のものが挙げられる（報告書に
はヘイトスピーチに関する勧告も含まれるが、本稿では省略する）[32]。

- ・1998年法の保護属性として障害、性的指向、トランスジェンダーを
  加え、2020年法との間で統一を図るべきである（この点については第
  Ⅳ部2参照）。
- ・現行法では、1998年法の加重犯が成立しない場合、正式起訴犯罪を
  扱う刑事法院は基本犯で有罪にする代替手段をとりうるが、略式起訴
  犯罪を扱う治安判事裁判所はこの権限をもたない。これを改め、治安

---

30) See Law Commission（n 7），para 2.52.

31) Sentencing Council, *General Guideline: Overarching Principles*（1 October 2019）
〈https://www.sentencingcouncil.org.uk/overarching-guides/magistrates-court/item/
general-guideline-overarching-principles/〉accessed 23 August 2024.

32) Law Commission（n 7）536 以下で、勧告の内容がまとめられている。

判事裁判所にも同様の権限を与えるべきである。

・上記のように障害を保護属性に加えるべきであるが、障害が「敵意」に基づく場合は少ないため、動機型の規定（1998 年法 28 条 1 項 b 号・2020 年法 66 条 4 項 b 号）の「敵意」という文言を、「敵意または偏見」に変更すべきである。

・現行のヘイトクライム法の体系は複雑すぎるため、単一のヘイトクライム法（Hate Crime Act）を制定し、1998 年法と 1986 年公共秩序法の 3 部・3A 部（憎悪煽動罪関連部分）を統合すべきである。ただし 2020 年法については、量刑関連規定を単一の法令にまとめておく方が良いため、そのままにしておくべきである。

・ヘイトクライム対策監理官（Commissioner for Countering Hate Crime）を創設すべきである。このポストは、ヘイトクライムの傾向の監視、政府に対する法律その他による対応策の提案、各コミュニティにおける憎悪の予防とそれへの対策、ヘイトクライムに対する非刑事的（特に修復的司法による）対応の模索等の役割・機能を果たすことが期待されている。

　近年連合王国全体でこのようなヘイトクライム法改革が進められてきた。スコットランドでは、ブラカデール卿（Lord Bracadale）によるヘイトクライム法の改革案をまとめた報告書が 2018 年 5 月に提出され[33]、その報告書の内容の多くを反映した法案が議会で審議され、最終的には 2021 年 4 月に法律として成立した[34]。この法律はヘイトスピーチ／ヘイトクライムに関する法規定を 1 つの法律にまとめたもので、ヘイトスピーチに関しても重要な改革がなされている。狭義のヘイトクライムに関しては「偏見による犯罪の加重」の罪（1 条・2 条）と、従来 1998 年法の中に規定されていた人種加重ハラスメント（3 条）が定められている。「偏見による犯罪の加重」の罪は、1998 年法の加重犯と 2020 年法の量刑加重を 1 つの罪に

---

33) Lord Bracadale, *Independent Review of Hate Crime Legislation in Scotland: Final Report* (2018).

34) Hate Crime and Public Order（Scotland）Act 2021.

融合する形態をとる。1998年法の加重犯と違う点は、すべての犯罪に適用されること、刑の上限は変更されずあくまで既定の罪の範囲内で加重がなされることである。他方、1998年法の加重犯と同じ点は、偏見による加重の事実は起訴状に記載されること、加重の要因となる事実は公判手続における証拠調べにより証明される必要があることである。保護の対象となる属性として、人種、宗教、障害、年齢、性的指向、トランスジェンダー、インターセックスが含まれる。1998年法と同様に表示型と動機型を含むが、「敵意（hostility）」の代わりに「悪意及び敵意（malice and ill-will）」という言葉が用いられているという特徴がある[35]。

このほか北アイルランドでは、2020年12月にマリナン（Desmond Marrinan）裁判官によるヘイトクライム法に関する報告書が提出され[36]、この報告書を受けて政府が法案を準備しているが、現時点では法案の成立には至っていない。

4　むすび

以上で概観したイギリスのヘイトクライム法は、立証のより容易な表示型の規定が頻繁に用いられている点が何より特徴的である[37]。このような表示型の規定への依存にはさまざまな評価がありうる。動機型の規定と比べると表示型の規定は証拠が明確なことが多いため、思想の自由、結社の自由等の侵害のおそれが少ないと評価できるが、表現行為が訴追の決め手になるため表現の自由の侵害の懸念はある[38]。実際に、1998年法31条の加重対象となる1986年公共秩序法5条の適用をめぐって、表現の自由の

---

35) See Law Commission（n 7）, para 2.156.

36) See *Hate Crime Legislation in Northern Ireland: Independent Review*（2020）.

37) 1998年法制定時の議論において、人種的動機の立証が困難であることを理由に、表示型の規定を挿入したという説明が政府側からなされている。See Hansard（HL）12 Feb 1998 vol 585, col 1273.

38) 1998年法制定時の国会内の議論でも、表示型の規定は人間の感情を監視する点でオーウェル的であり、人種的動機がない場合に過剰な刑罰の加重をするものだと批判されていた。See Hansard（HL）12 Feb 1998 vol 585, col 1266.

過剰な制約がなされているとの批判が巻き起こったことがある[39]。一方で、上記のウォルターズの説のように、表示型の規定の積極的意義を強調するものもあるし、イングランドとウェールズの法律委員会も表示型の規定を含めた現行法の大枠を維持することを支持している。

　このようなイギリスのヘイトクライム法の特殊性のゆえ、日本の立法に応用することは簡単ではない。ただ、イギリスの経験が示してきたヘイトクライム法の各モデルの長所と短所を学ぶことは有用である。また、イギリスがマイノリティを含む利害関係者の意見を集約しつつヘイトクライム法の改革を進めている点や、上記のヘイトクライム対策監理官の創設の提案にみられるように、ヘイトクライム対策の統治機構における位置づけの明確化が図られている点も、日本にとって参考になるだろう。

39）ただし、この点に関しては5条の改正によって一定の改善が図られた。5条をめぐる論争については、拙著『ヘイトスピーチ法の比較研究』（信山社、2019年）345頁以下参照。

第Ⅱ部　各国のヘイトクライム法およびそれをめぐる議論

3

ドイツ

愛知学院大学教授
野村健太郎

1　はじめに

　ドイツでは、近年、ヘイトクライム（Hasskriminalität[1]）に対処するための刑法改正（特に量刑規定の補充）がなされてきた。それらの立法提案に際しては、ヘイトクライムの増加を示す統計データも参照されている。

　本稿では、ドイツでヘイトクライムの実態を把握するために採用されている統計システムの内容を簡単に確認し、近時の刑法改正とそれをめぐる議論を概観したうえで、日本におけるヘイトクライム対策に対してどのような示唆を得ることができるかを考えたい。

2　ヘイトクライムに関する統計[2]

　1953年から連邦刑事庁（BKA）が毎年作成している「警察犯罪統計

---

1) Hassverbrechen、Hassdelikt 等も互換的に用いられる。

（PKS）」では、警察から検察に送致された犯罪の件数が、罪名等の分類に従ってカウントされている。もっとも、ドイツ刑法ではヘイトクライムそのものが独立の犯罪として規定されてはいないため、PKSの中にヘイトクライムがどれだけ含まれているかを把握することはできない。1961年以降に統計上カウントされるようになった対国家犯罪（Staatsschutzdelikte）には、制度転覆目的によるヘイトクライムが含まれるが、そのような目的を有さないヘイトクライムは、個別の把握対象とはされていなかった。

しかし、1990年代以降、増加する排外的暴力を政府が適切に把握できていないことが問題視されるようになり、2001年から、刑事警察報告業務[3]（KPMD）の中で、政治的動機に基づく犯罪（Politisch motivierte Kriminalität: PMK. 以下、「政治的動機犯罪」とする）が独立のカテゴリーとしてカウントされるようになった（KPMD-PMK）。

政治的動機犯罪には、政治的決定への影響や秩序攪乱等を目的とする政治犯罪のほか、人の政治的立場やアイデンティティへの偏見に基づく犯罪が含まれる[4]。政治的動機犯罪は、動機の内容により、①左派類型、②右派類型、③外来イデオロギー類型、④宗教的イデオロギー類型、⑤その他に分類される。他方、これらの分類を横断するカテゴリーとして「ヘイトクライム[5]」が置かれ[6]、その総数とともに差別的動機の内容ごとの件数がカウントされる[7]。

以上のような統計システムにより、ヘイトクライム全体の情勢に加え、差別的動機の内容（ヘイトクライムの標的となるアイデンティティ）につい

2) 以下の記述は、基本的に、Sonja Fleck, Hasskriminalität in Deutschland, 2022, 113ff. の説明に依拠している。
3) 警察の捜査が開始された事件が（検察に送致されたか否かを問わず）報告対象となる。
4) 政治的動機犯罪の定義については、連邦刑事庁ウェブサイトを参照（https://www.bka.de/DE/UnsereAufgaben/Deliktsbereiche/PMK/pmk_node.html）。
5) 連邦刑事庁は、政治的動機犯罪のうち、被害者のアイデンティティ（国籍、民族、肌の色、宗教、社会的地位、身体的ないし精神的障害、性別／性自認、性的指向、容姿）に対する偏見に基づくものをヘイトクライムと位置づけている。同庁ウェブサイト参照（https://www.bka.de/DE/UnsereAufgaben/Deliktsbereiche/PMK/PMKrechts/PMKrechts_node.html）。
6) もっとも、ヘイトクライムとされる事案のうち圧倒的多数は、②右派類型に分類される事案である。

ての傾向を把握することができる。もっとも、ヘイトクライムを政治的動機犯罪の下位分類として位置づける現行システムに対しては、ヘイトクライムを独立した犯罪現象として把握することに適さず、政治的動機がヘイトクライムに必須の要素であるかのような誤解を生みかねないとの批判も向けられている[8]。

3　近時の刑法改正とそれをめぐる議論[9]

[1] NSU 調査委員会の報告書と 2015 年改正[10]

　2011 年、過去 14 年間にドイツで起きた複数の重大犯罪（外国人が被害者となる殺人等）が極右テロ組織「国民社会主義地下組織（NSU）」によるものであったことが明らかになり、各機関が事件の背景にある人種差別的動機を看過し適切な対応をとれなかったこと[11]が問題視された。これを受けて連邦議会に「NSU 調査委員会」が設置され、2013 年に調査報告書[12]が公表された。

　報告書では、警察に対し、人種差別的動機等の調査・記録を徹底すること、組織間での連携や情報共有を円滑化し捜査の軌道修正を適切に行える

---

7) BMI / BKA, Politisch motivierte Kriminalität im Jahr 2022 - Bundesweite Fallzahlen, 2023, S. 3ff. 2022 年の統計では、反ユダヤ、反ロマ、外国人嫌悪、障害、反キリスト、反ドイツ人、女性嫌悪、排外主義、ジェンダー・ダイバーシティ、社会的地位、反イスラム、男性嫌悪、人種差別、性的指向、上記以外の民族、上記以外の宗教、その他という項目が置かれている（S. 10）。これらは相互排他的ではなく、1 つの事案が複数の項目に該当することも想定されている。

8) Brian Valerius, Hasskriminalität, ZStW132, 2020, S. 669.

9) 以下の内容については、既に野村健太郎「ヘイトクライムと量刑」法学研究（愛知学院大学論叢）64 巻 3・4 号（2023 年）23 頁以下でも簡単に触れており、内容は一部重複する。

10) それ以前の立法提案等については、マルティン・ザイファース〔嘉門優訳〕「ドイツにおけるヘイトクライム」龍谷法学 49 巻 2 号（2016 年）368 頁以下参照。

11) 後述の NSU 調査委員会報告書では、当初被害者遺族が誤って被疑者とされ、さまざまな二次被害が生じたケースも報告されている（BT-Drs. 17/14600, S. 830f.）。なお、オヌール・エツァータ〔金尚均訳〕「ドイツ国家社会主義地下組織（NSU）とドイツにおけるヘイトクライムに対する取り組み」中川慎二＝河村克俊＝金尚均編著『インターネットとヘイトスピーチ──法と言語の視点から』（明石書店、2021 年）119 頁以下では、政府機関自身による人種差別が不適切な対応を招いたことが指摘されている。

12) BT-Drs. 17/14600.

ようにすること、警察官自身が多様なアイデンティティへの理解をもって被害者や遺族に適切な対応をとれるようにすること等を目的とする改革が提言された。また、司法機関（検察・裁判所）に対し、捜査の管轄権を明確化するとともに検察組織間の連携を円滑化すること、裁判官・検察官・執行官に極右主義の危険性についての教育を十分に行うこと等を目的とする改革が提言された。さらに、憲法擁護機関[13] に対し、情報管理を適正化すること、極右主義の危険性や社会の多様性を理解するための教育を行うこと等を目的とする改革が提言された[14]。

　以上のように、報告書の提言は、ヘイトクライムに対処する各機関の組織改革に関するものであり、刑法改正についての提言は含まれていなかった。ところが、報告書の提言を受けて 2014 年に連邦議会に提出された「ドイツ連邦議会 NSU 調査委員会の提言を実施するための法律案」[15] では、報告書の提言に沿った改正（捜査上の管轄権を整理・明確化するための裁判所構成法の改正）に加えて、提言には含まれていなかった刑法（量刑規定）の改正も提案された（その理由については、後述）。

　ドイツ刑法典（StGB）は、総則の 46 条で量刑の基本原則を定めている。そのうち、1 項が量刑の基本理念を定め[16]、2 項が量刑事情の考慮方法を定めている[17]。本改正前の 2 項は、以下のように規定されていた。

> 　刑の量定に当たり、裁判所は、行為者に有利及び不利な事情を照らし合わせて考量する。その際、特に、次に掲げる事情を考慮する：
> 　　行為者の動機及び目的、
> 　　犯行に表れた心情及び犯行の際に向けられた意思、

---

13) ドイツには、憲法秩序維持のための情報機関として、連邦憲法擁護庁（BfV）のほか、各州に憲法擁護機関が置かれている。

14) BT-Drs. 17/14600, S. 861ff.

15) BT-Drs. 18/3007.

16) 46 条 1 項は、「行為者の責任は、刑の量定の基礎である。刑が社会における行為者の将来の生活に与えることが予期される効果を考慮する」と規定する（※訳文は、法務省刑事局編『刑事法制資料 ドイツ刑法典』〔2021 年〕による。以下も同じ）。

17) なお、46 条 3 項は、「法律上の構成要件の要素となっている事情は、考慮してはならない」として、いわゆる二重評価禁止原則を定めている。

義務違反の程度、

実行の態様及び犯行の有責な影響、

行為者の経歴、人的及び経済的状況、並びに、

行為者の犯行後の態度、特に、損害を回復する努力及び被害者との和解を成立させる努力

　本改正案では、量刑事情の例示の１つである「行為者の動機及び目的」に、「特にまた、人種差別的、排外的又はその他人間蔑視的な〔もの〕」という文言を追加することが提案された。これにより、ヘイトクライムを特徴づける動機が、量刑事情として明文化されることになる。

　前述のように、本条の改正は、NSU 調査委員会の報告書の提言には含まれていなかった。また、従来の規定のもとでも、人種差別的動機や排外的動機は「行為者の動機」に含まれるため、これを量刑上考慮することは可能であった[18]。にもかかわらず本改正案があえて 46 条 2 項改正による明文化を求めた理由としては、捜査段階で排外的動機等の調査・記録を徹底すべきだとする報告書の趣旨に照らせば、裁判（量刑）段階においてもそれらの動機の解明・考慮が徹底されるべきであること、差別的動機を量刑事情として強調することで、検察官に対し、それらの動機を捜査の初期段階から調査するよう注意を促すことができること[19]、これらの動機を量刑事情として強調することは、共同体の基礎をなす価値を明示・確認する点で刑罰の目的（積極的一般予防）にも適うことが挙げられている[20]。

　本法案は可決され、2015 年 1 月に施行された。

---

18) そもそも、46 条 2 項第 2 文は例示列挙であってそれ以外の事情の考慮を排除するものではないと解されている（Jörg Kinzig, in: Schönke/Schröder, Strafgesetzbuch, 30. Aufl., 2019, § 46, Rn. 10)。

19) ドイツ刑訴法（StPO）160 条 3 項は、法効果の決定（量刑）に影響する事情について捜査を行うことを、検察官に求めている。

20) BT-Drs. 18/3007, S. 7. その他、EU 理事会の 2008 年 11 月 8 日枠組決定（Rahmenbeschluss 2008/913/JI）が加盟国に対して人種差別的・排外的動機を法律で加重事由とするか量刑上考慮することを求めている（4 条）ことに対応した改正だとの説明もなされている（BT-Drs. 18/3007, S. 14)。

[2] 2021年改正、2023年改正

　その後、2020年に連邦議会に提出された「極右主義及びヘイトクライムに対抗する法律案」[21]では、2015年改正で46条2項第2文に付け加えられた「人種差別的、排外的」の後に「反ユダヤ的」という文言を挿入することが提案された。ドイツ連邦共和国には反ユダヤ主義と戦う歴史的責任があること、反ユダヤ的動機に基づくヘイトクライムが近年急増していることが、その理由とされている[22]。本法案も可決され、（刑法改正以外の一部の廃止を経て[23]）2021年4月に施行された。

　さらに、2023年に連邦議会に提出された制裁法改正案[24]では、女性や性的マイノリティに対する暴力等の増加に対処するため、上述の「反ユダヤ的」の後に「性別に基づく（geschlechtsspezifische）」と「性的指向に対して向けられた」を追加することが提案された。改正理由については、これらの動機は従来の規定のもとでも「人間蔑視的動機」として考慮しうるものの、量刑実務上十分に考慮されているとはいえないことから、条文への明記が望ましいと説明されている[25]。本法案も可決され、2023年10月

21）BT-Drs. 19/17741. 本法案では、刑法46条2項のほかに、ヘイトクライムとなりうるいくつかの犯罪の構成要件も改正された。改正の対象となったのは、みなし執行担当者への抵抗・攻撃罪（115条。攻撃対象を救急医療にあたる救護職員にも拡張）、脅迫による公の平穏の攪乱罪（126条。脅迫の内容を危険傷害（224条）にも拡張）、犯罪への報酬支払・犯罪の是認罪（140条。是認の対象を将来の犯罪にも拡張）、侮辱罪（185条。加重処罰の対象をインターネット等で公然となされた侮辱にも拡張）、誹謗罪（186条。加重類型として「集会」での誹謗を明記）、政治生活に関わる者への誹謗中傷罪（188条。地方政治に関わる者も被害者に含まれることを明記）、脅迫罪（241条。脅迫の内容を性的自己決定・身体・自由・財産に対する違法行為にも拡張）である。さらに、2017年SNS対策法（NetzDE）も改正され、SNS事業者に違法投稿に関する報告義務が課されることとなった。法案全体の概要については、泉眞樹子「立法情報　右派過激主義及びヘイトクライムに対する法律：ドイツ」外国の立法288-2（2021年）28頁以下、SNS対策法の改正については、鈴木秀美「ドイツSNS対策法の2021年改正」慶應義塾大学メディア・コミュニケーション研究所紀要72号（2022年）1頁以下を参照。

22）BT-Drs. 19/17741, S. 19.

23）一部廃止の経緯については、泉・前掲注21）28頁参照。

24）BT-Drs. 20/5913.

25）BT-Drs. 20/5913, S. 19.「性別に基づく」を明記する理由としては、女性に対するドメスティック・バイオレンスが増加していることや、それらの重大性が裁判実務で適切に評価されていないことも挙げられている（S. 15f.）。

1日に施行される予定である。

　以上３つの改正を経て、46条２項第２文の量刑事情の例示列挙のうち動機および目的の部分は、「行為者の動機及び目的、特にまた、人種差別的、排外的なもの、反ユダヤ的なもの、性別に基づくもの、性的指向に対して向けられたもの、又はその他人間蔑視的なもの」（下線部分が改正による追加）となった。

[3]　法改正をめぐる議論

　学説には、これらの改正を支持するもの[26]がある一方で、批判的なものも少なくない[27]。特に、「人種差別的、排外的又はその他人間蔑視的」な動機を追加した2015年改正に対しては、改正の前後を通じて多くの批判が展開されている[28]。主な批判は、以下のようなものである[29]。

(i)　象徴立法

　従来の規定のもとでも考慮可能な量刑事情を条文に書き加えるのは、実質を伴わない象徴立法でしかなく、かえって、それまでの法律に欠陥があ

26）2015年改正と同内容の46条２項改正案として提出された2012年法案（BT-Drs. 17/9345. 連邦議会で否決された）への好意的評価として、Klaus Stoltenberg, Verpflichtung der Ermittlung und Berücksichtigung rassistischer Motive bei der Strafzumessung, ZRP 2012, S. 119ff.。2021年改正への好意的評価として、Armin Engländer, Die Änderungen des StGB durch das Gesetz zur Bekämpfung des Rechtsextremismus und der Hasskriminalität, NStZ 2021, S. 386。2023年改正については、例えばドイツ女性法律家協会（djb）が支持を表明している（djb-Pressemitteilungen, 22. 06. 2023）。

27）なお、Fleck（Fn. 2）, S. 368f. によれば、裁判官・検察官を対象として2017年に実施したアンケートでは、2015年改正について、回答者の60％が肯定的に、31％が否定的に評価しているという。

28）批判の概観として、Maja Anna Serafin, Hate Crimes, 2019, S. 56ff.; Fleck（Fn. 2）, S. 141ff.。

29）本文に挙げた批判のほか、各量刑事情をニュートラルに（加重方向か軽減方向かを特定しない形で）記述してきた46条２項第２文に専ら加重方向にはたらく事情を明記することの不整合を指摘するものもある（David Jungbluth, Irrungen und Wirrungen der »Hasskriminalität« – Zum strafprozessualen Umgang mit dem neuen § 46 Abs. 2 S. 2 StGB, StV 2015, S. 581）。

ったという誤った印象を与えたり、無意味な規定の存在により法の説得力を削いだりしかねないという批判がある[30]。

(ii) 規定の不平等性

差別的動機のうち人種差別と排外主義のみを明記する 2015 年改正に対しては、それ以外の差別が相対的に軽視されることにつながるという批判が向けられている[31]。差別禁止を定めた基本法 3 条 3 項が多くの差別メルクマールを挙げている中で人種差別と排外主義のみを例示することを疑問視する声もある[32]。

もっとも、同様の問題意識からは、むしろ多様な差別的動機を網羅的に列挙することで平等を実現すべきだという主張もなされている[33]。

(iii) 捜査機関等への注意喚起効果への疑問

差別的動機を量刑規定に明記することによりそのような動機に対する捜査機関の注意を促すという 2015 年改正の立法理由説明に対しては、捜査機関等の意識を変えるためにはむしろ教育の充実や職務ルールの改正[34] こそが重要であって、そのための法整備を含まない 2015 年改正では目的を達成しえないという批判が向けられている[35]。

---

30) Frauke Timm, Tatmotive und Gesinnungen als Strafschärfungsgrund am Beispiel der »Hassdelikte«, JR 2014, S. 144.

31) Timm（Fn. 30), S. 145. 2023 年改正に対しても同様の批判が向けられている（Hans Kudlich／Hanna Göken, Reform des Sanktionenrechts, ZRP 2022, S. 179f.)。

32) Claudia Keiser, Unerlässliches zur Verteidigung der Rechtsordnung gegen so genannte Hasskriminalität, ZRP 2010, S. 48.

33) Fleck（Fn. 2), S, 405f. は、前掲注 27) のアンケートにおいて、2015 年改正以降に人種差別的・排外的動機を量刑事情として考慮したことがあるとする回答者の割合に比べ、被害者の性的指向への偏見や障害への偏見という動機を考慮したことがあるとする回答者の割合が有意に低かったことから、「その他人間蔑視的動機」という包括条項では不十分であり、想定しうる差別的動機を具体的に列挙すべきだと主張している。

34) NSU 調査委員会の報告書は、刑事手続に関する行政規則である「刑事手続及び過料手続に関する準則（RiStBV)」や警察の服務規程の中に、ヘイトクライムに関する入念な調査と記録の徹底を義務づける規定を置くことを提言していた（BT-Drs. 17/14600, S. 861) が、実現しなかった。

（iv）　心情刑法

　差別的動機が加重事由として明記されたことに対しては、内心を理由とした加重処罰は法に道徳を混入させる心情刑法であり、自由主義的な法治国家では許されないとの批判もある[36]。

　もっとも、これに対しては、客観的行為に結びついた限度で動機を加重事由とすることは心情刑法とはいえないとの反論もなされている[37]。

（v）　規範の保護範囲を超えた処罰

　ヘイトクライムは、被害者個人の法益を侵害するだけでなく、被害者と同じアイデンティティを有する他の人々の生活をも不安定化するとされる[38]。それらの人々は「被害者は、あるいは自分であったかもしれない」、「次の被害者は自分かもしれない」と考え、自由な生活を制約される[39]。このような付随的な利益侵害が、ヘイトクライムを通常の犯罪よりも重く処罰すべき理由の１つとされるのである。

　もっとも、このようなアイデンティティ集団への害を量刑事情にとり込

---

35) DAV-Stellungnahme Nr. 44/2014, S. 9. なお、Fleck（Fn. 2), S. 353f. によれば、前掲注27) のアンケートにおいて、刑法46条2項に人種差別的・排外的その他人間蔑視的動機が明記された2015年改正以降、それらの動機を加重事由として以前よりも重視するようになったかという質問に対し、68.7%が否定的に回答し、肯定的回答は25.9%にとどまったとされる。もっとも、著者は、改正後2年の時点で全回答者の1/4が自身の判断への影響を認めたことは、むしろ法改正に効果があったことを示すものだと評価する（S. 404)。

36) Timm（Fn. 30), S. 145ff.; Tatjana Hörnle, Kultur, Religion, Strafrecht, 2014, C. 96ff. 心情的要素による刑の加重を、基本法4条1項が保障する良心の自由に照らして疑問視するものとして、Serafin（Fn. 28), S. 68ff。もっとも、これらの批判は、（2015年改正以前から46条2項に明記されていた）動機・目的の考慮一般への否定的立場を前提とする。

37) Georgios Sotiriadis, Brauchen wir sanktionsrechtliche Normen, damit Hate Crimes von der Strafjustiz angemessen beurteilt werden?, KJ 2014, S. 274（もっとも、論者は、改正そのものには批判的である).

38) Hans Joachim Schneider, Hasskriminalität, JZ 2003, S. 498.; マーク・オースティン・ウォルターズ〔寺中誠監訳〕『ヘイトクライムと修復的司法』（明石書店、2018年）134頁以下〔福井昌子訳〕等参照。

39) このような害は犯罪が発するメッセージを通じて惹起されるものであることから、ヘイトクライムは、一種の「メッセージ犯罪（Botschaftsverbrechen)」であるともいわれる（Schneider（Fn. 38), S. 498)。

むことに対しては、既存の処罰規定の枠を逸脱するのではないかという疑問も向けられている。量刑では、適用される構成要件の内容をなす結果の規模・態様だけでなく、構成要件には包摂されない付随的な利益侵害も、46条2項にいう「犯行の有責な影響」として考慮される。もっとも、そのような構成要件外結果の加重的考慮を無制限に認めれば、刑法が本来処罰の対象としていない事態も既存の処罰規定を用いて間接的に処罰できることになってしまう。そのため、構成要件外結果の考慮は、あくまで当該規範の保護範囲（その規範が防止しようとしている利益侵害の範囲）に含まれる限りで許されるとするのが、ドイツ量刑論における通説である[40]。この点、前述のようなアイデンティティ集団全体に対する害は、既存の犯罪（とりわけ個人的法益に対する罪）を処罰する規範の保護範囲には含まれないのではないかという疑問が提起されているのである[41]。批判者からは、総則上の量刑規定である46条2項に量刑事情を書き加えただけでは、個別の処罰規定の保護範囲を拡張する（その事情を保護範囲に含めて処罰する）ことはできないとの指摘もなされている[42]。

　他方、学説には、このようなアイデンティティ集団への害も既存の犯罪の保護範囲に含まれ量刑上考慮しうるとする見解もある[43]。

（vi）　予防効果への疑問

　量刑上の加重処罰によってヘイトクライムに対処しようとすることに対しては、重い処罰がヘイトクライムの抑止に役立つのかという疑問[44]のほか、刑法に道徳形成機能があるかは疑わしいという批判[45]が向けられている。

---

40) René Bloy, Die Berücksichtigungsfähigkeit außertatbestandlicher Auswirkungen der Tat bei der Strafzumessung, ZStW107, 1995, S. 585; Kinzig（Fn. 18), § 46, Rn. 26a. 等参照。日本の刑法のもとでも同様の枠組みが妥当するとの立場から、その具体的な帰結を検討するものとして、小池信太郎「量刑における構成要件外結果の客観的範囲について」慶應法学7号（2007年）19頁以下。

41) 2010年時点での指摘として、Keiser（Fn. 32), S. 48。2015年改正に対する指摘として、Sotiriadis（Fn. 37), S. 269f.。

42) Serafin（Fn. 28), S. 57.

43) Franz Streng, in: NK, 5. Aufl., 2017, § 46, Rn. 59.

第Ⅱ部　各国のヘイトクライム法およびそれをめぐる議論

もっとも、これに対しては、ヘイトクライムを予防するうえでは、（潜在的）行為者に対して、その差別的価値観が社会に受け容れられないものであることを示すことが重要であり、差別的動機を量刑上考慮することには意味があるという反論もなされている[46]。

4　日本におけるヘイトクライム対策への示唆

[1]　量刑上の加重処罰

日本の刑法も、ヘイトクライムを独立した犯罪類型としていない点はドイツ刑法と同様であり[47]、あくまで既存の処罰規定のもとでの量刑によってヘイトクライムに対処しようとするドイツ刑法のあり方は、それをめぐる議論とともに、参照に値する。

2015年改正等が差別的動機を量刑事情として明記したことについては、評価が分かれていた（3[3]）。もっとも、ドイツ刑法46条のような量刑規定をもたない日本の刑法では、差別的動機を総則に明記するという立法はそもそも想定し難い。したがって、まずは現行刑法下の量刑での加重処罰が検討されることになろう。

この点、ヘイトクライムの加重処罰の根拠を、被害者と同じアイデンティティをもつ人々の生活の不安定化という付随的利益侵害に求めるならば、

---

44) Sotiriadis（Fn. 37）, S. 274f.; Oliver Harry Gerson, Fauler（Wort-）Zauber im Strafzumessungsrecht, KriPoZ 2020, S. 35f. そこでは、ヘイトクライムの予防のためには、被害申告をしやすくすることの方が重要であること等が指摘されている。なお、ヘイトクライムの被害申告率については、通常の犯罪に比べて低いとする研究と、両者に有意な差はないとする研究があるようである（Vgl., Fleck（Fn. 2）, S. 108ff.）。

45) Axel Dessecker, Vorurteilsbezogene Kriminalität und das begrenzte Interventionspotential des Strafrechts, in: FS für Dieter Rössner, 2015, S. 72.

46) Fleck（Fn. 2）, S. 153.

47) もっとも、ドイツ刑法は、アイデンティティ集団に対するヘイトスピーチの一部を民衆煽動罪として処罰している（130条。本罪の罪質をめぐる議論については、櫻庭総『ドイツにおける民衆扇動罪と過去の克服』（福村出版、2012年）143頁以下参照。同条は、これまで数度にわたって改正されており、2022年にも新たな類型が追加されている〔5項〕）。また、2021年には、各種アイデンティティ集団またはそのメンバーに対する侮辱を処罰する192条a（煽動的侮辱罪）も新設されている。

そのような加害を既存の処罰規定を用いて間接的に処罰することが許されるかという問題（3［3］(v)）に向き合う必要がある[48]。その他、内心的動機に基づく加重処罰は心情刑法ではないかという批判[49]（同(iv)）や加重処罰がヘイトクライムの予防に役立つのかという疑問（同(vi)）についても、検討を要しよう（これらの問題については、本書第Ⅲ部3を参照）。

［2］ 捜査・訴追機関や裁判所が有する偏見の是正

　ドイツ連邦議会のNSU調査委員会が提出した報告書は、捜査・訴追機関や裁判所等がヘイトクライムに適切に対応できるようにするための教育の必要性を指摘しており、そこにはそれらの機関の構成員が有する偏見の是正も含まれていた。これは、NSU事件で各機関による不適切な対応が事件解明の遅れや二次被害をもたらしたことに対する反省に基づくものであった。ところが、報告書の提言を受けた2015年改正では、そのような教育のための措置が十分に立法化されず、批判を受けることになった（3［3］(v)）。

　社会の中で差別対象となっているマイノリティが標的となりやすい[50]ヘイトクライムの事案では、捜査・訴追機関や裁判官が偏見を有していた場合に、それが判断に影響を与える可能性がある。このことは、日本でも指摘されてきたところであり[51]、偏見を是正する教育プログラム等の導入についても検討が求められよう[52]。

48）筆者は、アイデンティティ集団の生活の不安定化は既存の犯罪の保護範囲には含まれず、これを量刑上考慮するためには特別な犯罪類型（差別的動機に基づく傷害等）を立法で創設する必要があると考えている（野村・前掲注9）38頁以下）。

49）筆者は、この批判は必ずしも的確ではないと考えている（野村・前掲注9）41頁以下）。

50）もっとも、ヘイトクライムは社会的マジョリティに対するものも含むとの理解が一般的である（ヘイトクライムの対象とされうるアイデンティティの範囲については、本章第Ⅳ部2を参照）。

51）例えば、曽我部真裕「ヘイトスピーチと表現の自由」論究ジュリスト14号（2015年）156頁。

52）裁判員裁判対象事件では、裁判員が有する偏見も問題となりうる。

[3] 実態の把握

　日本には、ドイツの KPMD-PMK のようにヘイトクライムを統計的に把握するシステムがない[53]。しかし、ヘイトクライムへの対策を検討するうえで、実態の把握は不可欠の前提であろう。ドイツ刑法 2021 年改正や 2023 年改正でも、関連するヘイトクライムの増加を示す統計的データが、立法理由の 1 つとして参照されている[54]。また、ヘイトクライムを公的に把握すること自体が、国はヘイトクライムを看過しないというメッセージになるとも指摘されている[55]。

　ドイツの統計システムには、ヘイトクライムを政治的動機犯罪の下位分類と位置づける点等に改良の余地がありうるものの、統一的なデータ収集・分析を行い、それをヘイトクライム対策に反映させるという姿勢には学ぶべきところがある。特に、差別的動機の内容（偏見の対象となるアイデンティティ）ごとに件数を明らかにするという方法には、どのようなアイデンティティ集団がどの程度危険にさらされているかを量的に把握できるというメリットがある。件数把握の対象とされる差別的動機の内容[56] も含めて、参考となろう。

〈追記〉

　2023 年 10 月 7 日にイスラエルで起きたイスラーム抵抗運動（ハマース）によるテロ以降、ドイツ国内で反ユダヤ主義的犯罪が増加しているとして、同年 11 月 14 日、連邦議会に騒乱罪（125 条）、犯罪団体・テロリズム団体結成罪（129 条、129 条 a）、民衆煽動罪（130 条）の改正を内容とする刑法改正案が提出された（BT-Drs. 20/9310）。その中には、デモ隊の一部が暴徒化した場合に（暴力行為そのものには関与していない）同行者をも騒乱罪の処罰対象とする提案や、「イスラエル国家の生存権の否認」を民衆煽動罪の処罰対象とする提案等が含まれており、集会の自由や表現の自由の観点から批判も向けられていた。その後、同法案は否決された。

---

53) 実態把握のための根拠法を制定すべきだとの主張として、奈須祐治「ヘイトスピーチに対する非規制的アプローチの展開」法律時報 94 巻 4 号（2022 年）82 頁。

54) BT-Drs. 19/17741, S. 19（2021 年改正）; BT-Drs. 20/5913, S. 18（2023 年改正。なお、同 S. 15f. では、ドメスティック・バイオレンスに関する統計データも参照されている）.

55) Fleck（Fn. 2）, S. 102f.

56) 前掲注 7）参照。

4 英米独の比較と日本法の課題

山口大学教授
櫻庭 総

1 はじめに

　本章は、英米独のヘイトクライム法を比較・整理し、日本で検討されるべき論点との関連を明らかにする。いわば本書第2部と第3部以降との橋渡しの役割を担うものである。したがって、基本的には前章までの記述を前提とするが（それゆえイギリスはイングランド・ウェールズを対象とする）、必要な限りでそれ以外の情報についても言及する。

2 ヘイトクライムとバイアスクライム

　ヘイトクライム（hate crimes）という呼称は1980年代にアメリカで用いられるようになり、今では多くの国で普及しているが、誤解を招きやすい名称でもある。ともすれば被害者に対する「憎悪（ヘイト）」を動機とする犯罪一般を意味するように思われるが、そうではない。ヘイトクライムとして問題視されてきたのは、例えば被害者への個人的な恨みや憎しみを晴らすための犯罪などではなく、外国人や障害者といった一定の属性集

団に対する「偏見」から、その属性集団に該当する（と行為者が判断した）人や物が（ときにその集団への憎悪を伴い）標的とされる犯罪である。その際、行為者にとって被害者はその集団に属する者であれば誰でもよい。それゆえにその集団に属する者は、いつ自分が標的にされるかわからない不安や恐怖を抱えた生活を余儀なくされるのである。

　ここから窺えるように、ヘイトクライムの特徴は「憎悪」というより「偏見」にこそあるとして、英米独ではヘイトクライムに代えて「バイアスクライム（bias crimes；Vorurteilskriminalität）」の語が用いられることも少なくない[1]。

　その一方でヘイトクライムという呼称が人口に膾炙していることもあり、現在は、ヘイトクライムと呼ぼうがバイアスクライムと呼ぼうが、「人種、国籍といった一定の属性に対する偏見を動機とする犯罪」を意味することが一般的である[2]。

　ただし、これになんらかの法規制を行う場合、対象となるヘイトクライムに明確な法的定義を与える必要があり、その規定方法は各国でさまざまである。

3　ヘイトクライム法の類型

　ヘイトクライムに対してなんらかの対応を規定する法律を広くヘイトクライム法と呼ぶが、その対処の方法は、①犯罪行為が偏見等に基づく場合に通常の犯罪よりも刑罰を加重するもの（量刑加重型）、②ヘイトクライムを独自の犯罪として処罰するもの（独立犯罪型）、③民事訴訟によるもの（民事救済型）、④ヘイトクライムの情報収集に関するもの（情報収集型）の4つに分類される[3]。ここでは③以外をとり上げる（☞③についてはⅡ部1章2［3］（vii）90頁参照）。

---

1) *See* FREDERICK M. LAWRENCE, PUNISHING HATE：BIAS CRIMES UNDER AMERICAN LAW 9 (1999)；*Kati Lang,* Vorurteilskriminalität, 2014, S. 49.

2) *See* B. AUCHTER, STUDY OF LITERATURE AND LEGISLATION ON HATE CRIME IN AMERICA, 2 (2005)；*DFK Arbeitsgruppe* "Primäre Prävention von Gewalt gegen Gruppenangehörige - insbesondere: junge Menschen -", Endbericht, 2003, S. 8.

[1] 量刑加重型

　量刑加重型とは、一定の犯罪につき、それが偏見等に基づいて行われたことを量刑段階での加重事由として規定するものを指す。これに似たものとして、例えば基本犯である傷害罪とは別に、偏見等に基づく傷害罪を加重犯類型として規定する方法がある。しかし、傷害罪と傷害致死罪、故殺罪と謀殺罪は通常別個の犯罪として扱われるため、後者の加重犯類型は後述する独立犯罪型に位置づけ、ここでは量刑段階での加重を規定するもののみをとり上げる。

　アメリカでは、1994年暴力犯罪抑止及び法執行法（量刑加重法）により、裁判で合理的な疑いを超えてヘイトクライムであること（被害者が一定の属性を理由として選択されたこと）が証明された場合、3段階以上の量刑加重を規定するガイドラインを制定ないし改正することが定められ、合衆国量刑委員会の量刑ガイドラインに対応する項目が設けられた（☞Ⅱ部1章2 [2] 84頁参照）。

　イギリスでは、2020年量刑法66条により、すべての犯罪について一定の属性に対する敵意を表示したことや敵意を動機としたことが必要的な加重事由となり、加重されたことは公開の法廷で宣言される。基本犯に比べてどの程度加重されたのかを明示することは量刑評議会の推奨するところでもある（☞Ⅱ部2章2 [2] 101頁参照）。

　ドイツでは2015年改正により、量刑事情の考慮方法を定めた刑法46条2項に人種差別的動機等が特に考慮すべき要素として明記され、2021年および2023年改正でさらにいくつかの動機が追加された。もっとも、これまでも同項により行為者の動機を考慮すること自体は認められていたため、従来から人種差別的な動機等を考慮して刑を加重することは可能であり、英米のような必要的加重事由となったわけでもない（☞Ⅱ部3章3 [1] 112頁参照）。

　以上のように、量刑加重型にもさまざまな方法があるが、これは前提と

---

3) 桧垣伸次『ヘイト・スピーチ規制の憲法学的考察』（法律文化社、2017年）65頁。前田朗『ヘイト・スピーチ法研究序説』（三一書房、2015年）192頁でもアメリカの州のヘイトクライム法を①刑罰加重法、②独立犯罪法および③情報収集法に区別している。

なる各国の量刑方法の相違に由来する部分が大きい。もっとも、英米のほうが、加重される刑の程度が明示される仕組みになっており、ヘイトクライムとして加重処罰されたことが明確であり、後述する象徴的効果ないし積極的一般予防効果も期待しやすく、後の検証にも馴染みやすいといえよう。これに対して、日本の刑法学は伝統的にドイツの議論を参照してきたが、量刑に関してはドイツ刑法46条のような一般規定すら存在しないため、ドイツ法の規定に準拠することさえ困難な状況にある（☞Ⅲ部2章はこの問題を論じる）。

[2] 独立犯罪型

独立犯罪型とは、ヘイトクライムについて特別の犯罪類型を設けるものを指す。ここには、前述した、基本犯とは別に偏見等を理由とする場合を加重犯として処罰するもののほか、ヘイトクライムに特有な行為を犯罪化するものが含まれる。

アメリカでは、2021年に制定されたJabara-Heyer反ヘイト法で連邦刑法の245条（連邦法で保護される活動に対する暴力的干渉等の禁止）、247条（宗教的財産の損壊および宗教的信念の行使の妨害の禁止）、249条（ヘイトクライム行為の禁止）等がヘイトクライム犯罪として列挙されている。なかでも249条は、2009年のヘイトクライム防止法によって連邦刑法に編入されたものであり、一定の属性を理由とする故意の傷害既遂行為および銃火器等を使用した傷害未遂行為を処罰している（☞Ⅱ部1章2 [3] 89頁参照）。

もっとも、一般的な犯罪の管轄権は州が有しており、連邦刑法の犯罪の多くは州際通商に関する行為等しか訴追できないといった制約がある。したがって、連邦法とは別に州法で独自のヘイトクライム法が規定されている場合が多い。

州法の制定にあたっては、名誉毀損防止同盟（Anti-Defamation League：ADL）による模範法が広く参照されている。ADL模範法では、「不法侵入、器物損壊、ハラスメント、威嚇、脅迫、暴行又はその他の相応する犯罪」が人種など一定の属性を理由に行われた場合に、基本犯よりも少なくとも1段階以上加重した刑罰を規定すべきとしている。また、ADL模範法では、

例えば反ユダヤ主義的な活動がシナゴーグやユダヤ人墓地の損壊行為を往々にして伴うことから、宗教施設、墓地、教育施設等に対する損壊行為の犯罪化も規定されている。

それ以外にも、十字架焼却行為や公衆の面前での覆面着用行為など、白人優越主義集団の用いる典型的な威嚇・迫害言動を規制する州も存在し、これらもヘイトクライム法として位置づけられる（☞Ⅱ部1章2 [3] 86頁参照）。

イギリスでは、1998年犯罪及び秩序違反法28条以下により、暴行罪・器物損壊罪・公共秩序犯罪・ハラスメントとそれに関連する罪については、一定の属性に対する敵意の表示または敵意の動機により犯罪が行われた場合、加重犯罪として刑の上限の加重が行われる。本罪に該当する場合は、2020年量刑法による量刑段階の加重を行うことはできない。（☞Ⅱ部2章2 [2] [3] 98-104頁）。また、いわゆるヘイトスピーチも犯罪化されている場合は広義のヘイトクライムといえるが、1986年公共秩序法18条は憎悪扇動を犯罪化している。

ドイツでは右派急進主義団体に特徴的な行為として、刑法86条aで違憲およびテロ組織の象徴物の使用が犯罪化されている。また、ヘイトスピーチ規制としては刑法130条で、一定の集団等に対する憎悪を掻き立てる行為等が民衆扇動罪として処罰される。なお、刑法46条3項の二重評価禁止原則（「既に法定構成要件の要素となっている事情を考慮してはならない」）により、人種差別等の動機が刑法130条の民衆扇動罪や刑法211条の下劣な動機による謀殺罪に該当する場合、これを46条2項の量刑事情として再び考慮することはできない[4]。

以上のように、独立犯罪型としては、①偏見等を理由とする粗暴犯等について特別の加重犯類型を設けるものと、②ヘイトスピーチや当該社会に特有な人種差別団体の行動様式に関する規制など、いわば人身等への直接的な侵害を伴うヘイトクライムを抑止するための前段階規制と位置づけうるものに分けられる[5]。日本では、①については、そもそも謀殺罪と故殺

---

4) BT-Drs. 18/3007, S. 16.

罪のような動機による犯罪類型の区別が一般的ではないため、結果の重大性による加重犯類型の構想も検討に値しよう。また、②については、川崎市の条例でヘイトスピーチが間接罰方式で規制対象となっていることを除けば、この種の刑事規制はほとんど存在しない[6]（☞Ⅲ部1章では①の構想について検討する）。

[3] 情報収集型

情報収集型とは、捜査機関がヘイトクライムと認知した事件に関するデータの収集・記録に関する事項を規定するものを指す。

アメリカでは、1990年のヘイトクライム統計法により、ヘイトクライムについてのデータ収集とその概要公表等に関するガイドラインの策定が司法長官に義務づけられた。その後、2021年のCOVID-19ヘイトクライム法やJabara-Heyer反ヘイト法でヘイトクライムの通報・報告を促進するための措置も講じられている（☞Ⅱ部1章2 [1] 83頁参照）。ADL模範法では、偏見に基づく犯罪に関する情報を収集した後、集計・分析して年次報告書としてしかるべき委員会に提出することや、警察官に対する研修の実施についても規定している。

イギリスでも、ヘイトクライムに関する情報を警察が収集しているが、ヘイトクライムに該当しないヘイトインシデントまで認知し、記録しているのが特徴である。特定の属性をもつ人々に対する敵意または偏見に基づいている行為であると、その行為を行ったとされる対象者以外の誰か（インシデントを被った本人や通報者、目撃者など）が認識したものは原則としてすべてインシデントに含まれるとされてきた。ただし、このような慣行は大きな論争を招いた（☞Ⅱ部2章1 [3] 96-97頁参照）。

ドイツでは以前から統計システムとして用いられていた「政治的動機による犯罪（Politisch motivierte Kriminalität：PMK）」の下位分類としてヘイ

---

5) *Dieter Rössner*, Vorurteilskriminalität im Strafgezetzbuch – Bestandsaufnahme und Reformüberlegungen, im: *DFK Arbeitsgruppe*: Endbericht, a.a.O.(Fn.2), S. 137.

6) もっとも、ヘイトクライムという文脈を離れ、集会・集団規制の問題として捉えると広島市暴走族追放条例やいわゆる公安条例の存在があげられよう。

トクライムが位置づけられており、英米とは異なる体系が採用されている。英米と比較すると、ドイツでは政治的動機（自由で民主的な基本秩序の転覆といったイデオロギー的態度）による犯罪の一部として把握されることから、ヘイトクライムの抑止や差別の克服よりも右派過激派組織の撲滅に主眼が置かれ、また、「政治的」ではないヘイトクライムがヘイトクライムとして認知されないといった批判もなされている[7]（☞Ⅱ部3章2・108-109頁参照）。

　以上のように、各国ともに量刑加重型の立法に先立ってヘイトクライムに関するなんらかの情報収集体系が整備されてきた。厳罰化ないし犯罪化立法に比べて、情報収集に関する立法は制定のハードルが低いであろうから、日本でもまずはヘイトクライム（インシデントも含めて）に関する情報取集の枠組みを整備することは検討に値する。ただし、後述するように、これまた各国ともに捜査機関がヘイトクライムに関する情報を適切に捜査・記録しないという問題も生じているため、実効性を担保するための取組みも車の両輪として必要になろう。

4　日本におけるヘイトクライム対策への示唆

　ヘイトクライム法には、ヘイトクライムへの対応方法に関する上記の区別のほか、ヘイトクライムの定義・認定に関する論点もある。一方では、ヘイトクライムの成立要件ないし証明対象を何に求めるのかという論点があり（[1]）、他方では、どのような属性を有する集団までを保護対象とするのかという論点がある（[2]）。さらには、ヘイトクライム法を制定しても、捜査機関がヘイトクライムを適切に捜査・記録しないという手続上の問題も各国で指摘されている（[3]）。

[1]　動機型、選別型および表示型

　ウォルターズ（Mark A. Walters）によれば、法律でヘイトクライムを規定するにあたり「憎悪の動機」モデル（動機型）と「集団選択」モデル

---

7) *Marc Coester*, Hate Crimes: Das Konzept der Hate Crimes aus den USA unter besonderer Berücksichtigung des Rechtsextremismus in Deutschland, 2008, S. 357.

（選別型）の2つがあるとされる。ヘイトクライムの要件として、前者は行為者の動機が被害者集団に対する憎悪または偏見に基づいていることを成立要件とするのに対し、後者は被害者が特定の被害者集団に属していることを理由に標的にされたことを成立要件とする。選別型は、例えば「ユダヤ人は大金を持ち歩いている」との誤信からユダヤ人を襲ったような、憎悪や敵意がない場合もこれをヘイトクライムと認定できる一方、動機型は、憎悪や悪意といった行為者の主観が合理的な疑いの余地がない程度まで裁判で証明されなければヘイトクライムと認定できない[8]。もっとも、後述するように、イギリスではこれらとも異なる「表示型」の規制モデルが一般的となっている。

　アメリカでは、連邦法および州法の多くで、一定の属性「を理由として（because of）」という文言が採用されており、選択型が広く用いられていることがうかがえる。ただし、その解釈について裁判例は、因果関係における条件関係的な要素と解するものと、実質的な動機要素と解するものに分かれているようであり、未だ一致をみていない（☞Ⅱ部1章3 [3] 93頁参照）。

　イギリスでは、選別型よりも動機型が用いられているが、それらよりも表示型の規制モデルが一般的となっている。表示型とは、被害者に対して敵意を示すことを成立要件とするもので、1998年犯罪及び秩序違反法28条1項a号等で用いられている。主観的な動機の証明を要する動機型に比べ、より証明が容易な客観的な敵意の表示で足りる表示型の規制が活発に用いられている（☞Ⅱ部2章2 [2] 101頁参照）。

　ドイツでは、刑法46条2項に特に考慮すべき動機として考慮事由が規定されていることから動機型の規定といえよう（☞Ⅱ部3章3・114頁参照）。

　以上のように、動機型、選別型および表示型のいずれを採用するかは各国で異なる。仮に動機型を選択した場合、日本でも裁判においてその動機をどのように認定するかという問題が生じうる（☞Ⅲ部4章はこの問題を論じる）。

---

8) マーク・オースティン・ウォルターズ（寺中誠監訳・福井昌子訳）『ヘイトクライムと修復的司法』（明石書店、2018年）42-44頁参照。

[2] 保護属性

　アメリカでは、2009年のヘイトクライム防止法によって制定された連邦刑法249条（ヘイトクライム行為）(a)(1)項で「何人かの現実の又は認識上の人種、肌の色、宗教又は民族的出身」、(a)(2)項で「何人かの現実の又は認識上の宗教、民族的出身、ジェンダー、性的指向、ジェンダーアイデンティティ又は障害」が挙げられている。なお、これに関連して、そのような属性が①「何人か」の②「現実の又は認識上の」もので足りるとする規定方法により、例えば①非白人への偏見から非白人と同行していた白人が被害者になった場合や②行為者が被害者の属性を誤信していた場合など、被害者が実際にそのような属性を有していないがヘイトクライムの成立を認めるべき事案を捕捉することが可能となっている（☞Ⅱ部1章2 [2] 85頁参照）。

　アメリカの州法に目を向けると、連邦法よりも多様な保護属性の列挙が見受けられる。例えば、ADLが2022年時点でまとめた各州のヘイトクライム法の一覧によれば[9]、連邦法で挙げられた属性以外にも、「政治的所属または表現」および「年齢」という属性、さらには、「ホームレス状態」、「個人的容貌」といった属性まで対象とする州も存在する。その一方、近年はルイジアナ州など、警察などの公安要員をヘイトクライム法の保護属性に含める州も散見され、事態は複雑化している（☞詳しくはⅣ部3章240頁参照）。

　イギリスでは、1998年犯罪及び秩序違反法では保護属性が「人種、宗教」のみである（ただし人種的集団は比較的広い範囲を含む）のに対して、2020年量刑法では複数の改正を経て、現在は「人種、宗教、障害、性的指向、トランスジェンダーアイデンティティ」が挙げられている。また、アメリカと同様に、被害者が実際にそのような属性を有していない場合についても、①当該集団と交際している者も集団に「属している」者とし、②行為者の「思い込み」にすぎない場合も要件に含めることで、これに対処している（☞Ⅱ部2章2 [1] [2] 98-99頁参照）。

---

9) https://adl.org/sites/default/files/pdfs/2022-05/Hate%20Crime%20Statutes%20-%20updated%202022.pdf（最終閲覧日2023年9月12日）

第Ⅱ部　各国のヘイトクライム法およびそれをめぐる議論

　ドイツでは、刑法46条2項で「人種差別的、排外主義的、反ユダヤ主義的、性別を理由とする、性的指向に向けられる」動機が列挙されているほか、「その他の人間蔑視的な」動機という受け皿要件が設けられている（☞Ⅱ部3章3・114頁参照）。

　人種差別および排外主義という（英米とは異なる）文言が選択された理由は、EU加盟国にヘイトクライム対策を求める「刑法的手段による人種差別および排外主義の一定の形態および表現の撲滅に関するEU枠組み決定（2008/913/JHA）」第4条に準拠したためである[10]。また、「人間蔑視的な動機」という受け皿規定によって、あらゆる形態のヘイトクライムがそこに包含可能であるとされるが[11]、裁判官および検察官を対象として実施された2017年のアンケート調査では、排外主義および人種差別という明記された偏見動機に比べて、性的指向や障害といった偏見動機が加重的に考慮されることが少なかった[12]。実際にも、受け皿要件が設けられた2015年以降も法改正で反ユダヤ主義的動機等の例示が追加されている。

　以上のように、各国とも人種、宗教を出発点として、障害や性的指向、ジェンダーアイデンティティといった属性も含められるようになってきている点では大枠で共通している。もっとも、アメリカの州レベルでは多様な保護属性が見受けられ、その境界について論争が尽きない一方、ドイツのように包括的な受け皿要件を設ける方法もあるが、それで問題が解決するわけでもないことが窺える。日本ではヘイトスピーチ解消法において「本邦外出身者」に対する不当な差別的言動の解消が目指されたが、今後、保護属性の拡張可能性は避けて通れない論点である（☞Ⅳ部2章はこの問題を論じる）。

10) BT-Drs. 18/3007 S. 14. なお、第4条の規定は「加盟国は、第1条および第2条に掲げられるもの以外の犯罪について、人種差別的および排外主義的動機が加重事由として考慮されるか又は裁判所の量刑においてそのような動機が考慮されることを確保するために必要な措置を講じるものとする」というものである。

11) *Axel Dessecker*, Vorurteilsbezogene Kriminalität und das begrenzte Interventionspotential des Strafrecht, in: Festschrift für Dieter Rössner, 2015, S. 63.

12) *Sonja Fleck*, Hasskriminalität in Deutschland, 2022, S. 405.

[3] 手続上の問題

　アメリカでは、州によってヘイトクライムのデータ収集への熱意に大きなギャップがあり、ヘイトクライムに熱心に取り組む州ほど認知件数が多いという矛盾した結果が生じている（☞詳しくはⅣ部3章233-235頁参照）。加えて、ヘイトクライム年次報告書を公表している数少ない州の1つであり、比較的取組みが熱心といえるカリフォルニア州を例にとってみても、2022年は、警察によるヘイトクライム認知件数が2,589件である一方、検察に送致されたのは647件のみである。起訴された456件のうち、ヘイトクライムとして起訴されたのは282件で、残る174件は偏見が動機ではない犯罪として起訴されている。さらに年内に裁判が終結した122件のうちヘイトクライムとして有罪となったのは53件（43.4%）であった[13]。カリフォルニアのような州でも認知件数のうちヘイトクライムとして有罪となるのはごく一部にすぎない現状のようである。

　ドイツでも、ヘイトクライムや右派急進主義犯罪に対する不十分、不適切な捜査がこれまで繰り返し問題視されてきた。2001年に前述したPMKが導入された際も、右派急進主義による殺人事件が見過ごされているとの報道が大きな波紋を呼んだ。また、PMK導入後も、連邦政府外国人問題担当官による『ドイツにおける外国人の状況に関する第5次報告（2022年8月）』では、未だに外国人に対する排外主義的犯罪に多くの暗数が存在するとし、被害者が警察に届け出ない原因として、治安当局が抑圧的で差別的だという認識、被害者自身の社会的地位および過去に体験した社会的排除に関する否定的自己評価、被害者化の不安等が挙げられている[14]。2015年改正の契機となったNSU事件も最大の問題は捜査機関の不適切な捜査にあり、捜査機関が事件の背景にある人種差別的動機を看過し、結果として多くの犯罪が見過ごされ、被害者遺族が被疑者扱いを受けるといった2次被害も生じた。それゆえ、連邦議会に設置されたNSU調査委員会による膨大な調査報告書でも、提言の中心は捜査機関等の組織改革に関するものであった（☞Ⅱ部3章3・110-111頁参照）。

---

13) CALIFORNIA DEPARTMENT OF JUSTICE, HATE CRIME IN CALIFORNIA 2022.

14) 5. Bericht über die Lage der Ausländer in der Bundesrepublik Deutchland, 2002, S. 267 f.

第Ⅱ部　各国のヘイトクライム法およびそれをめぐる議論

以上のように、捜査機関がヘイトクライムを適切に捜査・記録しないという手続上の問題は各国で生じており、無視しえない問題である。既に日本でも同様の問題点が指摘されており、捜査機関における研修や検証の仕組みをどのように整備するかは重要な課題である（☞Ⅲ部4章はこの問題を論じる）。

5　規制根拠

ヘイトクライム法についてのもう1つの大きな論点は、その規制根拠である。そもそも、ヘイトクライムを通常の犯罪よりも重く処罰すべき根拠はどこに求められるのだろうか。これに関しては、応報的側面と予防的側面に注目したアプローチに分けることができる。

[1]　応報

応報的側面で問題となるのは、ヘイトクライムが通常の犯罪に比べて、それよりも大きな害悪ないし特有の害悪を有しているかどうかである。具体的には、①当該被害者がより深い精神的ダメージを受けるといった被害者個人レベルの問題、②被害者と同じ集団に属する人々が同様の犯罪の標的にされる不安や恐怖を覚え、平穏な生活が害されるといった被害者集団レベルの問題、③コミュニティが分断され、公共の平穏が乱され、集団間の緊張・対立が高まり紛争の危険性が高まるといった社会全体レベルの問題に区別される。

アメリカでは、Mitchell 判決において、「偏見に基づく犯罪は報復犯罪を誘発し、被害者に明確な精神的害悪を与え、かつ、地域社会の不安を煽る可能性が高い」ことが法廷意見として認められている。その背景には、ADL をはじめとする多くの団体によるヘイトクライムの被害を訴えるアミカス・ブリーフ（第三者によって裁判所に提出される意見書）の提出があった[15]。

---

15) Wisconsin v. Mitchell, 508 U. S. 476（1993）488.

学説では、被害者個人の精神的被害および被害者集団全体への影響について
いてこれを肯定する多くの研究がある一方[16]、たしかにヘイトクライムの
被害者は精神的トラウマを経験するだろうが、通常の犯罪の被害者「より
も」深刻なトラウマを経験するかは証明されておらず、潜在的被害者への
波及効果についてもヘイトクライムに特有のものではないといった見解も
ある[17]。

　イギリスでは、2007年の貴族院判決で、1998年犯罪及び秩序違反法の
加重犯罪について、「その本質は、『他者』とみなされる人々に対する平等
な敬意と尊厳の否定である。これは、〔人種差別等により加重されない〕基
本犯よりも、被害者を深く傷つけ、軽蔑するものである。また、彼ら自身
ではどうすることもできない事柄を理由に特定の集団に属する構成員の受
容を否定することで、コミュニティ全体に対してもより有害である」と判
示されており、被害者個人レベルおよび社会全体レベルでの害悪が認定さ
れている[18]。

　ドイツでは、ヘイトクライムを加重すべき根拠として、量刑責任を高め
る重大な不法があるかという問題となる。これに関しては、結果無価値を
高めるものとして、英米と同様に、①被害者個人がより心理的、精神的被
害を受けるという点、②被害者の属する集団の他の構成員が恐怖を感じ社
会生活への参加が阻害される点、③社会的分断や集団間での緊張関係を高
め公共の平穏を危殆化する点に整理できる。もっとも、ヘイトクライム事
案で「通常の犯罪」に比べてこれらの被害が大きいことは必ずしも実証さ
れていないとされ、ヘイトクライムが非難されるべき動機に基づく行為で
あることから行為無価値を高める点に着目したほうがよいとの見解もあ
る[19]。

　以上のように、ヘイトクライム特有の害悪について、通常の犯罪よりも

---

16) *See* Lawrence, *supra* note 1.

17) *See* James B. Jacobs & Kimberly Potter, Hate Crimes：Criminal Law & Identity
　　Politics, 83（1998）.

18) R v Rogers［2007］UKHL 8.［2007］2 AC 62, para 12.

19) *Georgios Sotiriadis*, Brauchen wir sanktionsrechtliche Normen, damit Hate Crimies von
　　der Strafjustiz angemessen beurteilt werden?, KJ 14, S. 267.

有害であることが厳密に実証されているかについては争いがあるものの、英米では裁判所でその有害性が認定されているのが注目される。この論点は、憲法学的には規制根拠としての害悪論、刑法学的には刑事規制の保護法益論として位置付けられ、従来、日本でもヘイトスピーチに関して盛んに議論されてきたところである。今後は、ヘイトクライムについても特有の侵害法益についてさらなる検討が求められよう（☞Ⅲ部2章はこの問題を平等権の侵害という観点から論じる）。

[2] 予防

また、ヘイトクライムを加重処罰することで犯罪予防効果があるかという点も問題となる。

英米における研究では、ヘイトクライム行為者は、リスクと便益の較量を行っているとは考えにくく、ヘイトは人間心理に深く染みついているので、加重処罰による実際の抑止効果（消極的一般予防効果）も行為者の改善効果（特別予防効果）もあまり期待できないことから、象徴的効果（積極的一般予防効果）が最も強力な論拠として主張されている。ヘイトクライムはメッセージ犯罪ともいわれることから、ヘイトクライムを通じて社会に発せられる負のメッセージが間違っていることを、法がそれに対する加重処罰を宣言することで打ち消すことが重要であるとされる。もっとも、この効果についても、定量的に実証するのは困難であり、ヘイトクライム法の象徴的効果ばかりが注目され、それ以外の実効的な政策が後回しにされる危険も指摘されている[20]。

ドイツでは、2015年改正の際に、現行刑法でも人種差別などの動機を考慮可能であるにもかかわらず、そのような動機を条文に明記する必要性につき、刑法の任務、とりわけ共同体の基本的価値を宣言し強化するという積極的一般予防目的を反映することが強調された。その一方で、そのような改正は「象徴立法」であるとの批判もなされている（☞Ⅱ部3章3 [3] 115頁参照）。

---

20) *See* Phylis B. Gerstenfeld, Hate Crimes: Causes, Controls, and Controversies, 22 (4th Ed. 2018).

以上のように、加重処罰の根拠に関する論点は各国ともある程度共通している。これらの論点を日本の量刑論の枠組みに落とし込んで検討することが求められる（☞Ⅲ部3章はこの問題を論じる）。

6 非規制的手段

ヘイトクライムに対しては処罰以外にもさまざまな対策が考えられる。ガーステンフェルド（Phylis B. Gerstenfeld）は、ヘイトに対抗する主要なアプローチを、①少年や公衆一般に対する教育、②反ヘイト法のためのロビー活動、③組織化されたヘイト集団の監視、④法執行活動の強化、⑤広報活動、⑥プロジェクトレモネード（その地域でクランが集会を1分続ける毎に少額を寄付する誓約書を地域住民と交わし、集まった金額を反ヘイト団体に寄付するプロジェクト）のような独創的な取組み、⑦VOM（被害者と加害者の調停）、⑧加害者に対するカウンセリングと教育、⑨加害者に対する訴訟の9つにまとめている[21]。ここでは加害者に対する教育プログラムと修復的アプローチについて言及する。

[1] 行為者プロフィール

対策を講ずるにはまず原因究明が必要である。したがって、ヘイトクライム行為者に関する研究も多くなされてきた。

例えば、行為者類型については、ボストン警察の事件ファイルの分析から、行為者の動機に注目し、①スリル追求型犯罪、②防御型犯罪、③報復型犯罪および④使命型犯罪の4つに分類する研究が有名である[22]。使命型犯罪はごく一部で、スリル追求型が3分の2を占めている。

また、「典型的な」行為者像は、特段に貧困といった背景はなく、これまで刑事司法ともほとんど接触がなく、組織化されたヘイト団体に属して

---

21) *See id.* at 262.
22) *See* Jack McDevitt, et al., *Hate Crime Offenders: An Expanded Typology*, JOURNAL OF SOCIAL ISSUES 58, 303-317 (2002). ヘイトクライムの行為者に関する英米の研究成果については、前田・前掲注（3）198頁以下も参照。

もいない、若い白人男性だとされる[23]。

[2] 教育プログラム

　上記の通り、ヘイトクライムの行為者の多くは、確信的なイデオロギーに基づいているわけではない、スリル追求型の若年者である。それゆえ、それを防止するためには、刑罰だけではなく、可塑性のある少年に対する教育プログラムも効果的であるとされる。

　アメリカでは、ロスアンジェルス地方検事局の寛容を学ぶ少年犯罪者プログラム（JOLT）や、いくつかの州ではADLが主催しているプログラム、サンディエゴ郡では寛容への道（PATHWAYS for Tolerance）プログラムが実施されているようである[24]。

　ドイツでも、ヘイトクライム対策研究についてドイツ犯罪予防フォーラム（DFK）が連邦司法省の委託を受け、レスナー（Dieter Rössner）を座長とするWGが発足し、そこで若年者対策が中心に検討されている。すなわち、同WG「集団に属する人々に対する暴力の一次予防：若年者を中心に」が2003年に提出した最終報告書では、「持続可能な予防のためには、刑罰や短期的な特別措置では不十分である」との視点から、家庭での教育プログラムの効果的な配備、子どもの心理セラピーの強化、幼稚園における多文化学習の拡充、コンタクトプログラム（共同授業など）の拡充など、一次予防に関する具体的な提言がなされる一方、刑事的対応については、偏見犯罪がメッセージ犯罪であることに鑑みて、制裁によって明確な対抗メッセージを発信するという積極的一般予防が重要であるとしつつも、この課題を達成するためには法改正は必要なく、「対抗戦略は、確実な刑事学的知見によれば、検挙率と捜査圧力の向上および判決までの刑事手続の首尾一貫した適用である」とし、刑事司法における研修の実施といった指摘にとどまっている[25]。

23) *See* GERSTENFELD, *supra* note 20, at 99.

24) *See Id.* at 258.

25) *DFK Arbeitsgruppe*, "Primäre Prävention von Gewalt gegen Gruppenangehörige - insbesondere: junge Menschen -", Einführung und Empfehlungen - Kurzfassung.

[3] 修復的司法

ヘイトクライムに対しては修復的司法アプローチも注目されている。も
っとも、被害が深刻であったりした場合には適用が困難であり、被害者の
トラウマを悪化させるリスクもあるため万能ではないが、一定の事案につ
いては有効な手段であるとされる[26]。

前述したドイツのDFK最終報告書でも、若年行為者による軽度から中
程度のヘイトクライムについては国連が推奨する調停手続で扱われるべき
であるとされ、イギリス等のファミリー・グループ・カンファレンス制度
が参照されている[27]。

以上のように、ヘイトクライムに対しては、加重処罰以外にも、教育プ
ログラムやVOMなどの修復的アプローチなどさまざまな施策が検討・施
行されている。これらは処罰の選択肢を排除するものではなく、両立可能
であることを念頭に置いたうえで、総合的なヘイトクライム対策を講じる
ことが必要となろう（☞Ⅳ部1章はこの問題を論じる）。

7 おわりに

橋渡しの役割は以上である。日本法への示唆につき、本格的な検討は第
Ⅲ部以降の章を参照されたい。ここではそれ以外に指摘しておくべき点に
つき、最後に触れておきたい。

第1に、ヘイトクライムに関する社会的認知についてである。日本では
相模原障害者殺傷事件など極めて深刻な事件が発生してようやくヘイトク
ライムとして注目されるが、英米独ではそのような使命型犯罪は稀であり、
圧倒的多数が少年によるスリル追求型の犯罪である。つまり、日本では多
数の比較的軽微なヘイト事案が発生しているにもかかわらず、それを認知
する制度が整備されていないために、被害が放置されている可能性が高い。
日本でもイギリスのヘイトインシデントのような定義を参考にしつつ、職

---

26) ウォルターズ・前掲注8) 333頁以下参照。
27) *Hans Joachim Schneider*, Hass-Gewalt-Delinquenz junger Menschen: Tehoretische
　　Grundlagen und empirische Forschungergebnisse, in: *DFK*, a.a.O.(Fn. 2) S. 60.

場や教育施設等での偏見に基づく嫌がらせなど、必ずしも犯罪を構成しないものも含めて、データを収集し分析する仕組みが必要であろう。

ただし、アメリカにおける州ごとのヘイトクライム法の採択プロセスを調査した研究では、最初に情報収集型ないし民事救済型の立法を制定した州ほど、量刑加重型の立法の制定が遅れているという予想外の結果が明らかとなり、情報収集型立法が刑事立法にとっての「盾」ないし「緩衝材」の役割を果たしてしまうことがあるとされる[28]。

第2に、ヘイトクライム法の象徴的効果についてである。ヘイトクライム法を正当化する最も強力な論拠はその象徴的効果（積極的一般予防効果）であるが、これに対しては、象徴的意義しかない立法によって、それ以外のより実効的な政策がなされなくなる危険があると批判される。上記のアメリカ州法に関する研究成果からも裏づけられるように、そのような懸念は正当であり、加重処罰以外の非規制的手段によるヘイトクライム対策も検討されなければならない。

では、加重処罰等の規制的手段と教育等の非規制的手段とはどのような関係にあるのだろうか。社会心理学において、学校教育などの実践場面で有効性と有用性が高いと考えられている偏見の低減方法は、オルポートの接触仮説に基づく「相手との接触」であるが、それは地位の対等性、協同、社会的・制度的支持、親密な接触という適切な条件を備えた接触に限られるとされる[29]。そこでの「社会的・制度的支持」には差別的な行動を規制し、平等な扱いを促す枠組みも含まれることに注目したい。オルポート自身、よく耳にする「偏見を立法でどうすることもできない」という見解に対して丁寧に反駁している[30]。法が差別を禁止し、それに厳しい態度で臨む姿勢を宣言することは、非規制的手段との関係では、経験的な効果をも

---

28) *See* Sarah A. Soule & Jennifer Earl, *The Enactment of State-Level Hate Crime Law in the United States: Intrastate and Interstate Factors,* SOCIOLOGICAL PERSPECTIVES, 44, 281-305 (2001).

29) 北村英哉＝唐沢穣編『偏見や差別はなぜ起こる？』（ちとせプレス、2018 年）82 頁以下［浅井暢子執筆］。

30) G・W・オルポート（原谷達夫＝野村昭訳）『偏見の心理』（培風館、1968 年）376 頁以下参照。

ちうるのではないだろうか。規制的手段と非規制的手段を排他的な関係として捉えるべきでないことは特に強調しておきたい。

第3に、仮にヘイトクライム法に象徴的効果が期待できるとして、それが発揮される条件についてである。これに関して、イギリスのヘイトクライム法について、ヘイトクライムは非難されるべきとのメッセージが、政府の矛盾した政策によって相殺されているのではないかとの興味深い研究成果が示されている[31]。ヘイトクライム法の象徴的効果に言及する際、法制度自体や政府の政策・言論に差別的なところがあるとすれば、それらが早急に是正されなければならない。

---

31) *See* Bill Dixon & David Gadd, *Getting the Message? 'New' Labour and the Criminalization of 'Hate'*, CRIMINOLOGY & CRIMINAL JUSTICE, 6 (3), 309-328 (2006).

第Ⅲ部
ヘイトクライムと日本法

1

憲法上の諸論点

同志社大学教授
桧垣伸次

はじめに

本章は、ヘイトクライムを規制する際の、憲法上の問題点を検討する。

日本では、これまでヘイトクライムにあたる事件は存在した[1]が、一般的には重要な社会問題として認識されてはこなかったこともあり、ヘイトクライムを規制する法（以下、「ヘイトクライム法」[2]とする）は制定されていない。しかしながら、2023年には、ウトロ地区の放火事件や徳島事件などが大きく報道され、ヘイトクライムという言葉が認識されるようになり、ヘイトクライム対策の必要性も広く認識され始めている[3]。その中で、ヘイトクライム法の制定も選択肢の1つとなっている[4]が、ヘイトクライム法を制定するならば、その憲法適合性が問題となる。

---

1) 本書第Ⅰ部参照。
2) ヘイトクライムの規制についてはさまざまなアプローチがありうるが、これらについては本書第Ⅱ部を参照。
3) 一例として、2023年7月には、公明党のヘイトスピーチ・ヘイトクライム問題対策プロジェクトチームが官房長官に対し、取組みの強化を求める提言を手渡したことなど。

ところが、日本の憲法学では、ヘイトスピーチについては、多くの研究があるが、ヘイトクライムについてはそうではない[5]。判例や多くの学説がヘイトスピーチ規制違憲説に立つアメリカでさえ、判例や多くの学説はヘイトクライム法合憲説に立ち、むしろこれを積極的に規制してきた[6]（☞Ⅱ部1章91頁、Ⅳ部3章236頁）。そのこともあり、ヘイトクライム規制の合憲性については、日本ではこれまでほとんど問題とされてこなかった[7]。しかしながら、アメリカでも1990年代前半にヘイトクライム法をめぐって広く議論されたように、ヘイトクライム規制法の合憲性に疑義を呈する主張もある[8]。

　本章では、法定刑を加重するタイプのヘイトクライム法を念頭に置いて、ヘイトクライム法についての憲法上の問題点を検討する。

4) 現行法上、被告人の差別的な動機がどのように刑罰に反映されるのかについて明確な基準がないため、ガイドラインの必要性が指摘される。鵜塚健＝後藤由耶『ヘイトクライムとは何か——連鎖する民族差別犯罪』（角川新書、2023年）80頁。規制以外には、啓発や教育などの非規制的アプローチもありうる。

5) 蟻川恒正は2003年の論稿において、日本の憲法学は、ヘイトスピーチについては「強い関心を差し向け乍ら」、ヘイトクライムについては「問題として認知すらしない」と指摘する。蟻川恒正「思想犯罪の法構造（一）」法学67巻5号（2003年）1、2頁。同論稿の公表から20年が経過するが、今でも憲法学においてヘイトクライムについての関心は、ヘイトスピーチと比べてはるかに薄いといわざるをえない。

6) *See* Erik Bleich, The Freedom to Be Racist?; How the United States and Europe Struggle to Preserve Freedom and Combat Racism 107-108 (Oxford University Press 2011).

7) 憲法学における数少ない例外として、蟻川・前掲注5）、拙稿「ヘイトクライム規制と思想の自由」福岡大学法学論叢59巻2号（2014年）297頁（拙著『ヘイトスピーチ規制の憲法学的考察——表現の自由のジレンマ』〔法律文化社、2017年〕に所収）、山邨俊英「アメリカにおけるヘイトクライム法の憲法適合性——表現の自由に対する萎縮効果の問題を中心として」法学政治学論究117号（2018年）137頁など。

8) Ben Gillis, Note, *Understanding Hate Crime Statutes and Building Towards a Better System in Texas*, 40 Am. J. Com. L. Rev 197, 200 (2013)；とはいえ、先述の通り、アメリカでも判例や圧倒的多数の学説はヘイトクライム法を合憲としている。筆者も以前の論稿で、ヘイトクライム法は合憲であると主張している。拙稿・前掲注7）。本章では、争点を明確にするためにあえて違憲説の立場を多くとり上げ、そこで指摘されている問題を検討したい。なお、本稿の一部は拙稿・前掲注7）をもとにしている。

1 平等原則

　ヘイトクライム法を制定する場合、特定の事情を類型化して、刑を加重するなど、他とは異なる取扱いをすることから、まずは平等原則が問題となる。日本国憲法 14 条 1 項は、法の下の平等を定めており、不当な差別は禁止されている。異なる取扱いが問題となる場合、それが合理的な根拠に基づくものであるかどうかが問題となる。

　最高裁は、尊属殺重罰規定事件において、特定の事情を量刑上考慮するだけでなく、それを類型化し、法律上、刑の加重要件とする規定を設けることは許される旨述べている[9]。同判決において、最高裁は、①立法目的と、②立法目的を達成する手段（加重の程度）の 2 点から合憲性を判断している。つまり、①と②をクリアできれば、ヘイトクライム法を制定することも許される。

　立法目的について、前記尊属殺重罰規定事件最高裁判決では、「立法目的につき、これが憲法 14 条 1 項の許容する合理性を有するか否かを判断する」としている。ヘイトスピーチ解消法が指摘するように、現在日本では、不当な差別的言動により被害者が「多大な苦痛を強いられるとともに、……地域社会に深刻な亀裂を生じさせ」ている（前文）。このような「不当な差別的言動の解消が喫緊の課題」となっている（第 1 条）。そして同法は、不当な差別的言動の解消に向けた施策を講ずることなどを、国および地方自治体に求めている。この点を考えると、ヘイトクライム法は、不当な差別的言動の解消のためにも必要不可欠なものであるため、立法目的は合理性を有するものであるといえる[10]。

　次に立法目的達成手段について、前記尊属殺重罰規定事件最高裁判決では、「加重の程度が極端であって、前示のごとき立法目的達成の手段として甚だしく均衡を失し、これを正当化しうべき根拠を見出しえないときは、

---

9) 最大判昭 48・4・4 刑集 27 巻 3 号 265、269 頁。この事件では、自己または配偶者の直系尊属を殺した者については、通常の殺人罪（刑法 199 条）よりも重い刑罰を科していた刑法 200 条（現在では削除されている）の合憲性が問題となった。
10) 近年の日本におけるヘイトクライムの被害の深刻性については、板垣竜太「ウトロ放火事件公判への意見書」評論・社会科学 142 号（2022 年）159 頁など。

その差別は著しく不合理なものと」なり、憲法14条1項に反すると述べている。つまり、判例に従うと、刑の加重の程度が極端でなければ平等原則には反しない。ただし、下記にみるように、ヘイトクライムの規制が思想の自由を制約するものである以上、その点もふまえて慎重に判断する必要がある。

2　思想の自由

　ヘイトクライム法は、ヘイトクライムであると認定された場合に、法定刑を加重する。つまり、ヘイトクライムの場合、専ら差別的な動機、ひいてはその思想のみを理由として、通常の犯罪よりも重く罰せられる[11]。

　通常、故意などの意図は犯罪の成立要件となるが、動機はそうではない。例えば、①嫌いなスポーツチームのファンであることを理由に相手に暴行を加える場合と、②嫌いな信条をもっていることを理由に相手に暴行を加える場合とでは、故意は同じだが、動機が異なる[12]。この点に関して、憲法上の問題がある。

　一般的に、量刑を考慮するにあたって動機を考慮することは許される（☞Ⅲ部3章179頁）。量刑に際して裁判官は、処断刑の範囲内において、さまざまな要素を考慮したうえで、宣告刑の内容を決めることができる。動機についても、量刑に際して考慮できる要素であるとされる[13]。つまり、処断刑の範囲内において、人種に対する偏見という動機を、刑を重くする事情とすることはできる。ウトロ事件では、京都地裁は、被告人の「動機は、主として、在日韓国朝鮮人という特定の出自をもつ人々に対する偏見や嫌悪感等に基づく、誠に独善的かつ身勝手なものであって、……甚だ悪質」であるため、「被告人の刑事責任にはかなり重いものがある」と述べている[14]。

---

11) Ivan Hare, *Legislating Against Hate: The Legal Response to Bias Crimes*, 17 Oxford J. Legal Stud. 415, 424（1997）.

12) Phyllis B. Gerstenfeld, Hate Crimes: Causes, Controls, and Controversies 47（Sage Publications 3d ed. 2013）.

13) 城下裕二『量刑理論の現代的課題〔増補版〕』（成文堂、2009年）65頁。

しかしながら、現行法上、動機を考慮できるのはあくまでも法定刑の範囲内においてである。ヘイトクライム法の場合、一定の動機を理由に、一律に刑を加重する。つまり、通常、動機を考慮する場合は、下図のA´の範囲内において可能である。しかしながら、典型的なヘイトクライム法はそれを越えて、法定刑そのものを加重する（B´）。

犯罪行為 A	人種差別的思想 B
通常の法定刑 A´	加重された法定刑 B´

例えば、傷害罪を例に検討してみる。傷害罪（A）の法定刑は、「15年以下の懲役又は50万円以下の罰金（刑法204条）」（A´）であるが、ヘイトクライムであると認定されたら懲役を3年加重（B´）することができるとする。通常の傷害罪の場合は、A´の範囲で、動機も含めたさまざまな要素を考慮して、宣告刑が決定される。これに対して、ヘイトクライムの場合は、それにB´が加わる。この場合、思想を理由に刑を加重するのではないか、つまり、一定の思想を罰するのではないかが問題となる。

ヘイトクライム規制法は、単なる行為を罰しているのではなく、特定の見解を動機とする行為を罰しているのである[15]。行為（A）は既に通常の刑事法（A´）により罰されており、刑の加重（B´）は行為に対するものではなく動機（B）のみに対するものである。すなわち、人種差別的な動機に基づく行為によって伝達されたメッセージに基づいて刑が加重されている[16]。

ここでは、AB全体を罰することではなく、Bを罰することのみが問題となっている。つまり、ヘイトクライムを罰することそのものではなく、それに対して一律に法定刑を加重することを問題としている。ヘイトクライム法は、個々の状況に特有の事情をはるかに超えて、被告人の精神状態を理由に刑を加重し、一般化可能な政治的・社会的立場——特に、不快で

---

14) 京都地判令4・8・30。

15) Note, *The Supreme Court——Leading Cases*, 107 HARV. L. REV. 144, 239 (1993).

16) Larry Alexander, *The ADL Hate Crime Statute and the First Amendment*, 11 CRIM. JUST. ETHICS, 49, 49-50 (1992).

あるとされる立場——を有することを罰するものである[17]。これに対して、A′の範囲内において、動機を考慮する場合には、思想の自由はそれほど問題とはならないため、問題となった行為（例えば傷害）に表現的な要素があるか否かはここでは検討しない[18]。

このように、ヘイトクライム法の刑の加重部分は、特定の思想あるいは見解を規制する側面があるとみるべきである。このようなやり方が広く認められるならば、不人気な思想（この思想そのものを処罰することはできない）が一般的な犯罪と結びついた場合には、それを処罰することが可能になってしまう[19]。

ただし、思想の自由を制約する側面があるからといえ、ただちに違憲となるわけではない。思想の自由は内心にとどまる限りは絶対に保障されると考えられているが、ヘイトクライムは外面的な行為に及んでいるため、その規制は裁判所による所定の（場合によっては厳格な）審査を通過する場合には規制は正当化される。そして上記Bの部分を加重するのは、ヘイトクライムに特有の害悪があるためである（☞Ⅰ部、Ⅲ部2章）[20]。その害悪ゆえに、厳格に限定されたヘイトクライム法は憲法上正当化されうる。

また、ヘイトクライム法は、その害悪を選択的に規定していることが指摘される。すなわち、ヘイトクライム法に規定されていない偏見を動機とする場合、刑は加重されない[21]。これらの問題を考慮すると、ヘイトクラ

---

17) Martin H. Redish, *Freedom of Thought as Freedom of Expression: Hate Crime Sentencing Enhancement and First Amendment Theory,* 11 Crim. Just. Ethics 29, 38-39 (1992).

18) 人種差別的な動機に基づいた犯罪行為には表現的な要素が含まれるため、A′の範囲内でヘイトクライムを規制することについてもその合憲性が問題となるという議論もあるが、ここでは立ち入らない。

19) James B. Jacobs & Kimberly Potter, Hate Crimes: Criminal Law & Identity Politics 129 (Oxford University Press 1998).

20) ヘイトクライムの害悪として、①道義上、特に非難に値する、②特にけしからぬものであるという社会的なコンセンサスがある、③人種的な動機に基づく暴力は、そのような動機をもたない同じ行為よりも、犠牲者に損害を与える、④犠牲者の属する共同体の構成員に対する脅迫的な効果をもちうる、⑤社会全体に対し、特に有害である、などが挙げられる。James Weinstein, *First Amendment Challenges to Hate Crime Legislation: Where's the Speech?,* 11 Crim. Just. Ethics 6, 13 (1992). 野村健太郎「ヘイトクライムと量刑」愛知學院大學論叢法學研究 64 巻 3・4 号（2023 年）19 頁。

イムの害悪や対象を厳格に限定する必要がある[22]。

3　ヘイトクライムとヘイトスピーチは区別できるか
──言論と行為二分論について

　日本では、ヘイトスピーチについては、2016年にヘイトスピーチ解消
法が制定され、それと前後するようにいくつかの地方公共団体が条例を制
定している。これらの法令のうち、2019年に制定された川崎市差別のな
い人権尊重のまちづくり条例を除き、刑罰を科すものはない。ヘイトスピ
ーチ解消法は、不当な差別的言動は「許されない」としつつも、刑罰を科
す規定はもたない。大阪市ヘイトスピーチへの対処に関する条例は、ヘイ
トスピーチがなされた場合に、拡散防止措置をとるとともに、当該表現活
動を行った者の氏名または名称を公表することを規定している。このよう
に、日本ではヘイトスピーチについては概して非規制的施策が用いられて
いる[23]。その背景には、ヘイトスピーチ法は表現規制であり、その合憲性
が問題となるという認識がある[24]。このように、ヘイトスピーチ規制の合
憲性を問題にする限り、ヘイトクライムとの境界が問題となる。

　アメリカでは、ヘイトクライム法についてのリーディング・ケースであ
るMitchell判決は、表現と行為の区分論を採用し、簡単に合憲判決を下
した[25]。これに対して、ヘイトスピーチ規制法についてのリーディング・
ケースであるR.A.V.判決では、ヘイトスピーチ規制法は表現を規制する
ものであるため、厳格な審査が適用されるとした[26]。R.A.V.判決では、ア

21）Jacobs & Potter, *supra* note 19 at 6.

22）ヘイトクライム法の保護集団については、本書第Ⅳ部2を参照。

23）拙稿「日本型ヘイトスピーチ法の可能性──第3の道としての非規制的施策」法律時報
　　94巻4号（2022年）75頁。

24）ヘイトスピーチ解消法制定の際の国会審議においても、この点が問題となっている。拙稿
　　「ヘイトスピーチ解消法と政府言論──非規制的施策の可能性」福岡大学法学論叢63巻2
　　号（2018年）495、501頁。

25）Wisconsin v. Mitchell, 508 U.S. 476（1993）.

26）R.A.V. v. City of St. Paul, Minnesota, 505 U.S. 377（1992）. R.A.V.判決については、拙著・
　　前掲注7）23頁以下およびそこで挙げられている文献参照。

メリカ最高裁は、問題となったセント・ポール市の条例は、喧嘩言葉（fighting words）を規制するものであるとした。そして、喧嘩言葉は「保護されない言論（unprotected speech）」[27]であるが、本件条例は人種、肌の色、信条、宗教あるいは性別に基づくもののみを規制するため、観点に基づく規制となるゆえ、修正1条に抵触すると述べた[28]。

| ヘイトクライム | 行為の規制⇒厳格審査は適用しない |
| ヘイトスピーチ | 表現の規制⇒厳格審査は適用される |

しかしながら、表現と行為の区分はさほど明確ではない。「言葉によらずコミュニケーションを行う行為や表現によって、ある思想を主張し、ある見解を表明する」[29]行為は、「象徴的言論」と呼ばれ、表現の自由の保障が及ぶとされている[30]。例えば、R.A.V. 判決で問題となったような十字架を燃やす行為は、白人優越主義というメッセージを伝えるものであるため、表現であると考えられている[31]。他方で、木に縄を吊るす行為——かつて奴隷のリンチで使われ、今でもヘイトクライムの象徴とされる——は、言論ではない行為であると一般的に理解されている[32]。

そもそも、R.A.V. 判決で問題となっていた条例は、ヘイトクライム法であると理解されていた[33]。また、「保護されない表現」は、従来は言論の自由の保護の範囲外であると考えられており、R.A.V. 判決で問題とな

27) 法廷意見は、わいせつ言論や名誉毀損などの、伝統的に保護されないとされてきたカテゴリーの言論は、憲法上保護されないのではなく、修正1条の範囲内にはあるが、憲法上規制可能な内容をもつために規制しうるものであるとしている。*R.A.V.*, 505 U.S., at 383.

28) *Id.* at 391.

29) 紙谷雅子「象徴的表現（1）——合衆国憲法第1修正と言葉によらないコミュニケーションについての一考」北大法学40巻5・6号（1990年）730、714頁。

30) John Hart Ely, *Flag Desecration: A Case Study in the Roles of Categorization and Balancing in First Amendment Analysis,* 88 HARV. L. REV. 1482, 1495 (1975)

31) *See* Virginia v. Black, 538 U.S. 343 (2003).

32) Naim S. Surgeon, Note, *Jena, Louisiana: A Hate Crime? The Gray Areas Between What's Black, What's White and What Really Happened,* 10 RUTGERS RACE & L. REV. 224, 240 (2008).

33) 同「判決は、hate crime に対する連邦最高裁としての初めての憲法判断を示すものになるはずであった」と指摘される。蟻川・前掲注5）2頁。

った喧嘩言葉の規制は、行為規制の問題として扱われるべきであるとの批判もある[34]。Mitchell 判決で問題となったウィスコンシン州法は、保護されない言論にも適用されるため、名誉毀損や喧嘩言葉などに適用された場合には、R.A.V. 判決で問題となったセント・ポール市の条例との違いがなくなるとの指摘がある[35]。

このように考えると、Mitchell 判決で問題となった州法と R.A.V. 判決で問題となった条例とを区別することは困難であり、少なくとも合衆国最高裁はその説明に成功していない[36]。それゆえ、アメリカ最高裁の法理を前提とする場合、Mitchell 判決で問題となったウィスコンシン州法を合憲とするなら、R.A.V. 判決で問題となったセント・ポール市の条例も合憲としなければならないだろう。

このように、ヘイトクライムとヘイトスピーチとの境界をどのように画定するかは、言論／行為区分論で単純に解決できない。

4 証拠認定による萎縮効果の問題
——表現の自由、結社の自由など

多くのヘイトクライム法では、ヘイトクライムと認定されるためには、差別的な動機の証明が必要とされる（☞Ⅲ部4章187頁）。被告人の思考を読みとることはできないので、動機の証明はしばしば、状況証拠により認定せざるをえない[37]。

例えば、行為時に人種差別的な表現を伴う場合、それを差別的な動機の証拠として用いる場合や、あるいは過去に行った表現行為を証拠として用いる場合がある。また、人種差別的な動機を証明するにあたり、被告人が

34）小谷順子「アメリカにおけるヘイトスピーチ規制」駒村圭吾＝鈴木秀美編『表現の自由 I 状況へ』（尚学社、2011年）454、462頁。なお、梶原健祐「ヘイトスピーチと『表現』の境界」九大法学94号（2007年）49、73頁以下も参照。

35）Lynn Adelman & Pamela Moorshead, *Bad Law Make Hard Cases: Hate Crime Laws and the Supreme Court's Opinion in Wisconsin v. Mitchell*, 30 GONZ. L. REV. 1, 14 (1994).

36）CASS R. SUNSTEIN, DEMOCRACY AND THE PROBLEM OF FREE SPEECH 195 (Free Press 1995).

37）GERSTENFELD, *supra* note 12 at 51.

所属している（あるいは過去に所属していた）団体が証拠として用いられる
場合がある。しかしながら、日本では、差別的な表現は、名誉毀損や侮辱
となる場合を除いて、基本的に保護された言論である。また、差別的な思
想をもった集団に所属すること自体は違法ではない。これらの憲法上保護
された表現や結社を有罪の根拠にする場合、ヘイトクライム法は、憲法上
保護された表現や結社を事実上あるいは間接的に処罰することになるので
はないかが問題となる[38]。

　また、後に有罪の根拠とされることをおそれて、不人気な（しかし憲法
上保護された）表現をすることや結社への参加を差し控える——つまり萎
縮効果が生じる——のではないかが指摘される[39]。

　この点について、山邨俊英はアメリカ法を参考に、「関連性」の点から
検討する。山邨は、犯罪の遂行の際に差別的な表現をしない場合について、
ヘイトクライム法の執行者は被告人の以前の言動や所属する結社に依拠す
ることを指摘する[40]。憲法は、これを禁じているわけではないが、無制限
に認められると、萎縮効果の問題が生じる[41]。例えば、「日頃から友人に
対し特定の集団に対する差別意識を表すような発言をしていた場合」、こ
のような言論は表現の自由により保護されるものであるが、これが「差別
的な動機の証拠として用いられるならば、それは事実上」表現の自由の保
護をとり去ることになるのではないか、また、犯罪行為と直接的な関連性
がない表現が、差別的な動機の証拠として用いられるならば、人々は偏狭
な思想を表明するような発言を差し控えるのではないかなどといった問題
が指摘される[42]。このようなことから、山邨は、「保護される言論を証拠
として用いることは、時間及び距離的に近接した言論に限定されるべき
だ」と主張する[43]。

　これに対して、例えば、犯罪の遂行と同時に差別的な表現をする場合の

---

38) *Id.*at 52：山邨・前掲注7）140頁。
39) Gerstenfeld, *supra* note 12 at 52.
40) 山邨・前掲注7）158頁。
41) 山邨・前掲注7）157頁。
42) 山邨・前掲注7）158頁。
43) 山邨・前掲注7）159頁。

ように、「時間及び距離的に近接した言論を証拠として用いる場合、萎縮効果を生じさせる可能性は低い」[44]とされる。ただし、「敵対心を公然と顕わにしている状況では、暴力行為の実際の動機とは関係ない攻撃的なののしり言葉を使用することはよくある」ことなどから、犯罪行為と同時になされた言論が「被告人の動機を正確に反映しているとは限らない」[45]。そのため、「時間及び距離的に近接した言論を証拠として用いる場合」においても、「関連性の要件を満たすかどうかについて」は慎重に判断しなければならないことが指摘される[46]。

また、結社について、Ivan Hare は、被告人が特定の団体の構成員であることについて、犯行とは関係ない場合に抽象的に用いる場合は結社の自由の侵害となるが、それが犯行と直接関係がある場合に証拠として認定することが結社の自由の侵害とはならないとする[47]。つまり、ここでも犯罪と結社の近さが問題となる。

このように、証拠認定においてなんらかの制約がない場合には、これまでに読んだことのある本、聞いたことのある話者、支持したことのある結社などがすべて差別的な動機の証拠として用いられうるため、人々は自己の思想について自己検閲することになり、また他者の思想を読むあるいは聞くことを差し控えるようになってしまう[48]。そのため、以前の発言や所属した結社を動機の証拠とすることを無制限に認めることはできない。

ただし、当然ながら、萎縮効果が生じるからといってただちに違憲となるわけではない。最高裁は、ヘイト・スピーチが行われた場合に、表現内容の概要や表現活動を行ったものの氏名等を公表することなどを定める大阪市条例の合憲性が問題となった事件において、表現の自由は「立憲民主政の政治過程にとって不可欠の権利」であり、「民主主義社会を基礎付け

---

44) 同上。
45) 山邨・前掲注7) 157-158 頁。
46) 山邨・前掲注7) 158 頁。
47) Hare, *supra* note 11 at 432.
48) Sarah Gellman, *Sticks and Stones Can Put You in Jail, but Can Words Increase Your Sentence? Constitutional and Policy ilemmas of Ethnic Intimidation Laws,* 39 UCLA L. Rev. 333, 360-361 (1991).

る重要な権利」であるとして、表現の自由の重要性を確認しつつ、その制約は「公共の福祉による合理的で必要やむを得ない限度」でなければならないとする。そして、「合理的で必要やむを得ない限度」の規制として是認されるかどうかについては、「目的のために制限が必要とされる程度と、制限される自由の内容及び性質、これに加えられる具体的な制限の態様及び程度等を較量して決める」とする[49]。

むすび

　ヘイトクライム法は、ヘイトスピーチ法と比べて、その合憲性はそれほど問題とはならないと考えられている[50]。とはいえ、これまでみてきたように、ヘイトクライム法の合憲性がまったく問題にならないというわけではない。どのような保護法益あるいは保護集団があるのか、立法目的達成手段としてどの程度の刑の加重が適切なのか、証拠認定による萎縮効果をできるだけ避ける必要性など、検討すべき点は多い[51]。ヘイトクライム法を制定するならば、これらの作業が不可欠となる。また、それを通じて、ヘイトクライムとは何か、あるいは何が問題なのかが明確になっていくだろう。

49）最判令4・2・15民集76巻2号190頁。

50）ロナルド・ドゥオーキンは、①マイノリティ集団を、人種主義等に基づく暴力や差別から保護する必要はあるが、②その上流にある表現（ヘイトスピーチ）を規制することは許されないと主張する。ドゥオーキンは、すべての者が自らの意見等を表現する公平な機会をもたない限り、多数者の決定は、公平ではないため、②を規制するならば、①の規制の政治的正統性を損なうことになると主張する（☞Ⅰ部2章52頁）。Ronald Dworkin, *Foreward* to EXTREME SPEECH AND DEMOCRACY v, viii (Ivan Hare & James Weinstein eds., Oxford University Press 2009).

51）例えば、本稿で検討したように、ヘイトクライム法は思想の自由を制約する側面があるため、ヘイトクライムの害悪を慎重に検討してその対象を限定することが求められる。ヘイトスピーチ解消法が、社会的事実およびその害悪ゆえに対象を「本邦外出身者」に限定しているが、ヘイトクライム法も同様に対象を限定できるのか、などが問題となる。ヘイトクライム法の濫用やバックラッシュを防ぐためには、これらの点を検討することが重要となる。

2

刑法上の論点 I
差別犯の違法性

琉球大学教授
森川恭剛

1 はじめに

2009 年の京都朝鮮第一初級学校襲撃事件、2016 年の相模原障害者殺傷事件、そして 2021 年のウトロ放火事件はヘイトクライムであるとされる。これらの犯行は各々の基本犯に加えて差別犯としての性質がある点で共通する。本稿はこの差別犯の違法性、つまりヘイトクライムの行為の差別的な部分の刑法的意味を考察する。

しかし京都朝鮮学校や相模原の事件の刑事裁判は、各々の犯行の差別的な部分に向き合えていなかった（☞巻頭言 2 頁、6-8 頁）。前者の犯人らの言動は威力業務妨害罪や侮辱罪にあたると認められており、被害者ら（学校及びその生徒・教員・卒業生等の構成員ならびに学校法人）は犯罪的に傷つけられている（京都地判 2011・4・21 LEX/DB 文献番号 25471643）。しかしそれは「特定の民族等の属性を有する人々の社会的地位を害する表現行為」（ヘイトスピーチ）であって、その侵害客体は経済活動の自由や名誉というより尊厳や平等であったとされる[1]。本稿はこれを「基本犯（経済活動の自由や名誉に対する行為）＋差別犯（○○に対する行為）」の二重性にお

いて捉え、後者の侵害客体は何かを考察する。例えば衣服の上から人を刺せば身体に対する傷害行為と財産（衣服）に対する損壊行為があり、1個の振舞いで2個の犯罪行為が成立するが、損壊行為は傷害行為に吸収されて傷害罪のみが認められる。これに対して差別犯は、それ自体が独立した罪ではないとはいえ、基本犯に飲み込まれてはならない固有の違法性がある。

　また、後者は障害者支援施設で43名の入所利用者が次々に首などを刺され、殺傷されるなどしたという重大事件であったが、裁判では責任能力の有無が唯一の争点とされた。犯行動機は、同施設での犯人自身の勤務経験や国際的テロに関するニュース等の根拠に基づき、意思疎通のできない重度障害者を「不要の存在」とみなし、その殺害が世界平和につながると考えたことにあった。意思疎通の可否を判断したのはほかならぬ犯人である。裁判所は「到底是認できない内容とはいえ」、動機の形成過程に「病的な飛躍はなく、了解可能なもの」と認めた（横浜地判2020・3・16判時2482号105頁）。しかし精神の障害によるのかはさておき、そこにはまれにみる飛躍があったと受けとめ、その理由をつぶさに解明しようと試みるべきであった。これが易々と了解可能ならば、重度障害者らは、何人からであれ、そうであるとみなされれば次々に殺害されても同様に了解可能とされかねない。それが現実であると認めたのが判決であるならば、犯行の傷跡は社会的にも深く刻まれたといわねばならず、重度障害者らは生命を脅かされるほどの衝撃を受けたであろう。

　これらに対してウトロ放火事件の犯行動機は「在日韓国朝鮮人という特定の出自を持つ人々に対する偏見や嫌悪感等」に基づき、「社会の不安をあおって」「自分が思うような排外的な世論を喚起したい」などと考えたことにあった。判決はこれを被告人に不利益な量刑事情として明記した

---

1) 金尚均『差別表現の法的規制』（法律文化社、2017年）11頁。なお侵害客体とは、犯罪行為が侵害しようとする「価値あること」（本稿では「価値」と呼ぶ）を指す。日本の刑法学ではドイツ刑法学の用語を借りてそれを法益と呼んでいる。例えば殺人罪の法益は生命（生きていることの価値）であり、したがって殺人は生命侵害の行為として、すなわちその意味の違法行為として禁止される。本稿は差別犯が何の意味の違法行為として禁止されるのかを考える。

（京都地判 2022・8・30 裁判所ウェブサイト）。一般的にヘイトクライムでは犯人の動機が刑を加重する理由になる。しかし問題はこの動機重視の方法論にある。

というのは、差別的な動機は差別的な被害の深刻さと結びついており、後者の違法性の認識なくして罪の重さは理解できないからである。ヘイトクライムには錯誤相関があり、攻撃対象とされる人々に関する情報があれもこれも一括りに、「全体にはねかえってくる」ように差別の理由にされる。そのため1回の犯行がその直接の被害者を超えて当該特性を有する人々に対して広く脅迫的効果を及ぼす。ウトロ放火事件は「在日朝鮮人に対して日本社会が投げかける偏見のまなざしと攻撃の数々を再び想起させるもの」であり、「コリアンであれば誰でも攻撃対象になりうるという恐怖を、多くの日本在住コリアンたち……に抱かせることになった」[2]。

また、思想（偏見）の処罰が憲法 19 条に反するという問題がある[3]。例えば怨恨による犯行が被害者に対する憎悪の感情を表す行為であっても、その意味が社会的に共有されうるとは限らないのに対し、知的障害者や在日朝鮮人に対する偏見を動機とする犯行の表す意味が了解可能とされるのは、それが既に「思想」として知られ、偏見の象徴として機能しているからである。

一般的にも人の振舞いを行為として刑法的に意味づけるのは行為者の動機というより、その効果である。そして特に差別的な性質の行為の場合に動機ではなく効果を問う必要があるのは、その動機の自覚がなくてもそれが行われてきたからである。もし差別が法的に許容されればヘイトクライムは犯罪にもみえないかもしれない。

2) 板垣竜太「ウトロ放火事件公判への意見書」評論・社会科学（同志社大学社会学会）142 号（2022 年）159 頁以下。
3) 桧垣伸次『ヘイト・スピーチ規制の憲法学的考察』（法律文化社、2017 年）88 頁。☞Ⅲ部 1 章 145 頁以下。

2 刑法の差別機能の反省

例えば旧優生保護法（1948年法律156号、1952年改正法律141号）の優生手術規定（3条1項4、5号を除く）の差別性は、いまから省みれば明白であった。同法は「優生上の見地から」人間を「良」「不良」に分け、この価値的な優劣の判断に基づき、後者を不利益に取り扱えるとしていた。法制定当時はこれが「公益上（の）必要」によるものであり、憲法違反はなく、さらに「身体の拘束、麻酔薬施用又は欺罔等の手段を用いることも許される場合がある」（厚生省1953年各都道府県宛通達）と考えられていた。刑法学も同規定は優生手術を法令行為として正当化するものと説明してほとんど疑問を感じてこなかった。

しかし旧優生保護法国賠裁判では、同規定は憲法13条と14条1項に反するとされて国に損害賠償が命じられた（大阪高判2022・2・22判時2528号5頁、東京高判2022・3・11判時2554号12頁等、ただし国が上告）。不妊手術を強いれば生殖行為ができなくなるのは明らかであったが、そこに違憲の犯罪的結果（仙台地判2019・5・28判時2413＝14号3頁によれば「リプロダクティブ権」侵害）があると認識できなかったのは、その被害を見過ごせるほどの利益が「優生上の見地から」認められ、それが医療行為として行われたからである。これはヘイトスピーチの規制消極論が表現の自由を重視し、その被害を軽視するのと似ており、それゆえ規制積極論は尊厳や平等を脅かすほどの被害があると強調する。もちろん優生手術の「侵害利益＜保全利益」が公益重視であるのに対し、規制消極論のそれは個人の自由権を擁護するものであり、優生手術の被害者の場合もその自由権が擁護されねばならなかったと反省するのであれば、両者を同視するのは誤解といえる。しかし差別の効果をもたらす行為が正当化されて、そのため被害が過小評価される点では同じである。旧優生保護法は「優生思想に基づく部分が障がい者に対する差別となっている」ため、1996年に削除されて母体保護法に改正された。それから2018年に被害者らが国賠裁判を提起するまで、さらに22年間を要したが、それでも除斥期間の適用が制限されたのは、法廃止後にも及んだその差別的効果の継続性を認めざるを得なかったからである[4]。

つまり同規定が憲法13条に反すると認識できなかったのは、優生手術が14条1項の価値に反する差別行為であると認識できなかったからであると考えてみるべきであろう。理論的には優生手術が合理化されたのは旧法が優生主義を謳ったからであるが、人々がそこに囚われたのは優生手術の差別的効果を認識できず、それが差別行為であるとは考えられなかったからではないか。同様に憲法学は、旧らい予防法の強制入所措置について「本人の保護と社会への影響を考慮した居住・移転の自由に対する合憲的制約」と説いていた[5]。この差別問題については後述するが、まったくといってよいほど隔離政策によるハンセン病差別の被害が見過ごされていた。

差別が差別と法的に認識されてこなかった理由を取り除かなければ、差別犯の違法性を認識するのは困難である。一例を挙げて、まずはその根の深いことを指摘しておこう。刑法旧200条の違憲性は次のように説明されている。もともと最高裁は、刑法の尊属犯罪重罰規定が、家族関係に関する「人類普遍の道徳原理」の観点から、卑属を不利益に取り扱うことは、合理的であり、憲法14条1項に反しないと解していた。しかし最大判1973・4・4刑集27巻3号265頁によれば、刑法旧200条は「日本国憲法により廃止された『家』の制度と深い関連を有し」(多数意見)、その問題点は「法定刑が極端に重い刑のみに限られている点に露呈されている」(岡原昌男補足意見)。それゆえ同条の卑属身分による異なる取扱いは合理的ではないという。こうして被告人は卑属身分による不合理な重罰化という不利益処遇から救い出された。しかし、その違憲の差別的取扱いが普通殺人を犯した者との比較において法定刑が厳しいことにあったというのであれば、田中二郎の意見が指摘したとおり、憲法36条(残虐刑の禁止)に

4) 川島聡「旧優生保護法と障害者差別」賃金と社会保障1807=08号(2022年)27頁以下、市野川容孝「優生保護法が犯した罪」同56頁以下。なお、校正中に参照しえた最高裁大法廷2024年7月3日判決(LEX/DB文献番号25573621)は、国が、約48年もの長期にわたり、「正当な理由に基づかずに」特定の障害等を有する者等を「差別して」重大な犠牲を求める施策を実施してきたことなどを指摘して、除斥期間の適用は「信義則に反し、権利の濫用として許されない」と判示した。

5) 大石眞「ハンセン病訴訟と憲法上の立法義務」判例時報1748号(2001年)5頁。引用文は「自戒を込めた感想」として記されたものである。

反すると判断してもよかったのである。そしてこれは同条の目的がそもそも憲法 13 条と 14 条 1 項に反するとした田中意見やこれを支持する通説にもいえることである。

なぜなら同条が「旧家族制度的倫理観に立脚するもの」であって違憲なのであれば、わざわざ「家」制度の問題を離れて普通殺人をした者を引き合いに出し、尊属殺人をした者との区別を論じる必要がないからである。差別は、被害者と加害者を人と人ではなく尊属と卑属とみなす点、具体的には、被害者が親権を濫用し、あたかも「家」制度の妻の身分的秩序に娘を服従させるかのように行為できたことにあった[6]。それゆえ、もし「旧家族制度的倫理観」の要保護性を認めて重罰規定が適用されるならば、刑法は、その種の差別の現実に無頓着なまま、これを助長し、温存するかのように機能する。優生手術の場合は正当な法令行為と解釈されたため間接的に、刑法的にも差別が助長・維持されたが、ここでは残存する「家」制度的な差別を前提にして刑法が人を卑属として不利益に取り扱うのであるから直接的な差別行為（そして重罰化は犯罪的）である[7]。それゆえ同条は、この意味の刑法の（犯罪的）差別機能を反省して憲法 14 条 1 項に反すると判断されねばならなかった。

3 差別の違法認識の誤り

このように差別のないところにも区別をみて「差別」があるといえてしまうのは、差別の違法認識の方法論に誤りがあるからである。そのためヘイトスピーチ論では、権力による濫用防止のために、その規制対象を「マ

---

6) 大法廷判決が述べたとおり、被害者である父親は「尊属でありながら卑属に対して非道の行為」に出た。それは具体的には娘に対する「父の性暴力支配」を指す（若尾典子「『少女支援』を考える」ジェンダー法学会編『講座ジェンダー法』2 巻〔日本加除出版、2012年〕213 頁）。これに対して本稿は、被害者の行為を基本犯（性犯罪の行為）と差別犯（「家」制度的な差別行為）の二重性で理解する。

7) 「ハンセン病を理由とする開廷場所指定に関する調査報告書」（最高裁判所事務総局、2016年 4 月）は、ハンセン病特別法廷について、「合理性を欠く差別的な取扱いであった」と強く疑われ、「一般社会における偏見、差別を助長するもので、深く反省すべきである」と指摘する（47 頁）。

イノリティに対する差別的表現」に限定すべきであるとされる。例えば在日米軍に対する批判を内容とする政治的活動は「本邦外出身者に対する不当な差別的言動」に含まれない[8]。つまりマイノリティとは被差別集団をいうので、集団間の差別関係を前提にしてヘイトスピーチが規制される。ところがヘイトクライム論では、いまのところこのような指摘はみられない。表現行為ではなく、犯罪行為の禁止と権力の濫用とが直ちに結びつかないからであろう。理論的にも、等しくあるべき者らの間にある区別の合理性を問い、不合理な区別を「差別」とみなす平等論（判例・通説）によれば、その属性を理由（動機）にして在日米軍構成員や軍属またはそれらの家族を異なって取り扱う行為も、不合理であれば、「差別」行為とみなされる。

　では、1970 年 12 日 21 日未明のコザ事件（Koza Riot）で 70 数台の米軍関係車両が沖縄の住民らによって路上で焼損されたが（福岡高那覇支判 1976・3・17 判例集等未掲載）、そこに差別犯の違法性を認めうるのだろうか。アメリカ統治下の沖縄には憲法が適用されず、事実上も法令上も米軍構成員等と沖縄の住民との間に平等はなく、その間の区別の合理性などは問われもしなかった。「優生上の見地」による「良」「不良」の区別の合理性が長らく疑われなかったように。米国民政府布令 68 号（琉球政府章典）5 条 2 項は All of the people shall be respected as individuals and held equal

---

8) 師岡康子『ヘイト・スピーチとは何か』（岩波書店、2013 年）209 頁、法務省人権擁護局作成のヘイトスピーチ解消法に係る「参考情報（その2）」（https://www.moj.go.jp/content/001308139.pdf）6 頁。師岡は、在日米軍構成員は「非支配的な立場」にないのでマイノリティとはいえないと述べる（同書 41 頁）。なお、目取真俊の短編集『魂魄の道』（影書房、2023 年）所収の「闘魚」では米軍基地ゲート前で座り込む者が「防衛局ぬくさり（腐り）ないちゃー、やがまさぬ黙れ、いったーや沖縄から出て行け」と罵声を飛ばす。これを民族事由の動機によるヘイトクライムかと問うのではなく、これが侮辱にもならない理由を説明する必要がある。同書所収の「斥候」は、沖縄戦時に旧日本軍の斥候として米軍協力者の村民 2 名を通報したため、その 2 名が殺害されたという負い目を抱えて戦後 77 年間を生きてきた当時 15 歳の元護郷隊員の物語である。彼が 80 代のとき、ある老女の沖縄戦証言映像で、同じ集落の中に米軍ジープに同乗しただけの父親を密告した「やなくさりむん（嫌な腐れ者）」がいたと吐き捨てる場面を観る。老女は、彼の友人の姉であった。つまり物語は、その老女や元護郷隊員の戦後の苦難が、沖縄戦時だけでなく現在も日本政府の行為により作出・助長・維持される沖縄差別の被害であることを示唆する。それゆえ防衛局員の行為は差別的であって腐っていると批判される。

under the law と規定したが、the people は「沖縄の住民」と訳された。両者の間に存在したのは沖縄の住民に対する差別であって、この差別から早く、たとえ一時でも、逃れ出ようとした行為が「差別」行為になるとは思いもつかないことであった。

　占領者と被占領者の間の絶対的平等ははじめから排除されていた。両者の区別を認めるまでもなく歴然と差別があった。しかし憲法が適用されると、差別は残ったのに（原則として基地内への移動の自由が奪われ、また刑事裁判権「密約」により「実質的に重要な事件」でなければ犯罪被害を受けても責任を問えないなどの不利益を被るほか、軍隊や軍人は恐怖や逆に畏敬の対象になるため対等に交流できるとは限らず、英語が話せなければ沈黙を余儀なくされることなど）、差別のないところでも、等しくあるべき者らの間にある区別の合理性を問うことができる。平等論は、こうして憲法なき占領下にあるようなジレンマを抱え込む。区別のあるところに「差別」を認めうるが、他方で区別の中に差別が放置される。無自覚と自覚的とを問わず、合理的とみなされれば、差別が許容される。

　この平等論によれば、一方で平等は当為であるが、他方で存在するのは、まずもって差別ではなく区別である。その絶対的平等観の根拠は各個体の中にあるため（人格や尊厳として）、特定の個体間の関係性は他個体との区別をもち込むものとみなされ、社会のあらゆる局面で区別の合理性が問われる（ＡとＢの相対的平等はＢとＣの区別の合理性を前提にすることになる）。いきおい法解釈論は諸々の区別の合理性審査に傾く。「等しきを等しく」扱うべきであるが、同時に「等しからざるを等しからざるように」扱うべきである。そして不等であることは多元性の自由としては肯定されるべきであるから、多用されるのはむしろ不等の形式的処遇定式である。それは積極的差別是正措置の処遇定式でもあるとされるが、現実的には、そこに差別が紛れて放置されてきた[9]。

　あらためて旧優生保護法国賠裁判の諸判決をみると、優生手術規定は、

9）憲法 14 条 1 項は差別禁止の理念を欠いて差別を助長してきたと指摘されている（木村草太『平等なき平等条項論』〔東京大学出版会、2008 年〕53 頁以下）。ただしその理念不在の原因は、同条項前段の価値が専ら区別の合憲性審査機能にあると解されるところにある。

他者との比較を絶して差別的であったと判断されている。その明白さとは、しかし、「憲法なき差別」の実態の価値侵害性を直視したというより、人間の「良」「不良」の区別が絶対的平等観に反するということでしかないのかもしれない。旧法が比較をしたのは被施術者の不利益と子孫の「不良」性であったが、この衡量の結論が現在も自明でないことは、相模原の事件で指摘があったとおりである[10]。通説的には身体・精神の機能障害等を区別の理由にして被施術者が不合理に取り扱われたことに「差別」があり、その不合理さとは優生主義の誤りにある。優生手術が個人の尊厳を否定するほどの被害をもたらすとは認識できていなかったという反省となり、それゆえ「差別」を疑えなかったと弁解できる。しかし「平等の当為→区別の存在→『差別』審査」の平等論が差別を見過ごしてきたのである。優生手術規定が40数年間に及んで運用され続けたのは、その効果に無自覚であったというより、医療行為として無自覚が装われたからであり、その違憲性は、組織的な差別行為であって身体侵襲的なヘイトクライムであったことにあるのではないか。優生手術規定の運用は差別を作出・助長・維持したから差別的なのであって、その眼前の差別の中に位置づけて優生手術の行為の価値侵害性を直視しなかったから、漫然と見過ごせたのであろう。現在も区別審査の平等論は、胎児の障害等を理由とする選択的人工妊娠中絶について、そこに問うべき人格間の区別を認め得ないため、母体保護法が間接差別的に運用されていることを問題視できていない。

4　差別被害と人生被害

　組織的で犯罪的な差別行為の見過ごしという点では、ハンセン病隔離政策も同じであった。熊本地判2001・5・11判時1748号30頁によれば、らい予防法の隔離規定（6条、15条、28条）による人権の制限は「人として

---

10)「その犯行は残酷で恐るべきものです。しかし、私たちと容疑者がまったく無関係だとは言い切れないと、私たち自身が心のどこかで気づいてしまっている面があるのではないでしょうか。」（福島智「相模原障害者施設殺傷事件に潜む『選別』と『排除』の論理」藤井克徳ほか『生きたかった』〔大月書店、2016年〕42頁）。

の社会生活全般にわたるもの」であり、そのため「人として当然に持って
いるはずの人生のありとあらゆる発展可能性が大きく損なわれる」ことに
なった。同法6条は強制入所規定、15条は外出制限規定（極めて例外的な
場合に所長の許可をえて外出を認める）、そして28条は外出制限違反者に対
する罰則（拘留または科料）規定である。この隔離規定は「遅くとも昭和
35年には」「その合理性を支える根拠を全く欠く状況に至っており、その
違憲性は明白となっていた」。なぜなら同年には医学的にみて「すべての
入所者及びハンセン病患者について隔離の必要性が失われたというべき」
であったからである。こうして元患者らは憲法22条等の諸々の人権を著
しく制限されたが、その実態は「より広く憲法13条に根拠を有する人格
権そのものに対するもの」と理解された。

　旧優生保護法裁判とは異なり、ここでは隔離政策の合理性が争点になり、
1960年まではいちおう合理的とされており、また、憲法14条1項違反も
認められなかった。しかし同判決も認めたとおり、1953年の新法制定当
時において「病型による伝染力の強弱のいかんを問わずほとんどすべての
ハンセン病患者を対象としなければならないほどの隔離の必要性は見いだ
し得ないというべき」であったのに、全患者隔離政策が続いたので、その
いうところの人格権侵害がもたらされた。そして同判決は、憲法14条1
項違反を認めなかったが、損害論と除斥期間論でそれぞれ次のように述べ
たのである。まず、原告らの共通損害としては次の2つの「社会内で平穏
に生活することを妨げられた被害」がある。第1に「隔離による被害」
（「入所期間中に新法15条による自由の制約下に置かれていた」こと）、第2に、
原告らは「ハンセン病に対する誤った社会認識（偏見）により」「社会の
人々から様々な差別的取扱いを受けた」が、そのこと自体は「賠償の対象
とすべきものではなく、そのような地位に置かれてきたことによる精神的
損害」がそれである、と。次に、本件違法行為による被害は「療養所への
隔離や、新法及びこれに依拠する隔離政策により作出・助長・維持された
ハンセン病に対する社会内の差別・偏見の存在によって、社会の中で平穏
に生活する権利を侵害されたというものであり、新法廃止まで継続的・累
積的に発生してきたものであって、違法行為終了時において、人生被害を
全体として一体的に評価しなければ、損害額の適正な算定ができない」と。

つまり同判決によれば、90年間に及ぶ隔離政策によりハンセン病差別が作出・助長・維持されたため、ハンセン病と診断された者らは差別される地位に置かれることになり（差別被害）、それゆえ、療養所からの外出の自由が侵害され、またさまざまな差別的取扱いを受けて精神的に傷つけられるなどの被害（社会内で平穏に生活する権利侵害）を継続的・累積的に受けた（人生被害）。つまり共通の差別被害が各人に共通する人生被害を与えた。いいかえれば療養所に入所させる行為等が差別的に、人生被害をもたらした。ここにヘイトクライムと同様の二重の違法性が認められる。強制の隔離・労働・断種・堕胎等は犯罪的である。けれども詳しくみれば、人生被害を包括的意味の人格権侵害と捉えるとしても、その内容は、各人共通のものとしては希薄になっている（判決は「優生政策による被害」と「患者作業による被害」を「隔離による被害を評価する上での背景事情として見る」と述べたが、これがどのように損害額算定に影響したのかは明らかではない）。差別される地位に置かれたならば「社会の人々から様々な差別的取扱いを受け」、平等権が侵害されるのだから、そこを共通損害として重視すればよさそうなものである。それなのに同判決は憲法14条1項違反を認めることができなかった。その理由としては次の2点である。

第1に、逆説的であるが、同判決が1960年までの隔離政策を正当とは決して考えなかったことである。隔離の必要性がまったく失われたのは遅くとも1960年であるから、たしかに同年までは合理的な異なる取扱いとして入所措置の正当化されうる者がいたことになり、反面で同年以降の「隔離による被害」は違憲の隔離規定による異なる取扱いの結果であるから、同年以降の人生被害に不合理な「差別」があるとすることはむしろ容易であった。しかし一部の患者の入所措置を正当化しえたとしても、それは全患者隔離政策を見直さず、差別を作出・助長し続けることの理由にはならない。前述のとおり、1953年の新法制定当時において全患者隔離の必要性は「見いだし得ない」。「当時のハンセン病医学の状況等に照らせば、新法の隔離規定は、新法制定当時から既に、ハンセン病予防上の必要性を超えて過度な人権の制限を課すものであり、公共の福祉による合理的な制限を逸脱していたというべき」であった[11]。

同判決は、1965年になっても隔離規定を改廃しなかったことは「極め

て特殊で例外的な場合」にあたるとして国賠法上の違法性を認めた。それは 1960 年に全入所者・全患者の隔離が不要となり、隔離規定が全く根拠を欠き、その違憲性が明白になってから 5 年後にあたる。この違法判断のために違憲判断には慎重を期したのであろうが、それでも既に 1953 年に全患者隔離政策を続けることは「公共の福祉による合理的な制限を逸脱していた」。つまり区別審査の平等論で 1960 年以降に憲法 14 条 1 項違反の「差別」を認めれば、正当化できない差別被害が平等条項の名の下に許容されるという矛盾は隠せない。

　第 2 に、平等権が差別されない自由（不合理に区別されて不利益に取り扱われない権利）を意味するのであれば、差別被害においてその侵害を認めたところで共通損害が重くなるとはいえないことである。前述のとおり、2 つの共通損害のうちの 1 つは「ハンセン病に対する誤った社会認識（偏見）により、原告らが社会の人々から様々な差別的取扱いを受けたことそのもの」（諸々の権利侵害）ではなく、また「そのような地位に置かれてきたこと」（差別被害）でもなく、「そのような地位に置かれてきたことによる精神的損害」、すなわち差別される地位にあれば精神的自由が侵害されることであった。差別される地位に置かれて他者との関係が被差別的になるとき、実際に差別的に取り扱われ、またはそれを恐れて精神的自由が害され、場合よっては個人の尊厳が脅かされる。その程度は各人各様であるから、誰であれ差別されない自由が少なくとも精神的に損なわれるという限度で共通損害が認められた。

　ところでヘイトスピーチ論でも「居住する地域において平穏に生活する権利」（川崎市差別のない人権尊重まちづくり条例 12 条の行為の侵害客体）への言及がある。「承認としての尊厳」説によれば、尊厳への攻撃は、その攻撃対象の人々の社会的地位の低下として現れるが、より具体的には、それは社会生活上の平穏の価値（個人的な平穏生活権または社会的な平穏生活

---

11) 熊本地判 2020・2・26 判時 2476 号 44 頁は、菊池事件の被告人について、1960 年以前であっても、「ハンセン病に罹患しているという事実のみから」、その刑事裁判を特別法廷で行ったことは、予防衣やゴム手袋等を使用した審理の進め方も含めて憲法 14 条 1 項に違反すると認めた。

環境)を侵害し、または危険にする行為として禁止される[12]。これは人間の性の価値が個人的・社会的に刑法上保護されるのと同様な考え方であり(不同意性交罪やわいせつ物頒布等罪)、実際にポルノグラフィ(女性差別的な内容のもの)とヘイトスピーチは、その標的とされる者らからすれば、「そこで暮らすことがはるかに困難になる世界」を定義・表示して「社会の尊厳ある秩序」をかき乱すものである点で類似するという[13]。尊厳が個体の外側にあり、集団的に、また個人的にも保護されるとする点が興味深い。そうすると問題は、尊厳の承認された状態において尊厳があり、それゆえ平穏な日常が保護されねばならないと理解するとき、その平穏さとは、差別されない自由(不合理に区別されて、社会参加等の自己実現の機会を奪われない権利)が集団的・個人的に保障されることを専ら意味するのか、という点にある。

　らい予防法の廃止後、隔離政策の被害者らは「見えない壁」があると述べていた。ハンセン病差別が解消されておらず、安心して他者と関われないという趣旨であるが、そのため社会参加が困難であるというのは、具体例を挙げれば、後遺症のある手を差し出して他者と握手することがためらわれることなどだという。握手は互いに打ち解けて出会いを有意義なものにするために行われる。他者との関わりとは他者を選び取ることであり、自由な個人の自己実現の機会(社会参加の権利等)として等しく保障できれば(誰とでも握手できるようになれば)理想的である。ただし、その条件は他者の任意の同意があることであり、これが差別されない自由を制限する理由として立ちはだかる(病原体の感染のおそれが接触を難しくする)。自由が法の根本原理と解される限り、自由と平等(差別されない自由)との綱引きは、後者に不利である。

　しかし他者との関わりは、他者と喜びや哀しみを分かち合う機会でもある。その分かち合いを目的として同時一緒に同じように振る舞うとき、そ

---

12) 櫻庭総「ヘイトスピーチ規制の保護法益と人間の尊厳」山口経済学雑誌69巻6号(2021年)147頁以下、奈須祐治「社会的法益を根拠としたヘイトスピーチ規制の可能性」西南学院大学法学論集55巻1号(2022年)26頁以下。

13) ジェレミー・ウォルドロン(谷澤正嗣＝川岸令和訳)『ヘイト・スピーチという危害』(みすず書房、2015年)86頁以下、105頁以下。

の行為共同が個体間の差異を捨象して等しさをつくる。個体間の関係性は「不等」を「等」に変えることができる。握手のような挨拶形式は人間が等しく向かい合うための行為コードである。平等は到達できない当為ではなく、なんでもない行為共同を通して実現されていく。隔離政策が作出・助長・維持した差別被害において失われたのは、自己実現の機会でもあったが、そうした個体間を等しくする日常の諸々の行為共同という交わりの社会関係でもあった。もちろん握手ができなければ直ちに違法なのではないから、公共の福祉との関係は問われる。しかし、そこに認めうる平等権の侵害は差別されない自由の侵害とは原理的に異なる点に注目したい。そして、この意味の平等権侵害が差別禁止規範（憲法 14 条 1 項後段の「差別されない」）の対象であれば、それは差別が作出・助長・維持されることにおいて集団的に個々人にもたらされていたのだから、同法の隔離規定は、隔離政策による差別被害という共通損害を根拠にして、遅くとも 1953 年には違憲性が明白であったと判断することができた[14]。

5　平等論再考

　組織的ヘイトクライムが見過ごされたことには理論上の理由があった。差別禁止事由が差別に中立的な区別の概念であるならば、それを動機とする他者の異なる取扱い（ヘイトクライム）を、差別禁止の観点から、重い刑に値するとみることはできない。差別犯の違法性を解明するためには平等論を見直さねばならない。以下はそのスケッチである。

　憲法 14 条 1 項後段は人種、信条、性別、社会的身分又は門地による差別を禁止する。なぜなら歴史的に黒人差別や女性差別があって、いまなおそれらを理由とする差別行為が絶えないからである。いいかえれば社会的

---

14) 隔離政策の違法性については森川恭剛『ハンセン病差別被害の法的研究』（法律文化社、2005 年）等で論じたことがある。また、個体間で等しさがつくられること（行為論的平等論）については同『性暴力の罪の行為と類型』（法律文化社、2017 年）146 頁以下。なお、差別問題を考える上で自己実現の機会の平等と平等（交わり）の機会そのものとの区別は重要である（ジェイムズ・T・パターソン／籾岡宏成訳『ブラウン判決の遺産』〔慶應義塾大学出版会、2010 年〕31 頁以下）。

な差別の現在性（またはその作出可能性）を前提にして個々の差別行為があり、その種のあらゆる差別行為は、その差別的な社会制度・慣行に組み込まれる行為として違法である。不合理な区別だから「差別」なのではなく差別だから不合理である。学説の中にも列挙事由による異なる取扱いは原則として認められないとする有力説があるのはこうした常識的な考え方によるだろう。

ただし上記事由は例示である。ちなみに子どもの権利条約２条１項は皮膚の色、言語、意見、財産及び障害も列挙する。ここから判例・通説は、例えば公務員の採用試験で受験番号の偶数者が、偶数番号を理由にして不合格になれば、それも不合理な「差別」的取扱いとみなす。偶数番号者に対する差別なるものは社会的に存在せず、それは差別に対して中立的な概念であるから、これを強いて差別的と呼ぶ必要はもともとない。もし受験機会の均等が各人に受験の自由を保障する手段であれば、それは基本的に職業選択の自由等を不当に侵害する「不合理な」取扱いにすぎない。しかし、これを差別の基本形とみなせば平等論は差別問題から遠のいていく。

それゆえ近年の憲法学は「平等の二層構造」に言及する。差別の被害者の社会的地位の格下げ（スティグマの押しつけ）がある場合と単なる権利・義務の不利益配分がある場合とを区別する考え方であり、それぞれ反従属と反別異の視点で、前者についてはより厳格な基準で合憲性を審査し、差別行為を認識すべきであるとする[15]。反従属の視点は、集団間の支配と従属の等しからざる差別関係を是正するために打ち出されている。

この見解によればいわゆる逆差別事例で、男性が、女性と同じ基準で競えない（例えば女性限定枠に応募できない）のは、男性差別の歴史的背景がないからである。これに対して女性が、男性と異なる基準で不利益に取り扱われる場合は、反従属の視点で厳しく審査され、原則として不合理であると判断される。こうして男性の権利の制限は許容されるが、女性の異なる取扱いは「差別」行為と認識されて禁止される。つまり男性の場合は権利の制限にすぎないからその区別は合理的とされるが、女性の場合は格下

15）安西文雄ほか『憲法学読本〔第３版〕』（有斐閣、2018年）103頁以下［巻美矢紀執筆］。

げにあたるから不合理とされる。しかし、ここで説明を要するのは、男性の場合に「不等を不等に」の形式的処遇定式が用いられるのに対し、女性の場合は、支配と従属の等しからざる関係性を等しくしようとしていること、すなわち後者では形式的処遇定式が用いられないことなのである。

　前述のような逆差別事例で、本来的な男女間の平等を仮定し、「等しきを等しく」の形式的処遇定式で女性の優遇措置の適法性を説明すれば、男性の権利の制限について「不等」のそれを用いることは言うまでもなく矛盾する。しかし「一人＝一人」の価値は行為論的に説明できた。それならば女性の優遇措置の適法性にせよ、格下げの違法性にせよ、差別のあるところでは「不等を等しく」という差別是正の実質的処遇定式を用いることができるし、また、平等を目的にしてそうすべきである。差別は、等しからざる者らが同時一緒に同じ行為をして等しくなることを妨げる。その行為共同があっての平等であるから、差別は平等の条件（等しくなる行為共同の場）を奪うといえる。それゆえ「不等を等しく」するのは、むしろ平等の１次的ルールである。

　これに対して「等しきを等しく」の形式的処遇定式は、等しくなる者らの間で用いられる平等の２次的ルールである。例えば双六やトランプの遊びをすれば、大人も子どももルール上は一人であり、誰もがルールに従って同じように行為することで一緒に楽しめる。その楽しみを分かち合えるように遊びにもルールがあって一対一の関係がつくられる。一見すると、最初から一対一の平等が用意されているが、そうではなく、同時一緒に同じ行為をすれば、そこに等しさが生まれるので、その結果を導けるように一対一が仕組まれる。だから一対一の行為コードの土俵に上がれば各人は等しく扱われる。人格価値の絶対的平等観は、この２次的ルールを人間社会の隅々にまで張りめぐらそうとしたのではなかろうか[16]。

　しかし現実的に追求できるのは時間・場所・他者を限定する相対的平等である。そのうえで「等しきを等しく」の当為に導かれるように「財」の

16）そのためゲームは平等を目的にするのではなく、むしろ自由な個人の自己実現の機会であり、勝敗を決し、勝者をその功績に応じて優遇するための手段と考えられている。学歴重視の受験競争が子どもらを疲れさせているのは、その弊害の一例である。

第Ⅲ部　ヘイトクライムと日本法

再配分を通して実質的平等が目指されてきた。それは基本的には自由な諸個人の所有における格差是正の平等論である。人間らしい社会生活（「生存ゲーム」への参加）のためには最低限度以上の「財」が必要であるからその意義は否定できない。しかし平等の根拠を各個体の中にある人格や尊厳に求めて、差別されない自由という「財」の均等保障を説いても、それらが近代法における自由の根拠であるから、ここでも自由の原理が立ちはだかる。

　それゆえ平等とは、もともと「不等を等しく」することであると考えたい。「不等を等しく」するのが平等であるのに対し、「不等を不等に」するのが自由であれば、これらは異なる原理に基づく。むしろ意思の自由を有する個体の行動を抑制できる人間社会に特徴的な価値が平等であると理解することもできる[17]。したがって差別のないところで「不等を等しく」扱えば、それは公共の福祉により（自由社会の名において）制限されうるが、他方で、差別のあるところで「不等を不等に」扱うのは、公共の福祉により（平等社会の名において）禁止される。ただしこれは被差別集団のアイデンティティが否定されるという趣旨ではない。この禁止規範の根拠は、集団間の差別関係が個体間の等しくなる行為共同を通して是正されうるところにある。

　さて、そうするとヘイトクライムは差別犯として、この意味の平等を侵害客体とし、差別を作出・助長・維持する。京都朝鮮第一初級学校襲撃事件のような場合、それは個人に対する差別行為でもあり、差別的取扱いの罪（労働基準法3条、119条1項など）がそうであるように、個人の平等権を直接に侵害する。しかし前者が平等の1次的ルールを攻撃するのに対し（加害者と被害者との接遇は等しくなるためのものでない）、後者では平等の2次的ルールが破られる点に違いがあり、自由の価値との衡量上、1次的ルールを直接に保護する刑事規制は例外的な場合（私見によれば性暴力など）に限定される。つまり差別犯ならではの違法性は、個体間が等しくなるための個々の機会ではなく、その条件が社会的次元で奪われていくこと、つ

17) 寺嶋秀明『平等論』（ナカニシヤ出版、2011年）はヒトにおける社会と平等性の進化を論じ、平等の価値を人間社会の基盤に据えている。

まり集団間で差別関係が作出・助長・維持され、その限りで平等が台無しにされてしまうところにある。

したがってヘイトクライムは差別犯である分だけ罪が重いのであるが、自由を原理とする刑罰論では（自由のために自由を制限できるので）応報的な観点から自由刑が一般的であるのに対し、平等を攻撃する差別犯は平等の回復を目的として修復的に刑を執行することが相応しいであろう。

3

刑法上の論点Ⅱ

ヘイトクライムの
規制手段としての量刑
──その可能性と限界

広島修道大学助教
十河隼人

1　はじめに

　刑事法的な規制手段を用いてヘイトクライム[1]に立ち向かううえでは、量刑加重による対応が有力な選択肢となる。比較法的にみても、量刑（に関する立法）は、ヘイトクライムの刑事規制において大きな、積極的な役割を果たしている[2]。

　もっとも、わが国の文脈では、量刑は消極的な役割をも果たしている。すなわち、ヘイトクライムの刑事規制に対する消極論の根拠として、量刑

---

1) 本稿ではこれを大まかに、〈特定のアイデンティティないし集団的属性への偏見を動機としてなされる犯罪〉、約言すれば〈差別的動機に基づく犯罪〉と理解しておく。ヘイトクライムの定義と歴史について詳しくは、奈須祐治『ヘイト・スピーチ法の比較研究』（信山社、2019年）40頁以下、マーク・オースティン・ウォルターズ（寺中誠監訳／福井昌子訳）『ヘイトクライムと修復的司法』（明石書店、2018年）29頁以下、桧垣伸次『ヘイト・スピーチ規制の憲法学的考察』（法律文化社、2017年）61頁以下など参照。See also MA Walters, *Criminalising Hate: Law as Social Justice Liberalism* (Palgrave Macmillan, 2022) 100 ff.
2) 詳細は、本書所収の櫻庭論文を参照。

がもち出されているのである。経緯を説明すると[3]、まず、わが国も加入する人種差別撤廃条約（以下、「条約」とする）[4]第4条（a）および（b）は、締約国の義務として、人種差別思想の流布や他人種集団に対する暴力行為、あるいは人種差別を助長・扇動する団体への参加等を、「法律で処罰すべき犯罪（an offence punishable by law）[5]」とすることを求めている。これに対してわが国は、両規定に留保を付し、上記行為の犯罪化等の立法措置をとっていないが、その理由の1つとして、第7〜9回政府報告において、「人種差別的動機は、我が国の刑事裁判手続において、動機の悪質性として適切に立証しており、裁判所において量刑上考慮されているものと認識している」[6]と述べているのである。同報告を受けた委員会総括所見は、「締約国の法制が条約第4条の全ての規定を完全に遵守していないことを懸念」し、「締約国が、第4条の規定を実施するために、法の改正、とりわけ刑法を改正するための適切な措置をとることを勧告」しているが[7]、わが国は、第10〜11回政府報告においても、条約第4条に関する逐条報告の中で、同一の主張を維持している[8]。

　以上からは、〈わが国政府は、人種差別的動機を量刑において考慮できることが、ヘイトクライムの刑事規制に向けた特段の立法措置が不要であ

3) 詳細は、さしあたり、申惠丰「人種差別撤廃のための国内法整備」法律時報92巻11号（2020年）104頁以下を参照。
4) 同条約の和文および関連する政府報告・委員会総括所見の仮訳については、外務省ウェブサイト（https://www.mofa.go.jp/mofaj/gaiko/jinshu/index.html：2024年8月26日最終閲覧）を参照。
5) 外務省の仮訳ではこのように訳されているが、「法律上可罰的な罪」との訳も思い浮かぶ。
6) UN Doc. CERD/C/JPN/7-9（2013），para.93.
7) UN Doc. CERD/C/JPN/CO/7-9（2014），para.10.
8) UN Doc. CERD/C/JPN/10-11（2017），para.136. なお、自由権規約20条2項との関係でも、わが国は、第7回政府報告において、「人種差別的な動機を量刑の加重事由とする刑法上の規定はないが、個別の事件の量刑の判断に当たり、動機についても適切に考慮される」と説明している（UN Doc. CCPR/C/JPN/7（2020），para.33; see also UN Doc. CCPR/C/JPN/QPR/7（2017），para.6（e））。自由権規約委員会は、これを受けた総括所見において、「人種差別的な動機が、裁判官の判断にかかる、量刑加重を導く可能性のある事由として位置づけられているにすぎないこと」に懸念を表明している（UN Doc. CCPR/C/JPN/CO/7（2022），para.12（b））。なお、上記政府報告の仮訳については、外務省HP（https://www.mofa.go.jp/mofaj/gaiko/kiyaku/index.html：2024年8月26日最終閲覧）を参照。

ることの1つの理由になると考えていること〉が読みとれるだろう。しか
し、政府のこうした主張は、妥当なものだろうか。

さらなるヘイトクライム立法の必要性を検討するうえでは、その1つの
前提問題として、この問いに直面することとなる。そして、この問いに答
えるためには、ヘイトクライムの刑事規制という文脈において、わが国現
行法を前提とした量刑に何ができるのか、あるいは、何ができないのか
——すなわち、その「可能性と限界」——を明らかにする作業が必要とな
る。この作業に、ささやかながら寄与することが、本稿の目的である。

なお、わが国における、この領域に関する先行研究として、野村健太郎
教授（愛知学院大学）による論文がある[9]。このテーマに関心のある読者は、
同論文もぜひ参照されたい。

2　量刑の基礎知識

まず、必ずしも刑事法を専門としない読者の便宜のため、わが国の量刑
に関する基礎知識を、本稿と関連する限りで簡潔に整理しておく。

量刑とは、一般的な定義によれば、「法定刑（刑の加重・減軽事由がある
ときはそれによる修正を経て導かれた処断刑）の範囲内において、被告人に
言い渡される具体的な刑罰（宣告刑）の内容を決めること」である[10]。処
断刑の加減と、宣告刑の増減とを混同してはならない。この点につき、本
稿では、処断刑を軽くすることを減軽、量刑（宣告刑）を軽くすることを
軽減、と呼ぶ。重くする方向では、それぞれ処断刑加重・量刑加重と呼称
する。

わが国は、量刑基準に関する法規定を有しない。もっとも、裁判実務で
は、量刑の判断枠組みに関する一定の共通理解が形成されている。それは
基本的に、平成21年度司法研究[11]（以下、単に〈司法研究〉と呼ぶ）に示さ

9）野村健太郎「ヘイトクライムと量刑」法学研究（愛知学院大学論叢）64巻3=4号（2023
年）19頁以下。

10）城下裕二『量刑理論の現代的課題〔増補版〕』（成文堂、2009年）1頁。十河隼人『量刑の
基礎理論』（成文堂、2022年）13頁注（1）も参照。

れている。以下、本稿の論述は、同研究を中心とする共通理解の枠組み──わが国政府も、それを前提としているはずである──に依拠して行い、別途私見を示す場合には、その旨を可能な限り明示する。

量刑の本質、ないし最上位の目的は、「被告人の犯罪行為に相応しい刑事責任を明らかにすること」であり[12]、言い換えれば、「行為責任の原則」[13]に従った刑を科することである。行為責任とは、「不法と責任」を指す。つまり、行為責任の原則とは、被告人の行為責任（＝不法と責任の程度）に相応しい刑を科せ、という要請である。行為責任に相応しい刑は、「責任（相当）刑」と呼ばれることもある。

続いて、具体的にいかなるプロセスを通じて量刑を導出すべきか、が問題となる。これについては、ごく大まかにいえば、「①量刑事情の選別→②刑の数量化」という段階を踏むことになる[14]。①量刑事情の選別とは、量刑判断の基礎とするデータを収集する段階である。量刑事情は、「犯情」と「一般情状」に分けられる。犯情とは、不法または責任の程度を根拠づける事情である。一般情状とは、不法とも責任とも無関係であるが、なお量刑を左右しうる事情のことである（具体的には、一般予防または特別予防の必要性を根拠づける事情、と理解されることが多い）[15]。犯情にも一般情状にも位置づけられない事実、例えば、「被告人は気難しい性格で、近所の人々から嫌われていた」という事実（一般的行状）は、考慮対象から除外すべきことになる[16]。量刑事情の選別が終了すると、続いて、②刑の数量化が行われる。この作業は、〈犯情の考慮により量刑の大枠を決定し、一般情状の考慮によって刑を（微）調整する〉という形で行われる、と理

---

11) 司法研修所編『裁判員裁判における量刑評議の在り方について』（法曹会、2012年）。ただし、同研究は、「量刑判断の在り方や判決書の在り方について『正解』というべきものを示したものではな」い（同上はしがき）。同研究が上記共通理解の中心にあるというのは、あくまで〈事実上、広く参考とされている〉という程度の事柄にすぎない、といえる。

12) 司法研修所編・前掲注11) 6頁。

13) 最判平26・7・24刑集68巻6号925頁。

14) 文献を含め、詳細は十河・前掲注10) 395頁以下。

15) 犯情と一般情状の概念と範囲をめぐる議論状況について詳細は、十河・前掲注10) 386頁以下（私見は、445頁以下）。

16) 司法研修所編・前掲注11) 47頁。

解するのが通常である[17]。すなわち、一般論としては、一般情状よりも犯情の方が、刑量を大きく左右する、ということである。

3　量刑事情としての考慮可能性

したがって、大まかにいえば、ヘイトクライムの量刑には、①ヘイトクライムのいかなる特徴を、量刑事情として考慮できるのか（＝量刑事情論をめぐる問題）、および、②その考慮により、どのくらい量刑を重くするのか（＝刑の数量化論をめぐる問題）、という2つの論点がある。まず前者から検討する。

[1]　不法関連犯情としての考慮可能性

まず、行為との因果関係がある構成要件的結果（を代表とする構成要件要素）の重大性の程度を、量刑加重的に考慮できることは当然である[18]。例えば、人種差別的動機に基づいて被害者に強度の暴行を行い、重傷を負わせたという場合、この「強度の暴行」（危険な行為態様）と「重傷」（重い法益侵害結果）を、量刑加重的に考慮すべきことになる[19]。とはいえこれは、ヘイトクライムに固有の特徴を量刑に反映させるものではない（例えば、単に個人的な恨みに基づいて同程度の暴行・傷害を加えたケースでも、量刑上の帰結は同じになる）。

次に、いわゆる構成要件外結果（犯罪成立の必要条件としての構成要件要素には含まれない結果）を考慮することの是非も問題となる。これについて〈司法研究〉は、①「犯罪行為と構成要件外の結果との因果関係、主観的要件として構成要件外の結果の発生についての予見可能性（もっとも、

---

17) 司法研修所編・前掲注11) 3-6 頁。

18) ただし、当該結果の程度について故意も過失もない場合は、当然、これを考慮できない。なお、さらに進んで、故意犯の量刑においては、結果の程度に関する「故意」までが必要である、との見解も学説上有力である（さしあたり、野村・前掲注9) 30 頁注 (59), 37-38 頁参照）。

19) 侵害犯の量刑であっても、その行為態様の危険性を独立の要素として量刑不法にとり込むことは妨げられない。司法研修所編・前掲注11) 35 頁。十河・前掲注10) 664 頁も参照。

故意犯においては、……故意を必要とする見解もある。）が認められるのであれば」、構成要件外結果の考慮は可能であるとしつつも、②「通常その犯罪からそのような結果が生じる可能性が低ければ低いほど、それを量刑上考慮できる場合[20]は低くなるであろう」との限定をも付している[21]（以下、これらの考慮要件を、「①要件」「②要件」と略称する）。

　このうち、②要件は、学説にいわゆる「構成要件の保護範囲論」に近い発想に基づくものといえる。これは、構成要件外結果の考慮範囲を、「当該構成要件の保護範囲内にあるもの」に限定すべきだという理論であり、言い換えれば、「当該構成要件がその利益の保護をも目的としている」といえる場合にのみ、その利益侵害を構成要件外結果として考慮することを許す、という理論である[22]（その背後には、間接処罰の回避という、罪刑法定主義に由来する要請がある[23]）。この保護範囲の画定基準にも複数のパターンがあるが[24]、本稿の主題と特に関連するのは、「類型的付随性」基準である。例えば、傷害行為の後に、被害者が強い精神的苦痛にも苛まれたというケースを考えると、まず一般論として、傷害行為により精神的苦痛もまた引き起こされる可能性は高い（＝それは通常のことである＝類型的付随性がある）といえる以上、立法者も、傷害罪の法定刑を定めるにあたって、傷害により大小さまざまな精神的苦痛も生じうることを当然想定し、それを法定刑の重さや幅に反映させたものと考えられる。それゆえ、上のケースにおいても、精神的苦痛は傷害罪の構成要件的結果でないが、なお「構成要件の保護範囲内」にある結果なのであって、量刑加重的に考慮されるべきことになる。上記②要件にいう「通常その犯罪からそのような結果が生じる可能性」も、上述した類型的付随性と同種の考え方を示すものと解されよう。

　ただし、学説上の保護範囲論は、保護範囲外の結果の考慮をあくまで禁

20）原文ママ。前後の文脈から判断するに、「考慮できる程度」の誤記かと思われる。

21）司法研修所編・前掲注11）42頁、43頁注（27）。

22）小池信太郎「量刑における構成要件外結果の客観的範囲について」慶應法学7号（2007年）46頁。

23）関連文献も含め、詳しくは小池・前掲注22）54-60頁。

24）小池・前掲注22）60頁以下参照。

止するものであるのに対し、上記②要件は、保護範囲から遠ざかるほど考慮できる程度も弱まる、と述べるにとどまっている。ここから、裁判実務においては一般に後者の立場がとられているものと断言することはできないが、少なくとも、後者の立場も実務上はとられうる、とまではいえよう。

　それでは、ヘイトクライムのもたらす多様な被害は、どこまで構成要件外結果として捕捉・考慮できるだろうか。これについて、紙幅の関係上、本稿では、対個人的な害としての精神的苦痛と、対集団的な害としての──かつ、ヘイトクライム（の不法）の本質的特徴とも考えうるところの──「アイデンティティへの攻撃」[25]とに議論を限定する。

　「精神的苦痛」については、多くの罪において類型的付随性が認められると思われる。例えば、暴行や性犯罪の被害体験を通じて（被害後も長期間継続するような）精神的苦痛を受けうることは容易に想定できるし、あるいは窃盗のような財産犯であっても、少なくとも侵入窃盗やひったくりのような事案を念頭に置く限りは、被害者が不安感をおぼえ精神的苦痛を被ることは類型的に想定可能といえよう[26]。類型的付随性が認められれば、精神的苦痛の量刑加重の考慮が可能となる。しかし、可能だとしても、どの程度大きくそれを考慮するか、という点は別途検討を要する。この点については、「ヘイトクライムとされた事案で一律に重大な精神的被害を認めるのではなく」、個別の事案ごとに「精神的被害の内容・程度を具体的に認定」すべきであり[27]、それをふまえて、考慮の程度を判断しなければならない。

　これに対して、「アイデンティティへの攻撃」については（これが、ヘイトクライムを他の犯罪から区別する本質的特徴といえるものであるからこそ）、既存の罪との関係で類型的付随性を認めることは基本的に不可能であろう。その理由は、既に正しく指摘されている通りである：「仮に……集団への害も各構成要件の保護範囲に含まれるものとして量刑上考慮することを認めるならば、あらゆる犯罪類型がアイデンティティ集団に対する害の防止

25）これについては、ウォルターズ・前掲注1）122頁以下。野村・前掲注9）21-23頁も参照。
26）野村・前掲注9）34-36頁。また、関連文献も含め、小池・前掲注22）74頁以下も参照。
27）野村・前掲注9）34頁。

を副次的目的としているという前提に立つことになる。そのような前提は、刑法が犯罪類型ごとに固有の処罰目的（保護法益）を設定している趣旨に反するものであろう」[28]。

[2] 責任関連犯情としての考慮可能性

ヘイトクライムが、〈差別的動機に基づく犯罪〉と定義される行為であるならば、その量刑にあたっては、差別的動機そのものを根拠とする量刑加重の可否が当然に問題となろう。

〈司法研究〉によれば、一般に、動機の悪質性は、行為者が「法益を軽視した度合い」[29]の大きさを示す限りにおいて、行為者の、〈（実行行為を通じて）法益を害しよう〉という意思決定に対する非難の程度を加重する事情として考慮される。要するに、動機の悪質性は、責任関連犯情として量刑加重的に考慮できる、ということである。

その反面、学説上は、「責任に属する要素を刑罰加重的に考慮することは背理」であるとの主張（責任加重禁止説）が有力に展開されている[30]。しかし、本稿では論証を省略するが、この主張には賛成できない[31]。〈司法研究〉の立場は維持されるべきである。

差別的動機に基づく責任加重は、今日の責任論における支配的見解である規範的責任論の見地[32]から、整合的に説明できる。まず、責任非難は一般に、「国家の期待する標準人と同レベルの法益尊重的価値観を有していれば、行為を控えることができたはずであるのに、そうしなかった（それゆえ、非難に値する）」という形をとる。逆に、「国家の期待する標準人でも、行為を思いとどまることができなかっただろう」というケースでは、責任非難がゼロとなる。そうだとすれば、責任非難の程度は、標準人の価値観

---

28) 野村・前掲注9）39-40頁。
29) 司法研修所編・前掲注11）45頁。
30) 小池信太郎「量刑における消極的責任主義の再構成」慶應法学1号（2004年）318頁。その他、この立場をとる文献は、十河・前掲注10）702頁注（696）に掲げてある。
31) 詳細は、十河・前掲注10）672頁以下（特に、701頁以下）。結論同旨、野村・前掲注9）42頁。野村健太郎『量刑の思考枠組み』（成文堂、2020年）4-7頁も参照。
32) 文献も含め、十河・前掲注10）678頁以下参照。

と、行為者が行為を通じて示した法益軽視的価値観との間の隔たりに応じて変化すると考えられよう。ところで、〈差別的動機に基づく法益敵対的な意思決定——例えば、「あいつは○○人だから、腹いせに殴ってやろう」という意思決定——に導かれた行為〉を通じて示された行為者の価値観——例えば、「○○人であれば、腹いせに殴ってしまってもよい（あるいは、殴るべきだ）」という価値観——が、標準人の価値観から遠く隔たっていることは明らかである。裏からいうと、標準人の立場からすれば、近くに○○人が歩いているというだけでは、同人物を殴ることの理由ないし動機など何ら生じないのである以上、傷害行為を控えることは実に容易である。以上のような意味での、価値観の隔たりによって——あるいは同じことであるが、行為を控えることの容易さによって——規範的責任の加重が根拠づけられるのである。

かくして、差別的動機の表れとして法益侵害（または危殆化）行為が行われたといいうるケースであれば、差別的動機を、責任関連犯情として量刑加重的に考慮することができる[33]。

[3]　一般情状としての考慮可能性

既述の通り、〈司法研究〉によれば、一般情状は、犯情によって定まる量刑の大枠の内部における（微）調整要素として考慮される。

このうち、一般予防関連的一般情状としての考慮可能性を考えてみると、例えば、ヘイトクライムを、上述してきた犯情関連的考慮に加えて、一律に（一定程度）重く量刑することで、消極的一般予防を図り、あるいは（量刑加重を通じて、「ヘイトクライムには断固たる態度をとる」というメッセージを社会に向けて示すことで）積極的一般予防を図る、ということは、考えられないではない[34]。もっとも、〈司法研究〉は、「どの程度の刑を科せば将来の同種犯罪を実際に抑止できるのかについて予測することは困難であること」を指摘しつつ、「（同種犯罪が頻発して社会問題となり、抑止の必要性が特に高まっていることが証拠上も認められる場合はともかくとして）一

33）野村・前掲注9）44頁（特に、同頁注（113））も大筋は同旨と思われる。

般予防の観点をどの程度量刑判断にもち込むべきかについては、……きちんと議論される必要があろう」[35]と、慎重な姿勢をとっている。

学説は、こうした一般予防的考慮に対しては総じて批判的である[36]。一般予防的考慮の可否をめぐる理論的問題をここで検討する紙幅はないが[37]、これを仮に度外視したとしても、上述してきた犯情評価に加えて、あえて一般情状の範疇でも加重的考慮を行う必要性は乏しいように思える[38]。

特別予防については、例えば、〈被告人が差別的思想を強固に主張しており、反省の色がまったくみられない〉という事情が、特別予防の必要性の大きさを根拠づける一事情として考慮されることはありうるが、ヘイトクライム行為者であるから一律に更生可能性が低い（または、高い）ということはなく、あくまで個別的に、関連する諸事情を総合的に考慮して判

---

34) 実際、平成14年頃の大阪地裁管内では、ひったくりの発生件数の増加を受け、求刑が「他地域と比べて1ランクほど重かったように思える」と報告したうえで、これを一般予防の見地から肯定的に評価する、実務家の手による論考もある。遠藤邦彦「量刑判断過程の総論的検討」大阪刑事実務研究会編著『量刑実務体系1』（判例タイムズ社、2011年）76頁。

35) 司法研修所編・前掲注11）56頁。

36) 関連文献の参照指示を含め、野村・前掲注9）40-41頁。

37) この点について詳細は、十河・前掲注10）466頁以下。

38) なお、これはあくまで量刑における一般予防的考慮の問題であって、立法による一般予防効果を期待することを妨げるものでない。この関連で付言すると、ドイツでは、ヘイトクライムに関する量刑立法を批判する文脈で、その積極的一般予防効果に疑義を示すものがある（*Axel Dessecker*, Vorurteilsbezogene Kriminalität und das begrenzte Interventionspotential des Strafrechts, in: Britta Bannenberg u.a.（Hrsg.）, Festschrift für Dieter Rössner, 2015, S. 72）。そこでは、1989年のシューマンによる実証研究が特に引用されており、これはドイツにおいて、積極的一般予防効果に対する懐疑を実証的に裏づけるものとしてしばしば引用される研究である。しかし、同研究は、（ある種の、私見が支持するタイプの積極的一般予防論からみれば）同効果の不存在の裏づけにはならない（実際、このことは、ドイツでも別の論者から既に指摘されてもいる。詳細は、十河・前掲注10）283頁以下、特に284頁注（296）および287頁注（303）を参照。そこに記した通り、私見としては、シューマンの研究は、積極的一般予防効果の存在の傍証としてすら解釈可能である）。ヘイトクライムに対する量刑加重（を保障する立法）は、それが公衆の正義観念に合致する限りで、積極的一般予防効果を果たすと考えられるのであり、また同時に、刑法を用いて、この問題に関して公衆の正義観念を先導することには、十分な理由があると思われる（この関連では特に、十河隼人「積極的一般予防の経験的基礎と規範的限界・再論」佐伯仁志ほか編『刑事法の理論と実務6』（成文堂、2024年）173頁以下および十河・前掲注10）264-268頁を参照）。

断すべきである[39]。

4　刑の数量化における限界

　以上を要するに、ヘイトクライム一般に対する量刑加重（言い換えれば、ヘイトクライムに固有の特徴をなす量刑事情を根拠とする量刑加重）は、わが国における量刑に関する共通理解に基づくならば、一応、可能である。少なくとも差別的動機を、責任関連犯情として量刑加重的に考慮することができるためである。

　しかしながら、差別的動機を考慮するとして、それによって量刑をどの程度重くするのかという問題、すなわち、刑の数量化の問題が残る。そして、量刑法をもたないわが国の枠組みを維持する限り、ヘイトクライムに対する量刑加重の程度を明確化・透明化することは、極めて困難である。

　その理由をごく簡潔に説明すると、まず一般に、刑の数量化を行うためには、〈量刑傾向（量刑相場）との比較〉という作業が必要不可欠である[40]。例えば、ある路上強盗事件の量刑を行うとする。しかし、一口に強盗事件といっても、上は長期の実刑から、下は執行猶予の付されるものまで、軽重さまざまな事件があり、その各々に量刑が宣告されてきているのであって、それらは量刑先例として集積されている（大まかにいえば、この量刑先例の集積のことを、量刑傾向ないし量刑相場と呼ぶ）。量刑を行う際には、そうした先例群の中で、（主要な犯情事実において）本件に似ている事件グループ（社会的類型[41]）を特定し、それらに対して下されてきた量刑の幅（量

39）司法研修所編・前掲注11）34頁参照。特別予防的考慮の方法と限界について詳細は、十河・前掲注10）711頁以下。

40）この点では、量刑傾向必要説（量刑枠論）と不要説（量刑スケール論）との対立があるが、実務は前者によっている（私見もこれを支持する）。文献を含め、十河・前掲注10）408頁以下。

41）抽象的にいえば、社会的類型とは、「特定の犯罪類型の内部でさらに区別される、主要な犯情事実に関して類似している事件類型」であると定義できる（十河・前掲注10）399頁）。なお、犯情事実に着目しているのは、一般に犯情は量刑に対する影響力が強いためである。それゆえ、場合によっては、一般情状の状態に応じて社会的類型を観念することもありうる（十河・同上428頁）。

刑傾向）を参照することで、適切な量刑を絞り込んでゆくことになる。例えば、「路上強盗」という社会的類型を観念すると、その量刑傾向は、タクシー強盗や店舗狙い強盗のそれよりも軽いことを確認できよう。さらに、同じ路上強盗の中にも、被害額の大小や犯行態様、犯意の強弱などにおいて、さまざまな小グループがあるだろう。こうした絞り込み作業を通じて、本件の量刑として適切と思われる刑の幅が十分に特定されたならば、最後に一般情状（再犯リスクなど）を考慮して刑を微調整し、最終的な宣告刑を決定することになる。これが、量刑における刑の数量化の一般的なプロセスである[42]。

このように、刑の数量化プロセスは、選別された多様な量刑事情の総合考慮を通じて、量刑傾向との対比の中で行われる。したがって例えば、「このヘイトクライム（としての傷害）事件の量刑は、量刑傾向の中では重い方になっているようだ」ということがわかる場合はありえても、差別的動機それ自体によりどのくらい量刑が加重されたのかを確認することは、（判決を外から観察している限りは）基本的に不可能なのである。

かくして、ヘイトクライムに対する量刑加重は行われている、という（本稿冒頭で確認した）政府の主張は一応是認しうるとしても、どの程度の加重が行われているのかは、不明確・不透明とならざるをえない。これは、わが国の量刑制度の根本的限界であるといえる。

5　おわりに──（量刑）立法の必要性

ここまでの検討をふまえるならば、本稿冒頭で言及した政府の主張には、以下の理由から賛成できない。

第1に、量刑事情の選別に関する問題点として、現状の量刑は、ヘイトクライムの本質的特徴を、十分に量刑へと反映させることができない。本稿の検討によれば、ヘイトクライムに固有の特徴は、「アイデンティティへの攻撃」を、「差別的動機」に基づいて行う、という点にある。しかし、

---

42) 司法研修所編・前掲注11) 18-19、24-28頁。さらに、その他の文献を含め、より詳細な整理として、十河・前掲注10) 399-400、420頁以下。

現状の枠組みでは、後者しか考慮できないのである。

　第2に、刑の数量化に関する問題点として、現状の量刑は、ヘイトクラ
イムに関連する諸事情の考慮によって「どの程度」量刑が重くなるのか、
という点を明確化・透明化することができない。これは、わが国が量刑法
を有しないことの、ほとんど必然的な帰結といってよいであろう[43]。これ
に対して、例えばイギリス（イングランドおよびウェールズ）の量刑審議会
（Sentencing Council）が提供する、ヘイトクライムの量刑に関する説明資
料（explanatory materials）では、「量刑判断者は、もし〔ヘイトクライムに
関する：引用者補足〕加重要素がなければどのような量刑となったか、を
述べるべきである」との記述がある[44]。詳細はさらなる調査を要するが、
このような量刑制度・運用は、わが国にとっても参考になるかもしれない。

　第3に、最も根本的な問題として、罪刑法定主義の問題が残る。すなわ
ち、現在の量刑実務において、ヘイトクライムに対する量刑加重が行われ
ていることは事実であるとしても、量刑を専ら裁判官の裁量に委ねるわが
国では、ヘイトクライムへの量刑加重が適切になされる法的保障は（量刑
不当の制度を除けば）存在しないのである。上で引用した通り、自由権規
約委員会は2022年に、わが国において「人種差別的な動機が、裁判官の
判断にかかる、量刑加重を導く可能性のある事由として位置づけられてい
るにすぎないこと」に懸念を表明しているが[45]、これも、適切な量刑加重
が行われることの法的な保障がない点を指摘するものといえよう。裁判官
の裁量によって事実上考慮されている、という主張は、これに対する噛み
合った応答にはならない。

　量刑法の不存在は、わが国ではともすれば自明視されがちかもしれない

43）厳密にいうと、この問題は、量刑法が比較的簡素であり、かつ、法定刑の幅が（わが国ほ
　どではないにせよ）比較的広いドイツでも生じている。この問題を指摘し、量刑法改正を
　提案するものとして、*Johannes Kaspar*, Sentencing Guidelines versus freies tatrichter-
　liches Ermessen - Brauchen wir ein neues Strafzumessungsrecht? Gutachten C für den
　72. Deutschen Juristentag, 2018.

44）URL=〈https://www.sentencingcouncil.org.uk/explanatory-material/magistrates-court/
　item/hate-crime/3-approach-to-sentencing/〉：2024年8月26日最終閲覧。

45）前掲注8）。

が[46]、本来は、量刑にも、罪刑法定主義の保障は相応の形で及ぼされなければならないはずである[47]。実際、比較法的にみても、(わが国でよく参照される諸法域をみる限り)量刑規定をもたない法域を探す方が難しいといえる[48]。もちろん、量刑立法とは別の形式の立法措置(例えば、一定の罪に関して、「差別的動機」に基づく「アイデンティティへの攻撃」を伴う類型に対する処断刑の下限を加重する規定を創設すること[49])によっても、上記の3つの問題点はそれなりに解消されるであろう。しかし同時に、量刑法の不存在が、ヘイトクライムに関する(あるいは、それに限らない)重要な政策課題に対する機動的な立法対応を妨げる一因となっていることも、否定できないと思われる。ヘイトクライムに関する立法の欠缺の問題は、このような、ある意味でより根の深い(量刑)立法論的問題をも照らし出しているのである。

[付記]
　本稿は、科学研究費(24K16266)の助成による研究成果である。

46) ただし、半世紀ほど前には、わが国でも量刑規定を立法する動きが存在した。十河・前掲注10) 16頁注(17) に掲げた文献を参照。
47) 十河・前掲注10) 37頁参照。
48) 十河・前掲注10) 15-16頁。
49) さしあたり、野村・前掲注9) 46-47頁参照。

第Ⅲ部　ヘイトクライムと日本法

4

刑訴法上の諸論点
動機立証のための
捜査と裁判

大阪経済法科大学教授
大場史朗

1　はじめに

　ヘイトクライムの定義には様々なものがあるが、人種、宗教、肌の色、民族的出自、性的指向などに対する偏見を動機とするヘイトクライムにおいては、犯行動機の立証および認定がきわめて重要となる。

　例えば、ウトロ事件の判決においても、被告人の「京都・名古屋両事件に関する……動機は、主として、在日韓国朝鮮人という特定の出自を持つ人々に対する偏見や嫌悪感等に基づく、誠に独善的かつ身勝手なもの」であり、「本件各犯行の動機は甚だ悪質というべき」と認定されている[1]。

　また、民団徳島県地方本部事件の判決においては、「被告人の韓国等に対する考え方は、韓国、韓国人及び民団に対する偏見にまみれたものであるだけでなく、自らと異なる思想信条を持つ者に恐怖を与えて排除しようとする極めて独善的かつ身勝手なものであり、そのような動機による犯行

1）京都地判令4・8・30裁判所ウェブサイト。

は到底許されるものではなく、甚だ悪質」と認定された[2]。

　両事件では、被告人が犯行を認め、かつ、動機についても具体的な被告人の供述が存在した。もっとも、ウトロ事件の捜査過程をみると、捜査機関は当初、ウトロ地区では配線を加工した「盗電」が多いという偏見を前提として、本来の火元であった倉庫の西側にある空き家からの「漏電」を疑っていたとされる[3]。そして、火災当日から被疑者逮捕に至るまでの間、火災の原因は不明とされていたものの、別の被疑事実で逮捕された上記の被告人が、捜査官が聞いてもいないウトロ地区の放火について自白したことではじめて「放火」として立件されることになった（☞Ⅰ部3章75頁）。

　このように、今後、仮に日本においてヘイトクライム規制法が制定されたとしても、捜査機関が適正に捜査し、その収集された証拠に基づき、検察官が公訴提起して、裁判官（および裁判員）が当該事実を認定しなければ、ヘイトクライム規制法も画餅に帰すことになる。特に、捜査機関が適正に捜査を行わなければ、そもそも犯罪として認知されなかったり、動機に関する証拠が十分に収集できずにヘイトクライムとして認定されなかったりすることなども起こりうる。そこで本章では、特に捜査と裁判のプロセスに焦点を当て、主に偏見を動機とするヘイトクライムの刑事手続上の諸論点を検討することとしたい（なお、以下では、ヘイトクライムではない犯罪を便宜上「通常の犯罪」という）。

2　ヘイトクライム規制法のもとにおける捜査

[1] 動機の捜査の意義とその方法

　現在、量刑に関する要素とされている犯行動機が不明の場合でも、犯罪それ自体の立証および認定は可能であるし、現になされている事例も散見される[4]。他方、ヘイトクライム規制法のもとでは差別的動機の有無がヘ

---

2) 徳島地判令5・5・31判例集未登載。
3) 中村一成『ウトロ ここで生き、ここで死ぬ』（三一書房、2022年）341頁、板垣竜太「ウトロ放火事件公判への意見書」評論・社会科学142号（2022年）179頁注（20）、自由法曹団通信1782号（2022年）など参照。

イトクライムと通常の犯罪を分ける分水嶺となる。

　実務では通常、動機について捜査がなされる（犯罪捜査規範 90 条、205 条、220 条も参照）。また、犯罪の手口および動機等を勘案して被害者等に後難が及ぶおそれがあると認められるときは、警察官によって当該被害者等の保護のための措置がとられる場合もある（同 11 条参照）。

　捜査において、動機は、①犯人性はもちろん、②故意の有無・程度、③責任能力の有無・程度、④自白の任意性・信用性、⑤量刑に関する犯情などを明らかにするために重要となり、被疑者が当該動機を形成するに至った経緯についても捜査がなされる[5]。動機は被疑者の主観的事情のため、その供述が証拠の中心となるが、動機の裏づけのために、客観的証拠の収集も行われる[6]。

　ヘイトクライムにおける動機の捜査についても、被疑者の供述が重要となるが、それだけではなく、客観的な状況を踏まえて判断する必要がある[7]。例えば、アメリカにおいては、捜査官が、当該犯罪がヘイトクライムであるか否かを判断する際には、被疑者の供述も重要視されているものの[8]、他方で、行為者の動機を推認しうる次のようなバイアス指標（Bias Indicators、バイアスクライム指標）も考慮されている[9]。

---

4) 最近の裁判例として岐阜地判令 4・3・8 LEX/DB 文献番号 25592255 など参照。

5) 動機に関する捜査の事例紹介につき、大橋充直「検証 ハイテク犯罪の捜査（第 56 回）ハイテク犯罪の情状立証（経緯・動機）」捜査研究 658 号（2006 年）66 頁以下、早川真崇「実例捜査セミナー 殺人未遂事件における動機の捜査について」捜査研究 636 号（2004 年）40 頁以下、土本武司「動機不明の犯罪」捜査研究（2011 年）113 頁以下など参照。なお、管見のかぎり、動機に関する捜査についての包括的な研究は見当たらない。

6) 前掲注 5) の文献のほか、石﨑功二「殺人事件の動機の解明」捜査研究 542 号（1996 年）、伊藤孝「実例捜査セミナー 番外編 多方面への迅速な捜査と真摯な取調べによって犯行動機及び複数の余罪を解明できた放火殺人事件」捜査研究 837 号（2020 年）39 頁以下参照。なお、犯罪捜査規範によれば、被疑者の供述調書には「動機」も明らかにしておかなければならないとされているところ（同 178 条 1 項 12 号参照）、①被疑者の特定等に関する一般的な記載事項と②各犯罪の構成要件である事実及び犯行の動機目的に関する犯罪関係の記載事項の「両者が完全に供述調書に記載されて初めて事件の真相を明らかにすることができる」とされる（刑事法令研究会編『新版 逐条解説 犯罪捜査規範』〔東京法令出版株式会社、1999 年〕235・236 頁）。

7) See JEANNINE BELL, POLICING HATRED: LAW ENFORCEMENT, CIVIL RIGHTS, AND HATE CRIME 141 (2004).

8) Id. at 78.

(ⅰ)　人種、民族、性別または／および文化の違い

・被害者の人種、宗教、民族／国籍、障害の状態、性別、性的指向が加害者のそれと異なっていること

・事件が発生した地域で、被害者が他の集団の構成員よりも圧倒的に数で劣っている集団の構成員であること

・被害者が、自身の集団を促進する活動に従事していたこと

・事件が、被害者の集団にとって特に重要な祝日または日付と重なったこと

・被害者が、標的とされた集団の構成員ではないものの、被害者の集団を支援する支援団体の構成員であったこと、または被害者が標的とされた集団の構成員と一緒にいたこと

・歴史的に、被害者の集団と加害者の集団との間に敵意が存在していること

(ⅱ)　発言、書面による供述、ジェスチャー

・加害者によって、偏見に関連する発言、書面による供述またはジェスチャーがなされたこと

(ⅲ)　図画、印、シンボルおよび落書き

・偏見に関連する図画、印、シンボルおよび落書きが事件現場に残されていたこと

(ⅳ)　組織的なヘイト集団

・組織的なヘイト集団の活動を示すものが事件現場に残されていたこと（例えば、白頭巾、燃える十字架、ヘイト落書き）

・ヘイト集団が関与した兆候があること。例えば、組織的なヘイト集団が

---

9) See Karen A. McLaughlin et al., *Responding to Hate Crime: A Multidisciplinary Curriculum for Law Enforcement and Victim Assistance Professionals* 15 (2000); see also New York State Division of Criminal Justice Services, *Investigation of Hate Crimes Model Policy* 2-5 (2020); BELL, *supra* note 7, at 74.

その事件の犯行声明を出し、またはその地域で活動していたこと

(v) 以前のバイアスクライムまたはバイアスインシデント

・被害者が、以前、自身と同じ集団の構成員に対してバイアスクライムが行われた場所を訪れていたこと

・いくつかのバイアスインシデントが同じ地域で発生し、さらに被害者が同じ集団の構成員であったこと

・被害者が以前にいやがらせのメールや電話を受けたことがあり、または標的集団への所属に基づく暴言を受けていたこと

・直近のバイアスインシデントやバイアスクライムが、報復的なヘイトクライムを誘発した可能性があること

(vi) 被害者／目撃者の認識

・被害者および／または目撃者が、事件が偏見に基づいて行われたと認識したこと

(vii) 加害者の動機

・加害者が以前に類似の事件に関与していたこと、組織的なヘイト集団の構成員であったこと、もしくはその集団の構成員と交流があったこと

・被害者が標的とされた集団の構成員と一緒にいたこと、またはその構成員と婚姻していたこと

・加害者によって、被害者が伝統的な慣習を破り、もしくはそれから離反したとみなされ、または非伝統的雇用に従事したとみなされたこと

・加害者に、類似の手口で、かつ、同じ人種、宗教、民族／国籍、障害、性的指向または性別の他の被害者に関わる犯罪歴があること

(viii) 事件の場所

・被害者が、特定の人種、宗教、民族／国籍、障害、性的指向または性別の構成員と一般的に関連する、またはその構成員が頻繁に出入りする地域もしくは場所、またはその付近にいたこと（例えばゲイバーなど）

・問題となっている地域においてマイノリティまたは「よそ者（outsider）」

と考えられている集団の礼拝所、共同墓地または住居もしくは施設で事件が起こったこと（例えば、アフリカ系アメリカ人の地域における韓国人の店、ゲイバー、主にアイルランド系アメリカ人が多い地域におけるアフリカ系アメリカ人の住居など）

(ix) 他の動機の欠如

・事件につき明らかな経済的またはその他の動機が存在しないこと

　上記の中でも特に重要な指標は、①被害者と加害者のアイデンティティの差異、②犯罪の間に使用された言葉、文書またはジェスチャー、③犯行場所、④当該地域で圧倒的少数である被害者の集団、⑤加害者の以前の犯罪歴とされる[10]。もっとも、①については、加害者が自己と異なるアイデンティティを被害者が有していると誤信していた場合や、異人種間のカップルに向けられた攻撃で攻撃対象が加害者と同じ人種であった場合など、被害者と加害者が同じアイデンティティであっても、行為が差別的動機に基づく以上、ヘイトクライムと判断されうることに注意が必要である[11]。

　他方で、ヘイトクライムか否かの判断につき、「典型的なヘイトクライムではない犯罪」を考慮に入れて、その判断を絞り込んでいくという方法も考えられる。例えば、薬物事犯、喧嘩、以前の喧嘩の報復、交通事犯および隣人同士の言い争いなどの状況において、かりに差別的発言があったとしても、その発言は怒り、復讐、妬みなどの偏見ではない他の感情により発せられた可能性が高いため、ヘイトクライムではないと判断されうる[12]。

　上記のような動機に関する判断指標および判断方法は、それ自体必ずしも決定的なものではないものの、上記の諸要素を総合的に考慮して最終的にヘイトクライムか否かが判断されることになろう。

---

10) BELL,*supra* note 7, at 146.
11) Id. at 142.
12) Id. at 144. ただし、イギリス等ではこのような場合もヘイトクライムが 成立する（☞Ⅱ部2章102頁）。

[2] 事件化されない危険性および被害拡大の危険性

　既に触れたように、捜査が適正に行われなければ、そもそも犯罪として認知されないおそれがあり、また、早期に警察が介入しないことで被害が量的または質的に拡大することもありうる。これは通常の犯罪でも同様であるが、ヘイトクライムの場合、特に警察の裁量の幅が広くなる[13]。なぜなら、ヘイトクライム（またはバイアスインシデント）は、公然と行われる場合には非常に可視性が高い反面、その他のヘイトクライムは通常の犯罪の形態で目には見えない差別的動機をもって行われるため、可視性が非常に低く、捜査機関は事件化しないことも、ヘイトクライムではなく通常の犯罪として捜査することもできるからである。

　例えば、アメリカのヘイトクライムに関する先行研究においても、動機の認定の困難性に加え、次のような捜査の困難性が指摘されている。すなわち、①被害者はヘイトクライムが起こったことを認識するのを拒否し、またはそもそも認識できないことがあるため、それらがヘイトクライムの特定を遅らせることがあること、②捜査官が考えるヘイトクライムの定義が狭い場合（例えば、加害者が被害者の属する社会的集団に対して個人的な敵意や悪意を感じ、それに基づき行為するのが「ヘイトクライム」であるという理解）には、加害者が、犯罪を警察に通報することが少ない特定の人種の者を狙って犯行を行う場合などをうまく捕捉できないこと、③実際に法執行機関の職員の多くが、燃える十字架が用いられた場合やKKKのような組織的活動の場合のみを「ヘイトクライム」と考えていること[14]、④強盗や窃盗などの通常の犯罪と比べ、ヘイトクライムの捜査の優先度は低く理解されがちであること[15]、⑤捜査官の偏見により、いわばヘイトクライムの被害者が「加害者」として捉えられ、あるいは当該犯罪がヘイトクライムではなく通常の犯罪と捉えられる場合もあること（例えば、ゲイの被害者が攻撃されたのはもともとその被害者が加害者の身体をじっと見ていたのが悪いのだ、黒人の居住地域では薬物が蔓延しているので当該地域で発生した事

13）See Id. at 3-4.

14）Id. at 23.

15）Id. at 24.

件もヘイトクライムではなく通常の薬物事犯に違いないといった捜査官の認識）[16]などがそれである。

　したがって、捜査官の偏見を排し、ヘイトクライムに対する適正な捜査を実現するためには、そもそもどのような事案が「ヘイトクライム」なのか、ヘイトクライムが被害者に対してどのような深刻な被害をもたらすのかという理解に加え、ヘイトクライムの不可視性への理解と捜査の端緒をつかむためのポイント（例えば上記のバイアス指標）などを、捜査官自身が確認・整理しておく必要があろう。事件の背景や被害者の事件に対する認識を正確に確認するため、被害者の供述をありのままに聴取することも重要となる[17]。

　また、既にみたように、ヘイトクライムの場合、通常の犯罪捜査に加え、動機に関する証拠を収集する必要があるため、通常の捜査よりも丁寧な捜査が必要になる可能性が高い[18]。そして、徐々に犯行がエスカレートする側面もあることから、現在の人身安全関連事案における捜査のように、場合によっては生活安全部門と刑事部門が連携し、被害者の安全確保のために最も効果的な手法を執ることも重要となると思われる[19]。

　このような人的・時間的コストの増大を前に、捜査機関が、事件化をためらうことや、ヘイトクライムではなく通常の犯罪へとダウングレードすることがあってはならないだろう[20]。それゆえ、ヘイトクライム（およびヘイトスピーチ）に特化した専門部署の創設（そこではマイノリティの捜査官を専属職員の一員として配置することも考えられる[21]）や捜査等への活用のための統計の作成等も今後の重要な課題といえる。被害者となった外国人

---

16) Id. at 123-125.

17) See Id. at 68, 121.

18) Id. at 53.

19) 生活安全局長・刑事局長の通達「人身安全関連事案に対処するための体制の確立について」（平成25年12月、平成31年3月）参照。

20) 国連自由権規約委員会「第7回日本定期報告審査に係る総括所見」（2022年11月、日弁連仮訳版）7頁も「法執行官のヘイトクライム及びヘイトスピーチを捜査する能力を強化し、全ての事件が体系的に捜査され、加害者が責任を問われ、被害者が完全な補償を受けられるようにすること」（12 (d)）を勧告している。

21) See BELL, *supra* note 7, at 122.

が捜査機関に対して被害を容易に通報可能なように、被害者目線での窓口の明確化やその拡充も望まれる。

［3］捜査官等に対する研修

どんなに優れた法制度があっても、それを運用するのは人である。担い手によって、法制度は良くもなり、悪くもなりうる。その意味でも刑事手続の担い手の責務は大きなものがあるといえる。冒頭で触れたように、ヘイトクライムの典型ともいうべきウトロ事件においては、当初、レイシャル・プロファイリングによる見込み捜査が行われた可能性が高い[22]。ヘイトクライムを検挙する立場にある警察が、意識的か否かにかかわらず、被害者に対する差別的な考えを有しているとすれば、適正な捜査は望むべくもないだろう[23]。このことは捜査過程において二次被害を防止するためにも重要となる。

例えば、ヘイトスピーチについてみると、ヘイトスピーチ解消法の施行に伴って、警察では、①警察職員に対する教養の推進、②法務省から各種広報啓発活動等への協力依頼があった場合への積極的対応、③違法行為を認知した場合の厳正対処などの方針が打ち出されているが[24]、いまだ統一的な研修の方針等は打ち出されていないように思われる[25]。このような現

22) 日本の警察のレイシャル・プロファイリングについては、以前からも問題視されていた。例えば、東京弁護士会外国人の権利に関する委員会「2021 年度 外国にルーツをもつ人に対する職務質問（レイシャルプロファイリング）に関するアンケート調査最終報告書」（2022 年 9 月）、宮下萌編著『レイシャル・プロファイリング——警察による人種差別を問う』（大月書店、2023 年）を参照。

23) 2016 年 10 月、沖縄県の米軍北部訓練場におけるヘリパッド移設工事現場において、大阪府警の機動隊員らが工事に反対する市民らに対して不適切な発言をし、懲戒処分を受けた事案なども参照。

24) 警察庁警備局長・警察庁長官官房長「本邦外出身者に対する不当な差別的言動の解消に向けた取組の推進に関する法律の施行について（通達）」（平成 28 年 6 月 3 日、令和 4 年 3 月 24 日）参照。

25) 例えば、日本弁護士連合会「ヘイトスピーチに対する取組に関する照会結果」（2017 年 5 月）、同「本邦外出身者に対する不当な差別的言動の解消に向けた取組の推進に関する法律の適正な運用を求める意見書」など参照。また、瀧大知「ヘイトデモと警察対応——差別禁止法がない社会における『反差別』の立ち位置」和光大学現代人間学部紀要 12 号（2019 年）133 頁以下も参照。

状に鑑みれば、かりにヘイトクライム規制法が制定された場合でも警察職員等に対して適切な研修等がなされないと考えたとしても、それは杞憂ではないだろう。

この点、アメリカにおいては、法執行機関の職員向けに、①ヘイトクライムの概要やバイアス指標、②被害者への影響（二次被害も含む）、③加害者の類型およびヘイト集団の性質、④ヘイトクライムに関する法規、⑤法執行機関等の役割などについての研修マニュアルが策定されており、日本においても統一的かつ体系的な研修体制の整備が望まれる[26]。

これらの研修の必要性は検察官や裁判官等についても同様であろう。国連自由権規約委員会の第7回日本定期報告審査に係る総括所見（2022年11月）も、ヘイトスピーチおよびヘイトクライムに関して、「特に、法執行官、検察官、裁判官に対する研修を強化し、一般市民の感受性と多様性の尊重を促進する啓発キャンペーンを実施することにより、民族的及び宗教的少数派並びにレズビアン、ゲイ、バイセクシュアル及びトランスジェンダーの人々等の脆弱な集団に対する不寛容、固定観念、偏見及び差別と闘うこと」（12（c））を勧告している[27]。

[4] 公訴に関する若干の論点

検察官は、犯人の性格、年齢および境遇、犯罪の軽重および情状ならびに犯罪後の情況により訴追を必要としないときは、公訴を提起しないことができる（刑訴法248条、起訴便宜主義）。これらの判断要素の「犯罪の情状」には犯行動機のほか、犯行の原因・方法・手口、計画性・主導性の有無、犯人の利得の有無、被害者との関係、被害者の落度の有無、犯罪に対する社会の関心、社会に与えた影響、模倣性などが含まれるとされ[28]、量刑事由ともパラレルである。

---

26) See McLaughlin et al., *supra* note 9, at 11-124.

27) 国連自由権規約委員会「第7回日本定期報告審査に係る総括所見」（2022年11月、日弁連仮訳版）6頁。

28) 遠藤邦彦「量刑判断過程の総論的検討」大阪刑事実務研究会編著『量刑実務体系第1巻 量刑総論』（判例タイムズ社、2011年）58頁。松尾浩也監修『条解刑事訴訟法〔第5版〕』（弘文堂、2022年）537頁も参照。

画一的な処理基準の設定になじまない一般の刑法犯等においては、個別具体的な事情を考慮して起訴・不起訴の判断が行われるものの、「検察官同一体の原則の下で、長い間の検察実務の経験によってある程度の慣行上の尺度がおのずからできており、その尺度のもとで実際の運用が行われている」[29]とされる。

公訴の段階においては、警察捜査の視点とは異なり、「的確な証拠に基づき有罪判決が得られる高度の見込みがある場合に限って起訴する」ことが目標となる[30]。そして、ヘイトクライムの起訴の判断の際には、直接証拠として、被疑者の自白はもちろん、犯行前、犯行中、犯行後の被疑者の供述、被疑者の携帯電話に残された写真や動画、被疑者のインターネット使用履歴等を考慮することも重要となる[31]。加えて、上記のバイアス指標は情況証拠（間接事実）として有罪認定に資するかどうかが判断されることになろう[32]。

起訴の際の考慮要素である上記「犯罪に対する社会の関心」、「社会に与えた影響」等については、刑事政策的性格が強く、現実的には検察のヘイトクライムに対する姿勢にも左右される。もっとも、近時、徳島地検が民団徳島県地方本部事件において「被害の実態が伝わりやすい」ことなどを考慮して、「現在、世間的にも問題となっている、いわゆるヘイトクライム」であると論告段階で明確に指摘しており、同様の姿勢が全国に広がるかが注目される[33]。

29）藤永幸治ほか編『大コンメンタール刑事訴訟法第4巻』（青林書院、2003年）61頁［吉田博視執筆］。

30）司法研修所検察教官室『検察講義案〔令和3年版〕』（法曹会、2023年）74頁。

31）See OSCE / Office for Democratic Institutions and Human Rights（ODIHR）, *Prosecuting Hate Crimes: A Practical Guide* 57（2014）.

32）Id. at 61.

33）2023年6月2日付朝日新聞徳島全県版「『被害実態伝わる』検察、『ヘイトクライム』異例の言及」21面参照。

4 動機立証のための捜査と裁判 197

3 ヘイトクライム規制法のもとにおける事実認定

[1] 動機の証明方法、証明水準および証明責任

　事実の認定は、証拠による（刑訴法317条、証拠裁判主義）。この原則は、単に証拠によって事実認定をするという意味だけではなく、「事実」の認定は証拠能力のある証拠に基づき、適式な手続によって行うことをも意味する。このような証明方法を厳格な証明という。そして、ここでいう「事実」とは、通説によれば、刑罰権の存否および範囲を定める事実をいい[34]、①犯罪事実（構成要件に該当する具体的事実）のほか、②違法性・責任を基礎づける事実、③処罰阻却事由、処罰条件、法律上の刑の加重減免の事由を含む。また、犯行の動機・目的、手段・方法等の犯罪事実それ自体に属する情状（犯情）も厳格な証明が必要とされる。したがって、ヘイトクライムにおいて、動機を構成要件要素の1つと位置づけるにせよ、量刑に関する事実と位置づけるにせよ、現在の理解のもとでは、いずれも厳格な証明が必要となる。

　また、証明水準（合理的疑いを超える証明まで必要か、証拠優越の程度の証明で足りるか）については、動機を含む犯情は、一般に、合理的疑いを超える証明まで必要と解されており[35]、検察官に証明責任がある[36]。

[2] 動機の認定方法

　ヘイトクライムの動機に関する証拠は、基本的には、上記の警察捜査および公訴のところで述べたものが基本となる。では、動機の認定はどうあるべきであろうか。この点、事実認定に関する先行研究では次のように指摘されている。

　まず、通常の犯罪において、被告人に動機があることは、犯罪事実（主要事実）の認定のための有力な間接事実（情況証拠）となる[37]。動機は基本

---

34) 松尾・前掲注28）884頁。杉田宗久「量刑事実の証明と量刑審理」大阪刑事実務研究会編著『量刑実務体系第4巻 刑の選択・量刑手続』（判例タイムズ社、2011年）174頁。
35) 杉田・前掲注34）195頁以下。
36) 杉田・前掲注34）161頁以下。
37) 司法研修所編『情況証拠の観点から見た事実認定』（法曹会、1994年）57頁。

的には内心の問題であるため、その認定には、多くの場合、被告人の供述（自白）によらざるをえない[38]。もっとも、その立証が主として被告人の供述に依拠している場合は証拠構造に弱いところがあるため、その供述自体の合理性のほか、その供述が当該事案の客観的状況に矛盾するところはないか等の観点から、慎重にその信用性を吟味する必要がある[39]。他方で、動機については「よほど特殊な事案でもない限り、客観的な犯罪事実に関連させて想像等によっても相当程度合理的な供述説明をすることができる点に特異性があり、捜査官においても、およその推測がつき、被疑者を誘導することも必ずしも困難ではない」と指摘されている[40]。

また、動機の認定に当たっては、①動機自体に関する被告人の供述、②動機があることを表明する被告人の外部的言動のほか、③動機形成原因事実（間接事実）ともいうべき、動機のいわば前提となる外部的客観的状況を的確に認定することができるかにも留意すべきとされる[41]。

ヘイトクライムにおいて、被告人の動機は——通常の犯罪のように主要事実を推認するための間接事実ではなく——それ自体が主要事実となると考えられる。そして、動機は、既に触れた直接証拠および情況証拠を勘案しつつ、認定されることになろう[42]。もっとも、差別的動機の動機形成原因事実については、犯行動機が差別的なものであればあるほど、その動機形成原因事実も主観的・独善的なものとなりうる[43]。

---

38) 司法研修所編『自白の信用性』（法曹会、1991 年）31 頁。

39) 司法研修所・前掲注 37) 57 頁。司法研修所・前掲注 38) によれば、動機は「特に動機犯罪などにおいては、犯行自体とともに、自白の内容の重要な構成要素となるものであり、また、内心の問題でありながらも、客観的な情況との関連で合理性が問われるものであるところに特殊性があるものと思われ」る（同 31 頁）、「動機についての供述の合理性の有無は、その供述のみから判断することができる場合は少なく、客観的情況との関係においてはじめて的確に判断されることが多いように思われる」とされる（同 33 頁）。

40) 司法研修所・前掲注 38) 31 頁。

41) 司法研修所・前掲注 37) 57 頁。例えば、経済的動機が主張される事例では、被告人が経済的に窮迫していたことが有力な動機形成原因事実となり、その根拠となる被告人の経済状態については慎重に事実認定する必要があるとされる。

42) 例えば、ウトロ事件の事案に当てはめると、被告人の供述のほか、①被告人と被害者のアイデンティティの差異（日本人と在日コリアン）、②犯行場所（ウトロ地区）、③当該地域で圧倒的少数である被害者の集団（在日コリアン）、④被告人の以前の犯罪歴の有無などの客観的事情がそれである。

なお、ヘイトクライム規制法のもとでは、差別的動機の有無が直接的に量刑に影響するため、当然ながら、その動機の有無を弁護人が激しく争う可能性がある。また、被告人の罪責軽減を目的とした虚偽の動機の供述の可能性（差別的動機ではなく憤激等を動機とするものであったなど）も高くなりうる。他方で、動機の立証のために被告人の供述（特に自白）がより一層重視されるおそれもあるため、被告人の自白の任意性および信用性の評価についてはこれまで以上に注意が必要であろう。裁判員裁判においては、一般市民である裁判員の被告人または被害者に対するバイアスが事実認定や量刑に及ぼす影響についても留意する必要があり、そのためには裁判員の選任プロセスや裁判員への説示等を工夫することなどが考えられる。

4 おわりに

以上、捜査と裁判を中心に、刑事手続上の諸論点を確認、検討してきた。日本においても潜在的にはヘイトクライムが相当数あると考えられるところ、捜査機関が適正に捜査をしなければ、ヘイトクライムが顕在化しない可能性が高い。一方で、動機は内心の問題であるため、特に否認事件の場合、捜査および裁判におけるヘイトクライムの認定には十分な厳格性が求められる。また、取調べが伝統的に重視されてきた日本の場合、ヘイトクライムの捜査が同種事件における自白偏重の傾向に拍車をかけないかも注視していく必要がある。一定数存在すると思われる少年によるヘイトクライムにつき、はたして厳しい刑事処分を科すことが望ましいかについても引き続き慎重な検討が必要であろう。

---

43) 実際、ウトロ事件の有罪判決は、被告人の動機形成原因事実につき、被告人がかねて在日韓国朝鮮人が不当に利益を得ているなどとして嫌悪感や敵対感情等を抱いていたことなどを認定しているが、少なくとも「在日韓国朝鮮人が不当に利益を得ている」といった外部的客観的状況は存在しない。

第IV部
ヘイトクライム法の難問

1

ヘイトクライムと
修復的正義
——司法と教育からの取り組みに向けて

東京学芸大学准教授
宿谷晃弘

1　はじめに

　Restorative Justice（以下、「RJ」とする）は、修復的司法と訳され、刑事司法・少年司法の領域での理論および実践であると、一般的には思われている[1]。だが、RJ の出自、つまり RJ がメノナイトの神学と実践を1つの母体としていることを考えるならば、事はそのような狭い領域に収まるものではない。メノナイトの神学では神の平和（シャローム）の、地上における実現がキリスト者の使命とされ、メノナイトたちは人間社会のあらゆる領域・あらゆる地域においてその使命を全うすべく、司法だけでなく、教育や福祉、国際関係までを含むさまざまな領域の活動に従事し、理論を編み出している。これを範とするならば、RJ ということで刑事司法・少年司法の領域のことのみを考えるのではなく、例えば教育・福祉等の他の領域での実践・理論を視野に入れ、さらには司法や教育等の諸領域間の有

1）高橋則夫『修復的司法の探求』（成文堂、2003 年）。

機的な結びつきを念頭に置きつつ、実践を編み出し、理論を構築すべきであろう。このように考えるならば、RJ はまずは修復的正義として、平和の実現を目指す思想として位置づけられ[2]、(司法領域では修復的司法といったように) 個々の適用領域でそれに相応しいネーミングで呼ばれると考える方が適切である[3]。

　上記のことは、単なる理論的帰結ではない。実際に、諸外国だけでなく、日本でも RJ の理念を例えば教育・福祉の領域、あるいは労働法の領域で展開しようとする動きがある[4]。このうち、教育の分野のそれは修復的実践と呼ばれている。本稿では、このような動きを念頭に置きつつ、RJ がヘイトクライムとどのように向き合うべきかについて、それが登場してきた刑事司法・少年司法の領域、およびそれが展開されている教育の領域を素材にその一端を垣間みていく。そもそもヘイトクライムに対する取り組みは、司法だけでなく、例えばヘイトクライムを放置しないという社会的コンセンサスの形成が不可欠であることを考えるならば教育等の他領域との有機的な連携を必要としている。ヘイトクライムは構造的な問題であることを踏まえたうえで包括的な取り組みが必要とされているのである。このような必要性に対して、修復的正義の理念・理論は、実践的な事柄だけでなく、1 つの考え方ないし方向性といった俯瞰的な視座を提供してくれるのである。

　以下では、まず 2 で刑事司法・少年司法の領域でのヘイトクライムに対する取り組み（修復的司法）について考察し、次に 3 でヘイトクライムに

2　（筆者を含めて）メノナイトでもなく、そもそもキリスト者でもない人々にとって、メノナイトが大前提とする神の平和（シャローム）は、当然の前提ではない。そのような人々にとっては、神の平和を回復ないし修復する修復的正義よりも、変容的正義ないし変革的正義の方が適切かもしれない。

3）宿谷晃弘「社会科教育における社会的課題への主体的関与の正当性とインドクトリネーションの問題に関する覚書――修復的実践の観点から」日本教育大学協会研究年報 38 号（2020 年）129-140 頁、宿谷晃弘＝安成訓『修復的正義序論』（成文堂、2010 年）。

4）教育では本章注 20) の諸文献等を、福祉では、梅崎薫「日本における高齢者デイ修復的正義の対話プログラムの試み――高齢者虐待を予防する地域つくりにむけて」社会福祉学 58 巻 3 号（2017 年）54-67 頁等を、労働法では、宿谷晃弘＝滝原啓允「労働法における修復的正義の展開可能性に関する一試論」東京学芸大学紀要. 人文社会科学系. Ⅱ 68 集（2017 年）105-125 頁等を参照。

第Ⅳ部　ヘイトクライム法の難問

対応する文化の形成を念頭に置きつつ教育の領域での取り組み（修復的実践）について考察していく。

2　ヘイトクライムと修復的司法

　修復的司法とは、前述のように修復的正義という平和の思想を司法、特に刑事司法・少年司法の領域に適用した実践・理論のことを指す。それは、犯罪・非行によって法システムがどのような侵害を受けたかよりも、当事者（被害者・加害者・コミュニティ）が具体的にどのような痛手を被り、どのようなことを必要としているかを中心に考え、当事者の自発的・主体的な参加のもとで対話を通じて紛争、ひいては社会が変革されることを目指す[5]。従来の議論では、応報的司法と修復的司法が対置され、応報的な国家刑罰に対して修復的なプログラムの有用性が主張されることが多かった[6]。だが、本稿は平和の実現（修復的正義）の観点にしたがって応報的アプローチも変容させられる可能性があることに鑑みて国家刑罰それ自体を修復的正義・修復的司法の観点から理解すべきと考える。以下、このような修復的正義・修復的司法理解を前提としつつ、ヘイトクライムに対する刑罰的規制の現状を包括的に検討した業績である Mark Austin Walters の *Hate Crime and Restorative Justice* に依拠しながら、修復的司法によるヘイトクライムに対する取り組みの可能性について考察する。

[1]　修復的司法の理念とヘイトクライムへの取り組み
(i)　従来の応報的司法の限界とヘイト事象がもたらす害

　Walters はまずヘイト事象およびヘイトクライムについて広い定義を採用したうえで、ヘイトクライムに対する応報的アプローチの限界を指摘している[7]。Walters によれば、ヘイトクライムが犯罪化されたところで加害者がすべて処罰され、更生の機会を与えられるわけでもなく、被害者に

---

5)　宿谷・前掲注3)。
6)　高橋・前掲注1)、西村春夫＝細井洋子「図解・関係修復正義——被害者司法から関係修復司法への道のりは近くにありや」犯罪と非行125号（2000年）5-36頁等。

対する有効な対応がなされるわけでもないとされる[8]。偏見等の立証の難しさ、事件の表面的な「軽微性」等が多くのヘイトクライムの起訴・処罰を妨げるのである。

　次に Walters は、ヘイトクライムが構造的な問題であることを指摘する[9]。Walters はヘイトによって特定の集団が差異化・周縁化され、文化的、経済的、心理的等のさまざまな面で従属的で不利な位置に置かれるとし、それゆえヘイトクライムがその直接の被害者だけでなく、その被害者が属する集団全体に深刻な影響を与え続けることを指摘する[10]。Walters によれば、ヘイトクライムは被害者やその所属集団のアイデンティティを直撃し、強い恐怖や孤独感を引き起こし、その行動を制限してしまうとされる。もっとも、Walters はヘイトクライムの害をあまりにも一般化しすぎることの危険性にも注意を促している[11]。だが、これは他の犯罪による害と異なるヘイトクライムの特徴を否定するものではなく、過度の一般化に注意しつつ、異なる形態の害に有効に対応するという観点からヘイトクライムの害の特異性に注目すべきだとするのである。

　以上から明らかなようにヘイトクライムが構造的な問題である以上、刑事法システムによる対応は（すべてが無駄や逆効果ではないものの）控えめにいって限定的な効果しかもたないのであり、刑事法システム以外の、ないしそれを含めた総合的な対応が必要となるのである。そして、修復的正義・修復的司法はこの課題に対する 1 つの応答となりうる。

7) Mark Austin Walters, *Hate Crime and Restorative Justice*, Oxford; Oxford University Press (2014) 24-30（マーク・オースティン・ウォルターズ（寺中誠監訳、福井昌子訳）『ヘイトクライムと修復的司法』〔明石書店、2018 年〕59-65 頁）.

8) Walters, supra note 7, 26-29（邦訳 61-63 頁）.

9) Walters, supra note 7, 63-70（邦訳 111-119 頁）参照。なお、反人種主義の活動家であり、反人種主義運動における修復的司法の可能性を探る Davis も、人種主義について、その構造的問題性を指摘している（Fania E. Davis, *The Little Book of Race and Restorative Justice*, New York: Good Books, 31-35 (2019)）。Davis の示す構造的レイシズム（特定集団の優位性の規範化等）・制度的レイシズム（レイシズムの、例えば学校や司法等への諸制度への浸透）・個人的レイシズム（個人間で作用する明示的・黙示的バイアス）というカテゴリーはヘイトクライム一般を理解するうえで参考に値する。

10) Walters, supra note 7, 84-86（邦訳 134-137 頁）.

11) Walters, supra note 7, 107-109（邦訳 165-166 頁）.

(ii) 修復的司法の理念とプログラム

(1) 修復的司法の理念

修復的司法の内容についてはさまざまな見解がある。だが、以下では、ひとまず応報的司法対修復的司法の図式のもとに語られる修復的司法の諸要素について粗描する。ここで修復的司法の諸要素とは、つまり、①当事者の実存への配慮、②当事者の自発性・主体性の重視、③対話の重視、④能動的責任の重視、⑤復讐感情の相対化、⑥紛争変革の観点、等の6点である。

まず①当事者の実存への配慮とは、当事者が抱える具体的な害・関係性の歪み・ニーズに着目することを指す。修復的司法は、一般的に犯罪・非行行為によって具体的に誰の、どのような関係性（そこでの利益等）がどのように害されたのか、そこからどのようなニーズが発生したか等、個別的・具体的な事柄を問題とするとされる。それは法のように抽象的な人間を念頭に置くのではなく、いまここで苦しむ人間に着目するのである。

次に②当事者の自発性・主体性の重視であるが、刑事法システムにおいてはシステムの都合が優先され、システムの動きに沿って人々を動かすことが当然とされるのに対して、修復的司法においては当事者がプロセスに自発的に参加し、主体的に関与すること、およびプロセスがその趣旨に合致するように構築・運用されることが重視される。このような当事者の自発性・主体性は、直接民主主義的な理念に基づくだけでなく、刑事法システムに対するチェック効果が期待されるのであり、そこでは自発的な市民が国家権力を監視し、国家権力の発動が法の統制のもとでなされるようにすることで国家権力による恣意的な干渉を排除しようとする非支配としての自由の理念が重視されるのである。

次に③対話の重視であるが、刑事法システムにおいては事件の画一的・安定的処理のために形式的な手続が重視されるのに対して、修復的司法においては、次の理由から対話のプロセスが重視される。つまり、それは、第1に当事者がどのような関係性の歪みに苦しみ、どのような害を抱え、どのようなニーズを有しているかを当事者の肉声を通じて明確化・共有するためであり、第2に当事者の自発的参加・主体的関与を最大限に実現するためであり、かつ第3に形式的な手続ではなく、具体的なやり取りの中

で関係性の歪みや害、ニーズに向き合うためである。そこでは、当事者・関係者が一堂に会して円を描いて座り、ファシリテーターによる調整・司会のもとでトーキングピース[12]をまわしながら事件の内容、事件が当事者に与えた影響、関係性・害の修復のためにどうしたらよいか等について話し合いを行い、合意を形成するのを基本形としてさまざまなプログラムが構築・運用されている。

次に④能動的責任の重視であるが、刑事法システムにおいては法規範にしたがって法的手続を通じて国家によって確定された責任を国家による強制力を背景として加害者が負わされる（消極的責任）のに対して、修復的司法においては当事者が対話を通じて自発的・主体的に修復のプロセスに関与することを前提として、生じたことを自らの問題として引き受け、その問題の解決を自らの責任として引き受けることを選択すること（能動的責任）が重視される。

次に⑤復讐感情の相対化であるが、刑事法システムにおいては被害者やコミュニティの復讐感情を国家が被害者・コミュニティに成り代わって引き受けるということになっているのに対して、修復的司法においては修復のプロセスを通じて被害者・コミュニティの復讐感情が軽減し、さらには相対化・変容される可能性に目が向けられる[13]。

そして、⑥紛争変革の観点であるが、刑事法システムにおいては秩序維持が重視されるのに対して、修復的司法においては当事者や法システムに変革ないし変容がもたらされることが重視される。紛争は社会構造や法に潜む構造的問題を最も明らかに照らし出してくれるのである。このため、（問題の形式的処理ではなく）問題への主体的・能動的な関与は、当事者のみならず法や社会の変容のきっかけになりうる。それゆえ、修復的司法においては、紛争は「財産」になりうると考えられる。

---

12) 修復的司法の対話の場で使用される道具で、それをもった人が語り、他の人たちはそれを傾聴するというもの。参加者の注意を集め、傾聴のルールを明示するためのものであり、使用されるものは何でもよい（例えば、ペンでもよい）。

13) その1つの帰結として、コミュニティに生じうる、加害者家族への復讐感情や攻撃性が相対化ないし変容されることも視野に入れられる。

(2)　修復的司法のプログラムとその注意点

　前述（（1））のように修復的司法のプログラムの基本形は、当事者による対話のプログラムである。この基本形をもとに、①誰が主催するのか（民間なのか公的機関なのか等）、②どの範囲の人たちが参加するのか（被害者およびその関係者と加害者およびその関係者だけか、関係者の中に警察官等を含むか、広くコミュニティの構成員を含むか等）、③プロセスにおける直接対話の占める割合はどの程度か、④刑事法システムとの関係はどうなっているのか（刑事法システムとまったく無関係に実施するのかなんらかのつながりをもたせるのか、刑事法システムの処理過程のどこでつながるか、修復的司法プログラムの成果は刑事法システムによる処理にどのような影響を与えるか等）等によって異なった形態のプログラムが生じうる。

　いずれの形態をとるにせよ、修復的司法のプログラムがその理念に沿った働きをなすために注意すべき点として、①ファシリテーターの質、②安全の確保、③パワーバランスについての配慮、④入念な事前準備、⑤事件についての基本的な認識の一致、⑥様々な機関や人材との連携等がある。

　まず①ファシリテーターの質であるが、プログラムの成否はファシリテーターの腕にかかっている。これはファシリテーターが当事者を誘導できるということを意味しない。ファシリテーターの役割は当事者が自分たちで解決を導き出せるようにサポートすることである。この役割に徹することは意外に難しく、ファシリテーターには資質だけでなく、経験と知識が要求される。またファシリテーターは事案の背景にある諸問題について十分な知識を持っている必要がある。このため、ファシリテーターの研修には時間と費用がかけられるべきである。また公的機関の職員、特に警察官がファシリテーターとなる場合、注意が必要である。なぜなら、強制力や権威をもった人間は無自覚にその影響力を行使する危険性があるからである。

　次に②安全の確保であるが、安全面に不安がある場合、当事者が自発的・主体的に関与することは難しい。それゆえ、プログラム主催者は当事者の安全面の確保に細心の注意を払う必要がある。

　次に③パワーバランスについての配慮であるが、当事者間に支配関係等、力の不均衡状態が存在する場合、プログラムはその再生産・強化に終わっ

てしまう危険性がある。このため、ファシリテーターは当事者の力関係を
よく見極め、不均衡を是正する措置を講じたり、不均衡が解消されえない
場合にはプログラムの実施を断念することを視野に入れなければならない。

　次に④入念な事前準備であるが、当事者の対面・対話のみですべてが決
するわけではなく、そこに至るまでの過程の質が重要である。それゆえ、
ファシリテーターは事前準備を入念にせざるをえない。また上記②③を考
慮するならば、事前準備の重要性は自ずから明らかになるであろう。

　次に⑤事件についての基本的な認識の一致であるが、加害者が加害の事
実を全面的に否定しているような事案は修復的司法のプログラムに適さな
いとされる。

　そして⑥様々な機関や人材との連携であるが、事案はそれぞれ固有の複
雑な背景を有するため、安全面の確保も含めてプログラム主催者は様々な
技能・専門知識や権限を有する人材や機関との連携に努めるべきである。

[2] 修復的司法によるヘイトクライムに対する取り組み
における注意点

　修復的司法がヘイトクライムに取り組む場合、次の点に注意する必要が
ある。つまり、①安全面の配慮、②ヘイトクライムの多様性と被害者・加
害者の役割固定の危険性、③ファシリテーターの偏見、④コミュニティの
偏見、⑤過剰な期待等である。

　まず①安全面の配慮であるが、ヘイトクライムが被害者にもたらす影響
を考慮しつつ、安全面での保障に細心の注意を払う必要がある。これはヘ
イトクライムだけでなく、例えばDV等の他の難しい問題群でも指摘され
ていることである。

　次に②ヘイトクライムの多様性と被害者・加害者の役割固定の危険性で
あるが、Waltersによればヘイトクライムの中には単なる日常的な諍いが
激化し、ヘイトクライムに発展してしまったような事例では当事者双方に
多少の責任があり、一方の当事者を被害者、他方を加害者として後者が全
面的に悪いと固定的に捉えることは後者の不公平感を生じさせ、修復的司
法プログラムを失敗に終わらせるだけだとする[14]。一般的な修復的司法プ
ログラムにおいては当事者の認識の一致が前提であるが、ヘイトクライム

に関してはこの条件は多少緩やかに解する必要がありそうである。

次に③ファシリテーターの偏見の問題であるが、ファシリテーターが偏見を抱き、被害者よりも加害者を優先する、あるいは気づくべき問題点に気づかずにプログラムを進行させてしまう等した場合、プログラムが失敗に終わるだけでなく、被害者にさらなる害を与え、加害者には誤ったメッセージを与えて偏見・差別を強化することにもなりかねない[15]。

次に④コミュニティの偏見の問題であるが、仮に被害者と加害者の間の修復的司法プログラムが成功裏に終わったとしても被害者と加害者を取り巻くコミュニティが依然として差別と偏見に満ちたものであった場合、修復的司法プログラムの効果は限定的か無となるであろう。それゆえ、ファシリテーターは可能な限り、コミュニティへの働きかけを行うべきである。

そして⑤過剰な期待であるが、構造的な問題であるヘイトクライムに短期の修復的司法プログラムが万能薬として効果を発揮すると考えるのは禁物である。しかし、Walters によれば、長期的な嫌がらせをしていた加害者の大半がプログラム実施後にその行為をやめたとされる[16]。劇的な効果が望めないからといって修復的司法プログラムが無力だと考えるべきではなく、事案毎の性質を慎重に見極めて当事者間の共感が生じるように工夫する必要がある[17]。

[3] 提言：修復的刑罰システムと修復的司法プログラム

修復的司法のプログラムがヘイトクライムに取り組む必要があるのは当然として、刑事法システムも修復的正義の理念によって統括され、刑罰も同害報復ではなく、修復を目的とするように組み替えられる必要がある。既述のように従来の修復的司法の議論では応報的司法対修復的司法の図式が前提とされていた。しかし、侵害への等価の反応という点で応報も修復も一致しており、相手を痛めつけることを目的とするか関係性や害の修復

---

14) Walters, supra note 7, 109（邦訳 166 頁）.

15) Walters, supra note 7, 146（邦訳 213 頁）.

16) Walters, supra note 7, 232-233（邦訳 329-330 頁）.

17) Walters, supra note 7, 220（邦訳 312 頁）.

を目的とするかの違いである。このように組み替えられた応報によって刑罰システムを再編成することは、例えばDuff等によっても主張されており[18]、そこでは修復的司法プログラムを中核的刑罰として刑罰システムの中心に据え、例えば自由刑も従来の社会防衛・管理の発想から大きく切り替えることが目指されているのである。

　ヘイトクライムが社会構造に根差した根深い問題であり、かつ社会が修復的司法プログラムに投入できる資源等を考えるならば、刑事法システムが修復的正義の理念によって統括され、民間の修復的司法プログラムとのよりよい連携のもとで問題に取り組むことが望ましい。修復的司法の実践家や理論家の間にはこのような提言に対して一定の抵抗感があることは確かであるが、共和主義の理論等を参照しつつ、修復的正義の観点からの国家や刑罰のあり方についてより詳細な見取り図を描く努力はすべきであると思われる。

3　ヘイトクライムと修復的実践
──生活指導と教科教育の連動に向けて

[1]　修復的実践とは何か──その理念と従来の実践・研究の限界
(i)　修復的実践の理念と理論
　修復的実践とは、修復的正義の理論や手法の教育の領域への適用である。欧米では、学校や社会での暴力の蔓延を受けて、ゼロ・トレランス政策が台頭したのに対抗して、ゼロ・トレランスに批判的な人々によって修復的実践が主張された[19]。また日本でも同様の風潮に対抗し、かついじめ等の諸問題のよりよい解決を求めて修復的実践が注目されるに至った[20]。

　修復的実践の理論的目標は学校文化の変容である。修復的実践の代表的

---

18) R.A. Duff, *Punishment, Communication, and Community*, Oxford: Oxford University Press（2001）.

19) Brenda Morrison, *Restoring Safe School Communities: A Whole School Response to Bullying, Violence and Alienation*, Leichhardt: The Federation Press（2007）; Katherine Evans & Dorothy Vaandering, *The Little Book of Restorative Justice in Education: Fostering Responsibility, Healing, and Hope in Schools*, New York: Good Books（2016）.

論者の１人である Morrison は、修復的司法の大家 Braithwaite の再統合的恥付け[21]、および応答的規制[22] の理論を学校に適用し、対話をベースに個々の構成員の帰属意識と自己重要感のバランス[23] を保てるような学校環境の整備を主張する。また Vaandering は Morrison の議論を受け継ぎつつ[24]、学校の日常生活をより健全なものにすることを重視すべきだとし、かつ社会構造ひいては学校文化の中に組み込まれている構造的問題について批判的なまなざしを向けることの重要性を強調している[25]。なぜなら構造的問題は、支配と統制の文化を維持・強化するからである。そして、その支配と統制の文化は、おのれが支配する場で実施されるプログラムを束縛し、本来の意図とは異なる機能を担わせる危険があるからである。

20) 田渕久美子「学校における対立の解決と修復——修復的正義の視点からみた学校コミュニティにおける指導の課題」教育方法学研究 44 号（2019 年）1-11 頁、竹原幸太『教育と修復的正義——学校における修復的実践へ』（成文堂、2018 年）、山辺恵理子「修復理論における『正義』概念——関係性の構築と修復に主眼を置いた教育実践をめぐる議論を手掛かりに」東京大学大学院教育学研究科紀要 51 号（2012 年）63-70 頁、山下英三郎『いじめ・損なわれた関係を築きなおす』（学苑社、2010 年）等を参照。

21) Braithwaite は、恥付けとは「恥付けられた人に後悔の念を生じさせ、かつ／あるいは恥付けに気づいた他の人々による非難を招来しようという意図ないし趣旨を有するところの、非難表明のあらゆる社会的プロセス」であり（John Braithwaite, *Crime, Crime, shame and reintegration*, Oxford: Oxford University Press, 100 (1989)）、再統合的恥付けとは、「赦しの言葉ないしジェスチャー、あるいは加害者から逸脱者としてのレッテルを取り去るセレモニーを通して、遵法的な、ないしは尊敬すべき市民のコミュニティに加害者を再統合する努力を伴う恥付け」のことであるとする（Braithwaite, id: 100-101）。

22) Braithwaite によれば、「政府は、多かれ少なかれ介入主義的な反応が必要とされるかどうか決定する際に、規制しようとしている相手の行為に対して応答的であるべきだ」という考え方で（John Braithwaite, *Restorative Justice and Responsive Regulation*, Oxford: Oxford University Press, 29 (2002)）、「最初に修復的司法を、修復的司法が失敗した場合には抑止を、抑止が失敗した場合には無害化を試みる」ものだとされる（Braithwaite, id 42）。

23) Morrison は、個人は帰属意識と自己重要感の両方を必要とするが（Morrison, supra note 19, 25）、この両者のバランスが崩れると、疎外感、さらに恥の感覚が生じ、個人には引きこもり、自己への攻撃、回避、他者への攻撃等の、コミュニティには例えば、いじめの増加等の有害な影響が生じうるとする（Morrison, id 26, 42-43）。

24) Brenda Morrison & Dorothy Vaandering, "Restorative Justice: Pedagogy, Praxis, and Discipline," Journal of School Violence, 11, 138-155 (2012).

25) Dorothy Vaandering, "Implementing restorative justice practice in schools: What pedagogy reveals," Journal of Peace Education, 11 (1), 64-80 (2014).

Vaandering による構造的問題への取り組みの重要性の指摘[26] は、このような危険性への懸念を背景とするものである。

Vaandering の議論が示しているように、ヘイトクライムの根絶ないし減少のために教育の働きが必要不可欠であると同時に、教育にとってもヘイトクライムのような構造的問題との取り組みは必要不可欠である。ヘイトクライムを生み出す構造は、教育の場でも作用し、そこでの営みを表層的なものにして、学校空間を空虚なものにしてしまう。そこで、教科教育にヘイトクライムをテーマとして取り入れると同時に、生活指導（さらには教員や管理職の研修、国の教育制度・政策のあり方そのもの）でもヘイトクライムを支える構造との対決を組み込まなければならない。このようにして初めて、教育は問題構造の中で生き、成長していく子どもたちにとって意味のあるものになり得るのである。

(ii) 従来の修復的実践の限界

従来の修復的実践の理論・実践については、次のような限界を指摘できよう。つまり、①いじめ対応等の生活指導の部分に関心が集中していること、②学校現場の現状への対応が明確ではないこと、等である。

まず①生活指導への関心の集中であるが、犯罪や非行に取り組む修復的司法の影響を受けた修復的実践がもっぱら生活指導に注目するのはある意味で当然の成り行きであるとしても、学校教育が生活指導だけで成り立っているわけではないことに注意する必要がある。もちろん、（極端な例として）学級崩壊を起している学年・クラスでは授業も成立しえないように、生活指導がうまくいかなければ教科教育も立ち行かないことは事実である。だが、学校の時間の多くを占める教科教育をどのようにすべきか（教科教育の目的は何か、授業はどのように進められるべきか、授業においてどのようなテーマを選択すべきか等）、その理論と実践について具体的な提案をなさずに修復的実践が学校文化に深く根づくのは困難である。

そして②学校現場の現状であるが、現在の学校現場がさまざまな問題に

---

26) Dorothy Vaandering, "The Significance of Critical Theory for Restorative Justice in Education," The Review of Education, Pedagogy, and Cultural Studies, 32, 145-176 (2010).

直面し、教員が多くの困難を抱えていることは周知の通りである。もともと日本の学校はその閉鎖性が指摘されてきたが[27]、教員側からしてみればただでさえ忙しいところに素性の知れないものについて検討している暇はないということになりかねない。また仮に実践の突破口が見出されたとしても、そもそも学校が社会構造に起因するさまざまな構造的問題を抱え込んでいることは（Vaandering も参照すべきことを主張している）批判的教育学の指摘にもあることである。そのような場に修復的実践を投げ込んだところで管理の手法をまた1つ増やしたに終る危険性もある。だが、Vaandering も指摘するところの、この問題を、修復的実践の実践家・理論家がどの程度共有しているのかは定かではない。

[2] 修復的実践と教科教育

　アクティブラーニングや哲学対話等、学校で参加や対話を中心とした教育の構築・実践が強く求められている今日、対話を基調とする修復的実践が学校教育においてなしうる貢献は少なくない。また総合的な取り組みを必要とするヘイトクライムに対応するため、従来の修復的実践において手薄であった教科教育の領域での展開可能性について見取り図を描いておく必要がある。それゆえ、ここで、教科教育はどのようにあるべきかについて、修復的実践の観点からどのような提案をなすことができるか、その輪郭をみていくことにしたい。以下、①教科教育の目的、②授業の進め方、③授業のテーマ・教材の選定基準についてみていく。

　まず①教科教育の目的であるが、非支配としての自由を重んじる市民の育成が教科教育全体の目的として掲げられることになろう。これは具体的には、生涯を通じて政治や社会の諸問題に関心を抱きつつ、日常的な諸問題や社会問題の解決、および権力の監視に積極的に関与する市民の育成のことである。

　次に②授業の進め方であるが、児童生徒の対話・自主的な調査を促す授業が理想的といえる。教員は授業において自分の考えを押し付けることな

27）尾木直樹『いじめ問題をどう克服するか』（岩波新書、2013 年）。

く、あるテーマについていくつもの意見・立場がありうることに児童生徒の気づきを促す。そして、対話においてはトーキングピースを用いつつ、傾聴の姿勢を身につけることが目指される。そして、これらの営みは、非支配としての自由の理念と緊密に結びつけられている必要がある。高度に発達した資本主義社会に適応できる国民を生み出すという目的に基づいている等の、アクティブラーニングの問題性の指摘[28]を考慮するならば、修復的実践の理念やプログラムに基づく教科教育が本来の理念とは別の方向性に吸収されてしまわないように常に注意する必要がある。

　そして③授業のテーマ・教材の選定基準であるが、社会参加の意義および技能の学びにつながるか否かも重要であるが、社会構造の歪みや法制度の欠陥に対する批判意識および歪みや欠陥を見つけ出し、その改善策を考えることができる力を培うことができるか否かが重要である。

[3] ヘイトクライムと修復的実践

　まず生活指導におけるヘイトクライムへの取り組みについては、修復的司法のプログラムの場合と同様の注意点が念頭に置かれなければならない。修復的実践の生活指導において特に考えなければならないのは教員がファシリテーターを務めてよいかということである。教員と児童生徒の間に権力関係がある以上、この問題には消極的な回答が寄せられるであろう。また安全面への配慮について従来ともすれば教育の名のもとで対応がなされないことがあった[29]。だが、ヘイトクライムへの取り組みにおいてはこの慣習を改める必要がある。

　次に教科教育であるが、既に人権教育、多文化教育、そして平和教育等でヘイト事象を扱った授業実践例・案の提示や問題の指摘等が散見される[30]。修復的実践は、非支配としての自由の理念や対話の手法に基づいて従来の授業実践を整理・分析し、生活指導と教科教育との間および教科間の連携を考慮しながらヘイトクライムに取り組む教科教育のあり方を体系

---

28) 小針誠『アクティブラーニング──学校教育の理想と現実』（講談社現代新書、2018年）。
29) 内田良『学校ハラスメント　暴力・セクハラ・部活動──なぜ教育は「行き過ぎる」か』
　　（朝日新書、2019年）。

的に整備することを試みるべきである。

　そして教育政策であるが、実際のところ、ここが一番壁が厚いというべきだろう。しかし、学校への影響を考えるならば、修復的実践はヘイトクライムに取り組む教育政策のあり方について明確な見取り図を提示していくべきであるように思われる。

4　おわりに

　修復的司法も修復的実践もヘイトクライムに対する万能薬ではない。それはWaltersが修復的司法に関して詳細に示した通りである。しかし、修復的正義の理念は国家や社会が目指す方向性を示すものであり、その理念のもとで刑事法や教育の諸領域が有機的に連動する姿を描いておくことは無意味ではないであろう。このことはヘイトクライムが総合的な取り組みを要する問題であることからも要請されることなのである。今後、作業を深めていくことにしたい。

---

30) 例えば、人権教育では佐々木勝男「在日韓国・朝鮮人問題を通して、差別（人権）問題をどう学んだか！──"生きた歴史"に学ぶ」喜多明人ほか編『人権教育をつくる（小学校──【教え】から【学び】への授業づくり）』（大月書店、1997）81-93頁、多文化教育では山根俊彦「在日外国人の問題から日本人生徒の偏見・差別・排外意識に気づく『現代社会』授業実践」森茂岳雄ほか編『社会科における多文化教育──多様性・社会正義・公正を学ぶ』（明石書店、2019年）197-212頁、そして平和教育では平和教育プロジェクト委員会「レイシズムに"さよなら"しよう：防止マニュアル作りを通じて」高部優子ほか編『平和創造のための新たな平和教育──平和学アプローチによる理論と実践』（法律文化社、2022年）等がある。

2 英国の保護属性拡張に関する議論

名古屋学院大学准教授
村上　玲

1　はじめに

　2023 年現在、わが国はヘイトクライムを直接処罰する法制度を有しておらず、ヘイトクライムに該当する犯罪に対して、その刑を加重するよう定める法律も存在しない[1]。ヘイトクライムに該当する犯罪に対しては個別事案の態様に応じて、暴行罪や侮辱罪など、現法制下で適用しうる量刑の中で考慮されることになる（☞Ⅲ部 3 章）。このような日本の状況に対して、イギリス[2]ではヘイトクライム規制として、①人種および宗教に対する敵意（hostility）を伴った犯罪行為に対して通常犯罪よりも処罰内容の上限が引き上げられている規定（以下、「加重犯罪」という）を有しており、その対応を異にしている。さらに、②特定属性に対する敵意を動機とする

---

1)　☞わが国のヘイトクライムに関する状況についてはⅠ部を参照されたい。
2)　イギリスはイングランドおよびウェールズ、スコットランド、北アイルランドごとに議会が存在し、法律も異なる場合があるため、本稿でのイギリスとはイングランドおよびウェールズを指すものとする。

犯罪行為であり、かつ、その犯罪事実が深刻であると裁判所が認める場合には、量刑において加重することができる規定（以下、「量刑加重規定」という）も有しており、こちらは人種、宗教、性的指向、障害およびトランスジェンダーを理由とする敵意を対象としている[3]。なお、イギリスにはヘイトスピーチ規制として、人種、宗教および性的指向を理由とする憎悪扇動罪[4]も存在している。イギリスの法律委員会は加重犯罪、量刑加重規定および憎悪扇動罪をヘイトクライム規制の類型として掲げている[5]。しかし、憎悪扇動罪についてはヘイトスピーチ規制として導入されており、検討対象が広汎になることから、紙幅の都合上、本稿では検討対象を加重犯罪および量刑加重規定に絞り、これらをイギリスにおけるヘイトクライム規制として扱う。

　イギリスのヘイトクライム規制において論点となっているのが、"規制における保護属性の拡張と属性間での保護の程度の差" である。すなわち、ある属性に対するヘイトクライムを法的に規制する場合、そこには "保護される属性" と "保護されない属性" という区別が生じる可能性があり、そのことが問題となっているのである。また、イギリスのヘイトクライム規制は、前述したように加重犯罪と量刑加重規定とが併存しているため、ヘイトクライム規制によって保護される属性であっても属性間で保護の程度が異なるという問題も存在している。

　この課題について本稿では、既に説明したようにヘイトクライム規制が導入されているイギリスの議論を参照し、どのような経緯・議論を経て保護属性が決定され、属性間で保護の程度の差が設けられたのかを明らかに

3）イギリスのヘイトクライム規制の概要については本書第Ⅱ部第3章を参照されたい。

4）イギリスの憎悪扇動罪に関しては、奈須祐治『ヘイト・スピーチ法の比較研究』（信山社、2019年）294-374頁ほか、村上玲「イギリスにおける人種的憎悪扇動規制の展開」阪大法学64巻5号（2015年）207頁以下、村上玲「宗教批判の自由と差別の禁止——イギリスにおける神冒瀆罪から宗教的憎悪扇動罪への転換に関する考察」阪大法学62巻5号（2013年）1425頁以下、および、阪大法学62巻6号（2013年）1761頁以下、村上玲「イギリスにおける性的指向に基づく憎悪扇動罪の創設」総合福祉研究22号（2018年）197頁以下を参照されたし。

5）Law Commission, *Hate Crime Laws: A Cosultation Paper*（Law Com CP No 250, 2020）para 2.11.

する。イギリスでは近年、法改正に備えて法律委員会において保護属性の拡張および属性間格差の是正について検討されており、最終報告書[6]でも示されたヘイトクライム規制における保護属性拡張における指針の検討においてどのような内容が考慮されたのか概観する。最後にイギリスで示された保護属性拡張における考慮基準をわが国の状況にあてはめてみようと思う。

2 イギリスにおけるヘイトクライム規制導入時の保護属性に関する議論

イギリスにおけるヘイトクライム規制として初めて導入されたのは、1998年犯罪および秩序違反法[7]（以下、「1998年法」という）により創設された人種的敵意に基づく加重犯罪（以下、「人種的加重犯罪」という）および人種的敵意に基づく量刑加重規定（以下、「人種的量刑加重規定」という）であった。1990年代のイギリスでは人種差別的動機による殺人が複数件発生していたにもかかわらず、人種差別的動機により量刑が加重されるということもなく、また無罪となる事件もあり、法的手当がなされていないという問題が顕在化していた[8]。このような社会状況を受け、1997年の総選挙において労働党は、黒人やアジア人コミュニティを念頭とした[9]民族マイノリティ（ethnic minorities）を脅迫（intimidation）から保護するため

---

6) Law Commission, *Hate crime laws: Final report*（Law Com No 402, 2021）ch 3.
7) Crime and Disorder Act 1998.
8) 黒人である Stephen Lawrence を被害者とする殺人事件では人種差別的動機によるものであるとされつつも捜査当局の人種差別対応等により証拠不十分として有罪判決に至らなかった。この事件は社会問題化し、事件に関する調査が行われ、人種差別犯罪に対する政策転向の契機となったとされる Macpherson 報告書（Home Office, Report of the Stephen Lawrence Inquiry（Cm 4262, 1999））が公刊されている。人種的加重犯罪創設の背景的社会状況については W Laverick and P Joyce, *Racial and Religious Hate Crime*（Springer International Publishing 2019）141-142.
9) 庶民院での法案審議（HC Deb 08 April 1998, vol 310, col 425）において、黒人およびアジア人に対する差別と偏見があることを踏まえ、本法案は黒人およびアジア人コミュニティに対して差別的動機を持つ者は厳しく処罰されることを示すことができる旨の評価が述べられている。

の"人種的ハラスメントおよび人種を動機とする暴力に対する新しい犯罪の創設"をマニフェスト[10]に掲げ勝利した。これにより人種を理由としたヘイトクライムに関する新しい処罰規定の創設が既定路線となり、これに沿って創設されたのが人種的加重犯罪および人種的量刑加重規定である。本罪創設に関する貴族院での法案説明では、本罪創設は労働党のマニフェスト内容の1つであることが改めて言及されるとともに、暴行における人種差別的動機は量刑を加重できるとしたR. v. Ribbans, Duggan and Ridley事件[11]の判示内容を制定法化したものとの説明がなされている[12]。

加重犯罪の保護属性に関する議会の議論では、人種等のみが対象となり、宗教等が対象とならないことを問題視する指摘[13]に対して、1つの法案でもってすべての属性を保護することができない以上、人種が保護属性として優先されるとの返答[14]がなされている。また、加重犯罪と量刑加重規定の2種類の処罰規定をおく理由として、通常の暴行罪等よりも人種に対する敵意に基づく暴行に対する刑罰を重くすることによる威嚇効果を狙いとしていること[15]、刑罰に終身刑が規定されているものについては量刑の段階で加重を行うことで終身刑の適用も可能となるため加重犯罪を設ける必要がないこと、陪審が人種に対する敵意を認定しなかった場合に裁判所が人種に対する敵意を認定したうえで、職権でもって量刑を重くすることができるようにし、このような犯罪が処罰をすり抜けないようにすることが説明されている[16]。

さらに、この人種的加重犯罪および人種的量刑加重規定の対象に「宗教」という属性が加えられる契機となったのが2001年9月11日に発生した米国同時多発テロである。1998年法の人種的加重犯罪および人種的量刑加重規定の対象となる人種は同法28条4項により人種、皮膚の色、市

---

10) Labour Party, *New Labour Because Britain Deserves Better* (1997).

11) *R v Ribbans, Duggan and Ridley* [1995] 16 Cr App R (S) 698.

12) HL Deb 16 December 1997, vol 584, cols 534-535.

13) HL Deb 12 February 1998, vol 585, col 1271.

14) HL Deb 12 February 1998, vol 585, 1273.

15) HL Deb 12 February 1998, vol 585, col 1272.

16) HL Deb 12 February 1998, vol 585, cols 1282-1283.

民権を含む国籍または種族的もしくは民族的出身（ethnic or national origins）とされている。ユダヤ教徒[17]やシーク教徒[18]のように、判例によって民族と同義として捉えられている信徒は人種的加重犯罪および人種的量刑加重規定による保護対象となるのに対し、多民族で構成されるイスラム教徒やヒンズー教徒、キリスト教徒などは両罪の適用対象外となっており、宗教間で法的保護の有無が分かれるという状態になっていた。このような状況下において発生した米国同時多発テロはイギリス国内のイスラム教徒をイスラムフォビアに曝す原因となり、イギリス国内においてイスラムフォビア対策が喫緊の課題として浮かび上がった。この状況を受けて政府が議会に提出したのが反テロリズム、犯罪および治安法案[19]である。同法案ではテロ対策とともに問題となっていた宗教的憎悪扇動に対抗するための宗教的憎悪扇動罪の創設と、ヘイトクライムにおける宗教間格差を是正するため、加重犯罪および量刑加重規定の保護属性を宗教にも拡張する法改正が盛り込まれていた[20]。宗教的憎悪扇動罪については表現の自由の観点から議論を尽くす必要があり、またテロ対策法案に盛り込むことは馴染まないとして本法案では削除されていた。これに対し、加重犯罪および量刑加重規定の適用属性を宗教へ拡張することについては、従前より宗教間で保護の有無が異なるという問題意識が共有されており、折からの社会状況を受けてこの問題を是正する保護属性の拡張は必要な対応として受け入れられていたことから[21]、加重犯罪および量刑加重規定の保護属性として宗教が加えられることとなった。

　もっとも、保護属性に宗教を加えることに関しては、保護対象となる宗教を定義することの困難さが指摘されている[22]。この批判については、信教の自由や表現の自由を保障する欧州人権条約[23]を国内法化する 1998 年

---

17) *Seide v Gillette Industries* ［1980］IRLR 427.

18) *Mandla v Dowell Lee* ［1983］2 AC 548.

19) Anti-Terrorism, Crime And Security Bill, HC（2001-2002）［49］.

20) HC Deb 19 November 2001, vol 375, cols 34-35.

21) HC Deb 19 November 2001, vol 375, col 44, HL Deb 27 November 2001, vol 629, col 193.

22) HL Deb 10 December 2001, vol 629, col 1168.

23) Convention for the Protection of Human Rights and Fundamental Freedoms.

人権法[24] により、新規立法は欧州人権条約との適合性確保が義務づけられていることから、1998 年人権法に反する行為は本法の射程外になるため、宗教の定義についても心配不要との答弁[25] がなされている。

政府はヘイトクライム規制における保護属性の拡張を志向しており、第3 段階目の保護属性の拡張として 2003 年刑事司法法[26] 146 条によって量刑加重規定の保護属性として加えられたのが「障害」と「性的指向」であった。2003 年当時、人種・宗教に続いてヘイトクライムの対象となっていたのがこの 2 属性であり、障害を理由としたヘイトクライムについては障害者の 4 人に 1 人が経験しているほど多発していること、性的指向については 1996 年の調査結果として、調査対象の 32％が過去 5 年間に同性愛嫌悪に基づく暴行被害を受けており、うち 18 歳未満ではその割合が 48％にまで至っていることが議会において言及[27] されている。

これら 2 属性を保護対象とすることについて、議会で示された論点として、①信仰に基づき同性愛に反対する見解を表明した場合、ハラスメントとして訴追される可能性があること[28]、②障害と性的指向を理由とする加重犯罪がないこと[29]、③保護属性を拡張することによりヘイトクライム規制が濫用され法の想定しない訴追が発生すること[30]、④法的保護を得られない属性は法的保護を得られるまで苦難に耐えねばならないこと[31]、などがある。これらの指摘に対して、①および③の指摘に対しては 1998 年人

---

24) Human Rights Act 1998.
25) HL Deb 10 December 2001, vol 629, col 1180. 欧州人権条約は本文にあるように信教の自由を条約 9 条で保障しており、条約の保護を受けられる宗教は 1998 年人権法により保護を受けられることになる。また、同条約は権利濫用を認めていないことから、条約上権利濫用に該当する行為は 1998 年人権法によっても権利濫用となりうることになる。このようにイギリスの人権保障は欧州人権条約と相互関係にあり、欧州人権条約の履行確保機関である欧州人権裁判所の判例法の影響の下にあるだけでなく、欧州人権裁判所へ個人申立も可能であることから、議論で指摘されたような事態は簡単には起こりえない趣旨と解釈できる。
26) Criminal Justice Act 2003.
27) HL Deb 05 November 2003, vol 654, cols 818-819.
28) HL Deb 05 November 2003, vol 654, col 809.
29) HL Deb 05 November 2003, vol 654, col 815.
30) HL Deb 05 November 2003, vol 654, 818.
31) HL Deb 05 November 2003, vol 654, col 822.

権法により裁判所が適切に対処することが期待されること[32]、②については、障害および性的指向については人種や宗教とは異なり最高刑を引き上げることが適切でなく、また加重犯罪は特別に設定された目的を達成するために設けられたものであるため、障害と性的指向へ単純に適用することはできないこと[33]、④については漸次対応していくことが期待される旨[34]の応答がなされている。

　そして人種、宗教、性的指向につづく4つ目の保護属性として、2012年法律扶助、犯罪者に対する量刑及び刑罰法[35]による改正により、2003年刑事司法法146条が定める量刑加重規定に加えられたのが「トランスジェンダー」である。トランスジェンダーを量刑加重規定の保護属性とすることについて議会での反対等は特になく追加されている。

　このように加重犯罪および量刑加重規定の保護属性は、その時々で問題となっていた差別的動機による殺人等、深刻なヘイトクライムに対処するために拡張されていったことがわかる。しかし保護属性を拡張することの裏返しとして、保護されない属性が存在し、属性間での平等性問題がトランスジェンダーを除いて指摘され続けており、また保護属性間においても加重犯罪と量刑加重規定の両方での保護の有無という区別が存在するという問題点も指摘され続けていた。

　これらの問題点を検討するため、政府は法律委員会に対しヘイトクライム法制における保護属性の拡張可能性とより効果的なヘイトクライム法制に関する諮問を行い、法律委員会は諮問に対する回答として最終報告書[36]を公刊している。そこで次節ではこの報告書について保護属性の拡張における指針を検討する。

32）HL Deb 05 November 2003, vol 654, col 818.
33）HL Deb 05 November 2003, vol 654, col 820.
34）HL Deb 05 November 2003, vol 654, cols 823-824.
35）Legal Aid, Sentencing and Punishment of Offenders Act 2012.
36）Law Commission（n 6）.

3　保護属性拡張における指針

　2018 年にイギリス政府は法律委員会（以下、「委員会」という）に対して、ヘイトクライム規制およびヘイトスピーチ規制における広範かつ詳細な見直しとして、また、上記規制における効果的な法体制および現状においていかなる属性を追加するかについて諮問した。

　委員会は 62 の質問を含む協議書[37]を作成・公表し、関連諸団体等の意見を募った。そして、2473 の返答が寄せられ、これらの回答をふまえ、犯罪の加重や量刑の強化において、現行のヘイトクライム規制における保護属性間の保護の程度差は不正義であり、混乱を引き起こしていることを勧告する[38]とともに、ヘイトクライム規制における保護属性を拡張する際の判断指針を提唱し[39]、保護属性の候補となりうる属性として、性別およびジェンダー、年齢、ホームレス、性風俗従事者（sex worker）、ゴスやパンクなどのオルタナティブサブカルチャーおよび非宗教的哲学的信念を取り上げ、これらの属性について保護属性とするかについて検討し[40]、最終報告書（以下、「報告書」という）において発表している。

　最終報告書[41]は保護属性に足りるか判断する方法として協議書で提案した下記の点について寄せられた返答をふまえて検討している。すなわち、論点(a)として保護属性を法定するか、または認識可能な共通の特徴をもつ広範なグループとするか、そして、論点(b)である保護属性を追加する際の判断基準について、①実証的な必要性の基準、②追加的危害の基準、③適合性の基準という 3 基準を提案し、検討している。

　論点(a)の保護属性を法定とするか、グループとするかに関して委員会は保護属性を法定することの代替として、オーストラリアのビクトリア州[42]やノーザンテリトリー[43]で採用されている保護対象を「共通の特徴を

37）Law Commission（n 5）.

38）Law Commission（n 6）para 4.288.

39）Law Commission（n 6）ch 3.

40）Law Commission（n 6）chs 5-7.

41）Law Commission（n 6）ch 3.

42）Sentencing Act 1991（Vic）, s 5（2）.

もつ人々のグループ」として特定しない方法を検討している。この方法には保護属性を漸次拡張していくアプローチへの批判として生じる、保護される属性と保護されない属性という区別問題に対応することができるという利点がある。他方、保護属性を法定しない方法では小児性愛など社会的に有害とみなされる属性についても保護属性となる可能性があるだけでなく、法的に保護を得られる対象が増えることにより、人種差別を動機とする深刻な犯罪事例と特定スポーツクラブへの忠誠を理由とする被害が同列に扱われる可能性が生じ、ヘイトクライム規制の効果を弱体化させる危険性もある点が指摘されている。また、保護属性を法定することは保護対象が明確化され、保護対象とすることが好ましくない対象を排除できるという利点もあることから、委員会はヘイトクライム規制において保護属性を法定するという見解を維持している[44]。

　つづいて委員会は論点(b)の保護属性の追加における判断基準に関して、ヘイトクライム規制について万が一に備えて制定されるべきではないという観点から、規制を行うには偏見や敵意に基づき標的とされた属性を有するグループに対する犯罪が蔓延していなければならないとの見解を表明している[45]。そして、①実証的な必要性の基準は敵意や偏見に基づき特定属性に対してなされた犯罪行為の総量を意味する(ア)絶対的蔓延率、および、属性集団の規模に対する当該犯罪行為の総量を意味する(イ)相対的蔓延率、および、当該犯罪行為の性質と程度を意味する(ウ)重大度、の３つの基準に基づき判断されると説明されている[46]。この実証的な必要性の基準に対しては、数量的な実証性を要求しているため、報告件数が０または極僅少であるがゆえに統計結果に表れないレベルの小規模少数グループが排除される可能性があるとの批判が寄せられている[47]。この批判に対して委員会は、極小規模グループについては法規制の正当性担保が困難であるため、絶対的蔓延率は必要であり、そのようなグループについては裁判所による量刑

---

43) Sentencing Act 1995（NT）, s 6A.

44) Law Commission（n 6）paras 3.8-3.21.

45) Law Commission（n 6）para 3.42.

46) Law Commission（n 6）para 3.45.

47) Law Commission（n 6）para 3.65.

での個別対応の方が適切であるとの説明をしている[48]。

　続いて委員会は保護属性とするための判断基準として、②追加的危害の基準を提唱している[49]。この基準はヘイトクライムによって当該犯罪の個々の被害者に生じる被害だけでなく、標的とされた属性をもつグループのメンバーやコミュニティだけでなく社会の広範囲にも被害が生じていることを要求しており、この基準を判定するための要素として、（カ）属性の不変性、（キ）個人のアイデンティティにおいて標的とされた属性が中心的地位を占めていること、および（ク）属性が犯罪の標的とされることによって、当該属性を有する個人ないし集団が被る不利益や疎外性がより悪化させられているか、といった点が掲げられている[50]。この基準に対しては、宗教は改宗することがありうるため、属性の不変性を考慮要素とすることは不適切であるとの批判[51]や、集団的アイデンティティを生み出す共通の属性が個人間に存在するかを問うべきであるとする批判[52]が寄せられている。この批判に対して委員会は[53]、宗教という属性の不変性について、イギリスにおいて宗教は改宗可能であるものの社会文化的に困難であり、社会が改宗を期待すること自体が不合理で抑圧的であるとの見解を述べている。また、集団的アイデンティティはヘイトクライムの攻撃対象とされた集団に対して及ぶ追加の危害の重要な要素となるが、例えばホームレスの様に危害を加えられ、そこからさらに社会に置かれている状況を痛感するといった特殊な状況でのみ集団的アイデンティティを認識しうるということがあるため、客観的に評価することが困難な概念であるとの見解も述べている。

　3つ目の基準として委員会が提案しているのが適合性の基準である。これはヘイトクライムに対する法的対応が標的とされた属性集団に対する正しい対応方法であったかを考慮するものであり、（サ）標的とされた属性を保護することが幅広い犯罪と量刑の枠組みに論理的に合致し、（シ）実

48) Law Commission（n 6）para 3.82.
49) Law Commission（n 6）para 3.43.
50) Law Commission（n 6）para 3.43.
51) Law Commission（n 6）para 3.52.
52) Law Commission（n 6）para 3.56.
53) Law Commission（n 6）paras 3.83-3.85.

際に実行可能であることが証明され、（ス）刑事司法リソースを効率的に使用するもので、かつ、他者の権利と両立するものでなければならないとされる[54]。そして（セ）標的とされた属性に対する侵害行為がすでに他の分野で対処されているかという点や、（ソ）当該侵害行為をヘイトクライムとして扱うことにより意図しない負の結果が生じないかという点も考慮対象になるとされる[55]。この基準に対しては、費用対効果の観点から保護を拒否するための正当化理由になりかねないとの批判[56]や適合性の基準は主観的すぎるとの批判[57]がなされている。これらの批判に対して委員会は、適合性の基準はヘイトクライム規制がすべての状況に適応できないことをふまえたうえで、規制が実際の適用において効果的であるかどうか、意図しない負の効果が生じていないかに関心を置いており、費用対効果は本報告の主考慮事項ではないが、政策策定プロセスにおいて考慮要素となると述べている[58]。

協議書への応答をふまえて、上記のとおり、①委員会は絶対的蔓延率、相対的蔓延率および重大度からなる実証的な必要性の基準、②追加的危害の基準、および、③適合性の基準、に基づきヘイトクライム規制における保護属性の追加を判断することを推奨している[59]。そして、この基準に則して、性別およびジェンダー、年齢、ホームレス、性風俗従事者（sex worker）、オルタナティブサブカルチャーおよび非宗教的哲学的信念について検討し、いずれもヘイトクライム規制の保護属性として追加すべきではないとしている[60]。

4　おわりに——日本法へのあてはめ

これまで概観してきたように、イギリスがヘイトクライム規制を導入し、

---

54) Law Commission（n 6）para 3.45.
55) Law Commission（n 6）para 3.44.
56) Law Commission（n 6）para 3.72.
57) Law Commission（n 6）para 3.75.
58) Law Commission（n 6）paras 3.87-3.89.
59) Law Commission（n 6）para 3.93.
60) Law Commission（n 6）para 3.91.

また保護属性を拡張した背景として、差別的動機に基づく殺人等深刻な事例が複数発生していたという社会状況の存在が大きく関係していたことが裏づけられた。これらの経緯を経て構築され、今回公表されるに至ったイギリスの保護属性拡張基準をわが国にあてはめた場合、実証的な必要性の基準を検証するための社会的経験と事態の逼迫性を証明する資料等が総じて乏しいことがわかる。わが国の人権侵害状況については法務省が人権侵犯事件統計を公表しているが、犯罪における差別的動機を直接扱った定期的に行われている公的統計調査結果は管見の限りみられない。この結果、わが国においてヘイトクライム規制導入を検討する場合、報道等で認知されるヘイトクライムに該当する事件数に依拠することになるため認知件数としては寡少となり適合性の基準を充たさない可能性が高いといえる。他方で、朝鮮学校生徒の制服切り裂き事件[61]や朝鮮第一初級学校襲撃事件[62]のように追加的危害の基準を充たしうる事例もみられる。これらの事件が突発的な事件であるのか、それとも社会にヘイトクライムが潜在的に蔓延しているのか把握するためにも定期的な統計調査がなされる必要があろう。

　イギリスのような深刻な事例が発生する前から軋轢の端緒をつかみ、その芽を摘んでいくためには、社会状況をつぶさに観察し従前との変化を比較していくことが重要となる。萎縮することなく多様な表現が可能な表現の自由の価値が維持された社会であるためにも、そして、看過することのできない害悪が社会に噴出し対応せざる得なくなったという消極的理由でイギリスのようなヘイトクライム規制を導入せざる得なくなるような未来をわが国が迎えずに済むためにも、差別的動機に関する調査の拡充を図りつつ、将来世代に対する教育内容などにおいて、さまざまな差別につながる凶兆を効果的に矯正していくことが必要だと考える。

---

61) 本事件については参議院法務委員会でも取り上げられている。第129回国会参議院法務委員会会議録第3号3頁。

62) 刑事事件としては、京都地判平23・4・21判例集未登載 LEX/DB 文献番号 25471643。民事事件としては京都地判平25・10・7判時 2208 号 74 頁、大阪高判平 26・7・8判時 2232 号 34 頁、最決平 26・12・9判例集未登載 Westlaw 文献番号 2014WLJPCA12096002。

3 アメリカにおける「ヘイトクライムをめぐる政治」

上智大学教授
前嶋和弘

はじめに

　本章では、アメリカでのヘイトクライム立法の制定過程やその後の政策運用において明らかになったさまざまな問題について検証する（☞アメリカの立法の概要については、Ⅱ部1章を参照）。アメリカの場合、州と連邦のすみわけを意味する連邦主義のため、ヘイトクライムに対する対応は州ごとに大きく異なっている。「ヘイト」に対する意識も地域ごとに大きく違う。この構造的な問題はあまりにも大きい。それがヘイトクライムという制度そのものについての認識のずれを生み、保守層で広がっている「ヘイトクライムはアイデンティティの政治だ」という猛烈なバックラッシュの根本原因になっている。また、近年は民主党勢力と共和党勢力の未曾有の政治的分極化現象に加え、両勢力のバランスは歴史的にもあまり例のない拮抗状態となっているため、政治そのものの動きが少なくなっている。この政治過程の問題も本格的なヘイトクライム立法がなかなか進まない要因となっている。最後に、アメリカの状況を踏まえ日本での本格導入後の「ヘイトクライムをめぐる政治」がどのようになっていくのか、展望した

い。

1 ヘイトクライム立法の法的土壌

　ヘイトクライム（憎悪犯罪）とは人種、宗教、出身国、性、性同一性、障がいなどへの憎悪が原因となっている犯罪のことである。ある特徴をもつ集団全体への攻撃であり、その特徴があればだれでも攻撃の対象となってしまうというのは、あまりにも不条理だ。それもあって、アメリカではヘイトクライムは「現代のリンチ（modern-day lynching）」といわれている。

　ヘイトクライムに対する罰則は、通常の犯罪に対する刑を加重することで執行される。特定の相手への法益侵害が認められ、ヘイトクライムが立証される場合には、社会的な影響（social harm）に合わせ犯罪の罰則を重くすることで運用されている。アメリカ社会に「ヘイトクライム」の概念が定着したのは 1980 年代であり、それ以後、次第に罰則強化の流れが進んでいる。ヘイトクライムの統計については、「1990 年ヘイトクライム統計法[1]」以前には中央政府である連邦政府レベルの統計収集はなかったものの、一部の州は 80 年代から収集を始めていた。

　アメリカの歴史は独立宣言の時代から今に至る「自由」と「平等」を拡大していく戦いの歴史である。トマス・ジェファソンが独立宣言に、「すべての人間は平等に創られている」と記したとき、ジェファソンの念頭には人種的な平等や経済的な平等はなかった。ジェファソンのような建国の父祖たち（founding fathers）にとっては人間の能力や社会環境は大きく異なるため、人種平等も、経済格差是正もありえないと考えていた。

　奴隷制の維持を争い、国を二分する血みどろの戦いとなった南北戦争を経て、「法の下の平等」を定めた憲法修正第 14 条が制定された（南北戦争直後の 1866 年に提案され、1868 年に批准された）。その後、北部や西部では異なる人種間の融合も進んだが、それでも差別的な慣習が続く南部を中心に、公共の場での人種隔離や所得制限によるさまざまな投票制限、異人種

---

1) Hate Crime Statistics Act of 1990.
2) Jim Crow laws もしくは Jim Crowism. ジム・クロウとは黒人の蔑称。

間の結婚禁止などの人種的少数派を除外する、いわゆる「ジム・クロウ制度[2]」が長年続いた。これは特定の法律を意味するのではなく、さまざまな差別的な行為を温存する制度や慣習全般を意味する。

差別的な行為が残っていることに対する憤りから、公民権運動（civil rights movements）が1950年代から1960年代に大きな盛り上がりをみせたことは世界的に知られている。運動の結果、1964年には公民権法[3]が、1965年には投票権法[4]が成立した。さらに64年法を修正した1968年公民権法[5]の条文[6]には「学校への出席、公共の場所の利用、施設の利用、仕事への応募、州裁判所の陪審員としての活動、投票という連邦政府が保護する活動を行う際、人種、肌の色、宗教、出身国を理由に、故意に人を傷つけ、脅迫し、妨害し、または傷つけようとした者を連邦政府が起訴することを認める」とあるようにさまざまな禁止事項が盛り込まれた[7]。この条項がその後のヘイトクライム対応の根拠となっていく。各州レベルでもさまざまな反差別法が成り立っていく。これを公民権法は全体的に補完し、雇用における反差別規定などの制定が進んでいった。

また、アメリカの場合、反差別を訴える利益団体やNPOの動きも活発であり、ヘイトクライム立法の制定過程やその後の政策運用の段階で、政策関係者の政治的なインフラとして機能してきた。代表的なのが、ユダヤ人の人権擁護団体である「名誉棄損防止同盟（Anti-Defamation League of B'nai B'rith: ADL）」である。1981年にADLが策定したヘイトクライム摘発のモデル法は、ほとんどの規制の基盤となっている[8]。ADLはさらに法廷でのアミカス・ブリーフ（アミカス・キュリエ）提出などで裁判にも大

---

3) Civil Rights Act of 1964.
4) Voting Rights Act of 1965.
5) Civil Rights Act of 1968.
6) 18 U.S.C. § 245 (b) (2)
7) 違反した場合、1年以下の罰金もしくは拘禁刑、またはその両方が科せる。人身事故を起こした場合や、銃器、爆発物、火気を使用した脅迫行為を行った場合には、10年以下の拘禁刑が科せられ、誘拐、性的暴行、殺人を伴う犯罪には終身刑または死刑も下される可能性がある。
8) ADLによると、46の州とコロンビア特別区で、ADLのモデル法に近い法律が制定されているとする。https://www.adl.org/what-we-do/protect-civil-rights/hate-crimes

きく影響してきた。

さらに人種差別に対する抗議運動と各種データの提供などの啓蒙活動をしている南部貧困法律センター（Southern Poverty Law Center: SPLC）も、ヘイトクライム立法制定のための積極的なロビー活動を行ってきた。その中には、上述の 1990 年統計法のモデル法なども連邦政府や各州に提供してきた。

2 「心の問題」という難しさ

このようにアメリカの場合、差別を摘発する素地が整っており、ヘイトクライム立法の制定は必然のようにみえる。ただ、物事はそんなに簡単ではない。難しいのは差別というのは心の問題であり、感情という外部からは見えにくいものに対して、罪の重さをはかりにくい、という根本的な問題があるためだ。

ヘイトクライムについていえば、「合理的疑いの余地のない（beyond a reasonable doubt）」憎悪が立証されることになるが、憎しみというのは心の問題である分、立証は難しくなっている。そもそも犯罪行為と憎悪とは表裏一体であり、人を憎む行為は犯罪かどうかという議論もアメリカではある。「思想警察だ」という批判すらあり、「何が憎悪か」を定義するのは難しい。また、無知の部分で起こる偏見もありアメリカが多様であるがゆえに大きな軋轢も生まれる。

「心の問題」の先にあるのは、「システミック・レイシズム（systemic racism）」と呼ばれる構造的人種差別である[9]。システミック・レイシズムとは、社会全体や組織全体に存在する政策や慣行の中、一部の人々が不当な扱いを受け続けていることを意味する。貧困に由来する医療アクセスの欠如、学習環境の劣悪さによる貧困の連鎖、犯罪の横行などが、所得や人種によってすみ分けられている分、固定的になってしまっている。人種、宗教、出身国など特定の集団に対するステレオタイプから生まれる憎悪も

---

9) Carmichael, Stokely and Charles V. Hamilton（1967）*Black Power: The Politics of Liberation*. Random House.

固定化する。制度上には平等が達成されても決して差別的な行為が終わらない現状が続くため、ヘイトクライム立法を進めることはなおさら重要になっている。

ただ、「心の問題」や差別に対する認識はヘイトクライムをめぐる法執行文化にも影響している。ヘイトクライムとは、通常の犯罪に対して人種などのカテゴリーに対する憎悪が主たる要因となり、傷害や器物破損などの罪を犯すものである。逆にいえば、犯行時の「憎悪」を認定する必要がある。決め手になるのが犯罪者の「心の問題」である分だけ、「嫌がらせ」にどれだけ悪意があるかは法執行機関が決めなければならない。

ここで問題なのが、ヘイトクライムは「社会構築（social construct）」されるものであり、「何をもって憎悪か」はその場所の法執行文化によって大きく異なることだ。アメリカの場合、人種平等に対する意識には大きな地域差がある。ヘイトに敏感な北東部の州やカリフォルニア州などのリベラル諸州や多様な人々が住んでいる都市部などの警察は、ヘイトクライム認定を積極的に行っている。逆に、奴隷制が長く維持された南部では人種関係も大きく異なり、ヘイトクライム認定がなかなか進まない。

この法執行機関の「ヘイト」に対する意識の地域差はアメリカの場合、愕然とするほど大きい。誤解を恐れずにあえてシンプルな例を挙げてみたい。同じように「この黒人野郎」といって白人が黒人を殴ったとする。ヘイトに敏感な州や地域の警察は積極的にヘイトクライム認定を進め、傷害の罪だけでなく、ヘイトクライムの罪も加重されていく。一方で、伝統的にヘイトに敏感とはいえない州では罪状は「傷害」「器物破損」だけとなりがちだ。

このような地域性の違いがあることは「地域に根差したアメリカの法執行文化の特徴」といえないわけではないが、これこそ、ヘイトクライムの全米的な対応を遅くしている元凶になっている。

3 「最もヘイトが多い州や地域には『ヘイトクライム』は少ない」──ヘイトクライム対応をめぐる連邦主義

犯罪捜査についての地域差については、アメリカが州と中央政府（連邦

政府）との権限を棲み分けている連邦主義（federalism）の国であることが大きい。連邦捜査局（FBI）が担当するのは、連邦法が適用になる場合である。基本的には州際事件や連邦政府施設内での犯罪であり、数は限られている。ヘイトクライムに認定されることがある傷害や器物損壊などの犯罪の大多数は州の管轄である。地域ごとの法執行文化を超え、ヘイトクライムの全米統一基準の策定をFBI、さらには連邦政府が模索している。コーディネーターとしての可能な範囲でヘイトクライム法の運用の全国化（連邦化）を狙っているのだが、なかなか実現できていない。

　基本的には州政府に任されており、連邦政府がやれることは限られているのだが、連邦政府（連邦最高裁）が主導しなければ、人種融合などの公民権運動は遅れていたという見方が強い。例えば、教育の場での人種隔離を違憲とした連邦最高裁の1954年のブラウン判決などの連邦主導の差別撤廃の動きが公民権運動と連動し、最終的には公民権法となり、南部諸州の状況を変えていった。

　ヘイトクライム対応をめぐる連邦主義が如実に表れているのが、統計データである。連邦捜査局（FBI）はデータ収集を全米で進めてきた。それに従ってさまざまな数字も一般に広く紹介されてきた。例えば、全米規模ではアジア系に対する2020年のヘイトクライムは全米で279件。2019年からは77％増加している。この数字の増加がいかに深刻かは、他の人種に対するヘイトクライムと比べると明らかである。黒人2871件（2019年から49％増）、白人869件（同30％増。ユダヤ系などが含まれる）、ヒスパニック517件（2％減）とアジア系の増加率が目立っている。

　ここまで具体的に詳細に記載したものの、そもそもこの数字はまったく正確だとは言いにくい。ヘイトクライム対応をめぐる連邦主義のため、対応に地域差があるためだ。全米のヘイトクライム基準の策定を進めるFBIは全米規模のヘイトクライムのデータ収集を続けている。ただ、それに対しても南部や中西部などの法執行機関（州、郡、市など）がデータ提供に積極的でない。アメリカには2020年の段階で法執行機関（州、郡、市の警察）は計1万8625カ所存在する。その中でヘイトクライムの情報をFBIに提供したのは1万5138カ所であり、8割程度しかない。そして、時間をかけて集めた「最新データ」もいつも約2年前のものだ。2021年春の

段階で47州、ワシントン市、プエルトリコが導入（ワイオミング、サウス
カロライナ、アーカンソーの3州がなし）している州法や市の条例に沿い、
それぞれの対応が異なり、47のうちデータを集めていない州が16州もあ
るためだ。

　都市に比べて南部や中西部の場合、「公式データ」が実際のヘイトクラ
イムの数字をまったく拾い切れていないという根強い問題がある。「政府
の公式データ」があてにならない中、カリフォルニア州立大学サンバナデ
ィーノ校の「憎悪と過激主義研究センター（Center for the Study of Hate
and Extremism）」は人種的少数派が集中する都市に絞って、速報的に毎年
初めに昨年分を公開するようになっている。ただ、南部諸州などのデータ
までは拾い切れていない。

　データだけの問題にとどまらず、統計の数も摘発の数も熱心な州や地域
とそれ以外では摘発の数にも差が大きく出る。ヘイトクライムに対して敏
感なところではヘイトクライムが増加する。逆にヘイトに対して鈍感な地
域では「ヘイトクライム」は数的には少ない。FBIの2020年のデータに
よると、ヘイトクライムの総数は8263件で、カリフォルニア州（人口約
3950万人）が1339件、ワシントン州（同760万人）が451件、ニューヨー
ク州（同1940万人）が463件あるのに対して、南部のアラバマ州（同490
万人）は27件、アーカンソー州（同300万人）が19件、中西部のワイオ
ミング州（同57万人）が18件だった。人口の差もあるが、あまりにも差
が大きい。

　このようにディープサウスの中心の1つであるアラバマ州やルイジアナ
州などでは報告されるヘイトクライムは年間数件だ。アラバマ州のヘイト
クライムは2019年には何とゼロだ。同州は全米の中でも人種差別の度合
いが最も悪質な場所の1つである。1960年代、キング牧師が人種差別を
摘発していく公民権運動の拠点として選んだのが、同州のバーミングハム
市だったのは強烈な皮肉以上の何ものでもない。一方、北東部やカリフォ
ルニア州などのヘイトクライムの数は非常に多い。「最もヘイトが多い州
や地域にはヘイトクライムが少ない」というなんともいえないデータのあ
いまいさがある。

4 ヘイトスピーチ規制に対する慎重さ
── 表現の自由との関連

　連邦主義とともに、ヘイトクライム摘発を難しくしているのが「表現の自由」を極めて重視するアメリカの法執行文化である。アメリカの場合、表現の自由との関連でヘイトスピーチ規制がなかなか進まない。アメリカは裁判の先例に拘束される判例法主義の国であり、表現の自由を重視する判決が出ているため、ヘイトスピーチ規制に対して慎重になっている。

　ヘイトスピーチ規制についての最高裁判決としては古くは1942年の「喧嘩的言葉（fighting words）」を争った「チャプリンスキー判決（Chaplinsky v. New Hampshire）」や、「集団的誹謗（group libel）」を争った「ボーハネ判決（Beauharnais v. Illinois）」などがある。この段階ではいずれも規制することに対して合憲だった。

　しかし、1992年の「R.A.V.判決（R.A.V. v. City of St. Paul）」以降、積極的な規制が難しくなってしまった。この判決においてスカリア判事の多数派意見（レンキスト、トーマス、スーター、ケネディ）では市条例は人種、肌の色、宗教などを規制対象としているが、同性愛には規制をかけておらず、「選別」をしているとして、誰が「悪い表現」を決めるのか、不人気な思想の抑圧につながる可能性を指摘している。この判決をもって、公権力が「喧嘩言葉」「集団的誹謗」を判断することにブレーキがかかるようになっている。このようにしてヘイトスピーチは罰則の対象に極めてしにくい状況になる。

　ヘイトクライム制定を訴えるようなリベラル派にとっても「表現の自由」は譲れない政治争点であるため、リベラル派の代表的な団体であるACLU（アメリカ市民自由連合）が「表現の自由」からヘイトスピーチ規制に否定的でもある。1990年代以降、各州レベルの対応とともに、「1994年ヘイトクライム（量刑加重）法[10]」「2009年シェパード・バード法（ヘイトクライム防止法）[11]」、「2021年新型コロナウイルス・ヘイトクライム

10）Hate Crimes Sentencing Enhancement Act of 1994.

11）The Matthew Shepherd and James Byrd Jr. Hate Crimes Prevention Act of 2009.

法[12]」など、連邦法での各種ヘイトクライム立法はあったが（詳しくは第Ⅱ部1などを参照）、州、連邦のヘイトクライム法整備はヘイトスピーチ規制以外の部分で進んできた。

しかし、「スピーチと行為はそもそも不可分である」とする、研究者の見方もある[13] ものの、ヘイトの言葉を避けては根本的な問題解決に進まないことは明らかだ。

5　政治的分極化とヘイトクライム

アメリカの政治学の研究では法と世論の相関はさまざまな形で認められてきた[14]。ただ、現在のアメリカの世論の分断は、上述のようなヘイトクライム立法の積極的な適用、統計データ収集についても州ごとの差を生み出してしまっている。

現在の政治的分極化は「文化の戦争」の上に成り立っている。1950年代からの多文化主義的な考え方をリベラル派が受容したことと、それに対する反作用といえる保守層の反発がこの文化の戦争である。「戦場の最前線」にあるのが、公民権運動、女性解放運動、同性婚の受容などがある。左右の世界観の対立であり、生き方そのものの対立である。

そして、世界観は地域差が強く、「多様でコスモポリタン的世界（リベラル）か、あるいは均一な社会（保守）か」「キリスト教的伝統を重んじる（保守）か、伝統にとらわれない生き方（リベラル）か」という都市部と過疎の差も大きい。ソーシャルメディアの時代であり、対立は急激に加速化する。世界観の対立である分、現状を変えようとする動きがでれば、反作用のようにそれを潰そうとする動きも大きくなる。そのため、なかなか

---

12) COVID-19 Hate Crimes Act of 2021.

13) Sunstein, Cass R. (1995) *Democracy and the Problem of Free Speech,* Simon and Schuster. ☞Ⅲ部1章150頁

14) Dahl, Robert A. (1957). "Decision-Making in a Democracy: The Supreme Court as National Policy Maker." *Journal of Public Law* 6: 279-295 や Norpoth, Helmut, and Jeffrey Segal. 1994. "Popular Influence on Supreme Court Decisions." *American Political Science Review* 88（3）: 711-725.

「戦況」はどちら側が有利になるかがみえない。

　人種的少数派や性的少数派への保護に直結するヘイトクライム対策については、リベラル派の政策として考えられていることが一般的だ。そのため、保守側の視点からみれば、ヘイトクライム対応は人種・性的少数派を保護するために、マジョリティ側の積極的な摘発を進める「アイデンティティの政治（identity politics）」という見方となる。「アイデンティティの政治」とは主にジェンダー、人種、民族、性的指向、障がいなどの特定のアイデンティティに基づく集団の利益を代弁して行う政治活動であり、否定的にその活動を揶揄するニュアンスがある。少数派を大学入学選抜に積極的に合格させる「アファーマティブ・アクション（積極的差別是正措置）」のアナロジーから、「ヘイトクライム認定は逆差別」という見方すらある。

　ヘイトクライムをめぐる左右の対立については、州レベルでは棲み分けがあり、対立というよりはどちらかの側に沿った動きとなる。北東部の各州やカリフォルニア州、ハワイ州では多様性や平等に敏感なリベラル派がますます目立つようになり、ヘイトクライムに対する積極的な対応が進んでいる。一方、南部諸州ではこれまで述べたようにヘイトクライムに対する対応は大きく遅れがちである。

　一方、国全体のレベルでは、分極化でリベラル派と保守派の２つの勢力の立ち位置が離れるとともに、歴史的にはまれなほど、両勢力が数的には拮抗している。そのため、連邦議会においてヘイトクライムやヘイトスピーチ法案をめぐっての議論は常に党派対立を生んでしまう。「ヘイトクライム対策はリベラル派の政策」とみられているため、数が拮抗する中、連邦レベルの本格的な立法も当面は困難である。

　「分極化＋拮抗状況」の中で成立したヘイトクライム関連の連邦法として、2021年の「新型コロナウイルス・ヘイトクライム法」は世界的な注目を集めた。「中国ウイルス」「武漢ウイルス」などという言葉とともにコロナの中国起源をめぐって急増したアジア系へのヘイトクライムに対応する新法だったからだ。ただ、同法の具体的な対策をみると、世界的なイメージとは大きく異なる。「ヘイトクライムの迅速な審査を担当する司法省の役員または職員を指定する」「州、地方自治体と連携。司法長官は州、

地方、部族の法執行機関のためのガイダンスを行う正確なデータ収集を進める」「州のデータ収集に補助金を付ける。ホットラインを導入するヘイトクライムに対する認識を高め、被害者に手を差し伸べることを目的とした公共教育キャンペーンを拡大する」など、具体的な条文をみるとヘイトクライムの摘発法ではまったくなく、当たり障りのない極めて弱い規制やヘイトクライムについての啓蒙活動促進でしかないことがわかる。

　それでも大きな一歩であることは間違いないものの、各議員の「得点稼ぎ」としてのシンボリックな法律でしかない。そもそも同法は上院 94 対 1、下院 364 対 62（反対はすべて共和党議員）と圧倒的な数で成立したが、逆にいえば分極化の時代でこれだけまとまるのは、強制力がない骨抜きされた法律でしかない。

　ヘイトクライム対応については、法曹界も意見が分かれている。保守のフェデラリスト・ソサエティ（Federalist Society）はヘイトクライムの「連邦化」については慎重であり、各州の状況に合わせての対応を指示している。一方、リベラル派のアメリカン・コンステチューション・ソサエテイ（American Constitution Society）はヘイトスピーチ規制についても肯定的である。現在のロバーツコート（2005 年から現在まで続く、ジョン・ロバーツ長官が率いる連邦最高裁）の特徴は、保守判事が多数派を占め、フェデラリスト・ソサエティ出身者も少なくない。連邦政府の「非介入」に「積極司法」であるため、ヘイトクライムの「連邦化」にも否定的であるとされている。

6　ヘイトクライムをめぐる政治の複雑性

　ここでアメリカのヘイトクライムをめぐる政治の複雑性について、論じておきたい。ヘイトクライム摘発については「多数派の差別意識から少数派がヘイトクライムの対象になっている」と一般的に考えられている。ただ、実際のヘイトクライム摘発については、黒人が白人に対して、あるいは女性から男性に対してのヘイトクライムのように「少数派の差別意識から多数派がヘイトクライムの対象になっている」というケースもあり、各種統計にもそれはしっかり記載されている。

第Ⅳ部　ヘイトクライム法の難問

そもそもヘイトクライム規制の法的基盤となった1993年の最高裁の「ウイスコンシン州対ミッチェル（Wisconsin v. Mitchell）」判決は、黒人が白人に対する憎しみから暴行を行った事件である。この事件のあらましは次の通りだ。ウイスコンシン州で黒人に対する差別を描いた映画『ミシシッピバーニング』をみて影響された黒人男性が白人男性を殴打し、所持品を盗んだ。これに対して、同州では窃盗、傷害は「2年以下の拘禁刑」だが、ヘイトクライムの罪の加重が適用され、「7年以下の拘禁刑」（実際には4年）となった。この事件に対して連邦最高裁で争われることになったが、9人の判事がすべて規制は合憲と判断した。

また、こんな例もある。ブラックライブスマター（Black Lives Matter）運動は黒人に対する人種差別反対運動だが、これに対し、運動のターゲットとなっている警官を守れという運動（「ブルー・ライブス・マター（Blue Lives Matter[15] 運動)」）もあり、警官への差別からの犯罪は複数の州ではヘイトクライムの対象となっている。

「警察に対するヘイト」の法制化（ルイジアナ、ケンタッキー、ミシシッピ、ユタ、ジョージアなどの州）の一方で「ホームレスに対するヘイト」の法制化（メリーランド、メイン、ワシントン、フロリダ各州）などもある。一方で、アメリカ社会そのものの変化（移民増、前倒しになる白人の「少数化」）が与えるヘイトクライムをめぐる対立がより先鋭化してくる可能性も考えられる。

7　日本での「ヘイトクライムをめぐる政治」

最後に日本での本格導入後の「ヘイトクライムをめぐる政治」について展望してみたい。政治史上でみても未曾有の政治的分極化状態であるアメリカに比べれば政治的な分断は日本の場合、大きくない。そのため、ヘイトクライムの本格導入に対するアレルギーのような感情については、アメリカほどは目立たないほか、ヘイトクライムについての認識のずれが目立

15）ブルーは警官の制服を意味する。Police Lives Matter 運動ともいう。

つような地域差もアメリカほどは大きくはないだろう。

　ヘイトクライムをしっかり摘発する制度ができ、運用をしっかりすれば するほど、ヘイトクライムが増えるというのは、おそらく日本でも同じで あろう。ヘイトクライム認定をめぐる地域差は日本の場合、アメリカほど は大きくはないとは思えるが、それでも都市部と過疎地域においての差は 日本でも払底できないはずだ。

　ただ、アメリカに比べては少ないかもしれないが、「ヘイト」に敏感な 都市部ではヘイトクライムとみなされる犯罪が多く、鈍感な過疎地域との 差もそれなりに自立していくだろう。その中で「ヘイトクライムを制度化 することは、アイデンティティ政治につながる」といった声も大きくなっ てくるかもしれない。

　特定の行為を「ヘイトクライム」と定義し、罪状を重くすることでむし ろ偏見が助長するといった批判や、「人を憎む行為」についての法的な立 証の難しさは日本でも同じである。さらに、「少数派の差別意識から多数 派がヘイトクライムの対象になっている」というケースのようなものにつ いて日本では意見が分かれるかもしれない。

　いずれにしろ、日本の針路を考える意味でも、ヘイトクライム対応につ いては、アメリカという先例のさらなる分析が不可欠となる。

英米独のヘイトクライム関連法規（抄録）

国	法律	条文
アメリカ（連邦法）	合衆国法典第34篇第41305条（1990年ヘイトクライム統計法により制定）	(a) 本条は「ヘイトクライム統計法」として引用できる。 (b) (1) 合衆国法典第28編第534条の権限に基づき、司法長官は、暦年毎に、人種、ジェンダー及びジェンダーアイデンティティ、宗教、障害、性的指向又はエスニシティに基づく偏見に関する証拠を示す犯罪について、必要に応じて謀殺、故殺、レイプ、加重暴行、単純暴行、脅迫、放火及び財産の破損、損壊又は破壊行為を含むデータを取得しなければならない。
	1994年暴力犯罪抑止及び法執行法（量刑加重法）	第280003条（ヘイトクライムの刑罰加重に関する合衆国量刑委員会への指令） (a) 定義：本条において「ヘイトクライム」とは、何人か〔of any person〕の現実の若しくは認識上の人種、肌の色、宗教、民族的出身、エスニシティ、ジェンダー、ジェンダーアイデンティティ、障害又は性的指向を理由として、被告人が被害者を、又は財産犯の場合は犯罪の対象となる財物を、故意に選択する犯罪をいう。 (b) 刑罰加重：合衆国法典第28編第994条に従い、合衆国量刑委員会は、事実審において事実認定者が合理的な疑いを超えてヘイトクライムであると判断した犯罪について、3段階以上の量刑加重を規定するガイドラインを公布し、又は既存のガイドラインを改正しなければならない。本条の実施にあたり、合衆国量刑委員会は、他のガイドラインとの合理的な整合性を確保し、実質的に同一の犯罪に対する二重処罰を回避し、かつ、免責を正当化しうる減軽事由を考慮しなければならない。
	合衆国法典第18編第245条（1968年公民権法により制定）	(b) 法の外観の下に行われているか否かを問わず、暴力又は暴力の威嚇により、次の者を故意に傷害し、脅迫し若しくは妨害し又はそれらを試みる者。 (1) 〔略〕 (2) その者の人種、肌の色、宗教又は民族的出身が理由とされ、かつ、次に該当する又は該当したことが理由とされた者。 (A) 公立学校又は公立大学への入学又は在学、 〔略〕
	合衆国法典第18編第247条（宗教的財産の損壊及び宗教的信念の行使の妨害の禁止）	(a) 本項（b）号に掲げる状況において次のいずれかに該当する者 (1) 何らかの宗教的不動産を、その宗教的性格を理由として、意図的に傷つけ、損壊し若しくは破壊し、若しくはそれらを試みる者、又は (2) 宗教的不動産に対する暴力の威嚇を含めた、暴力若しくは暴力の威嚇により、何人かの宗教的信念の自由な行使を意図的に妨害し、若しくは妨害しようとする者、 は、（d）号の規定により処罰される。 (b) 前号で述べられた状況とは、犯罪が州際通商若しくは国際通商の下にある又はそれらに影響を及ぼす場合である。 (c) 何等かの宗教的不動産と関連する何人かの人種、肌の色又は種族的性格を理由として、当該宗教的不動産を意図的に損壊し、破壊し、又はそれらを試みる行為は、（d）号の規定により処罰される。 〔略〕
	合衆国法典第18編第249条（2009年にヘイトクライム防止法により制定）	(a) 総則 (1) 現実の若しくは認識上の人種、肌の色、宗教又は民族的出身に関する犯罪 法の外観の下で行われたか否かを問わず、何人かの現実の若しくは認識上の人種、肌の色、宗教又は民族的出身を理由として、故意に人の身体を傷害し、又は火器、銃器、危険な凶器若しくは爆発性若しくは焼夷性の装置を用いて人の身体を傷害しようとした者、 (A) 10年以下の拘禁若しくは本編で定める罰金、又はその併科に処する。 (B) 次の場合に該当するときは、有期若しくは終身の拘禁若しくは本編で定める罰金、又はその併科に処する。 （ⅰ）その犯罪により死亡させた場合、又は （ⅱ）その犯罪が誘拐若しくはその未遂、加重性的虐待若しくはその未遂、若しくは殺人未遂にも該当する場合

	（2）現実の若しくは認識上の宗教、民族的出身、ジェンダー、性的指向、ジェンダーアイデンティティ又は障害に関する犯罪 （A）総則 　法の外観の下で行われたか否かを問わず、（B）号又は（3）項に規定する事情があるときは、何人かの現実の若しくは認識上の宗教、民族的出身、ジェンダー、性的指向、ジェンダーアイデンティティ又は障害を理由として、故意に人の身体を傷害し、又は火器、銃器、危険な凶器若しくは爆発性若しくは焼夷性の装置を用いて、その身体を傷害しようとした者は、 （ⅰ）10年以下の拘禁若しくは本編で定める罰金、又はその併科に処する。 （ⅱ）次の場合に該当するときは、有期若しくは終身の拘禁若しくは本編で定める罰金、又はその併科に処する。 （Ⅰ）その犯罪により死亡させた場合、又は （Ⅱ）その犯罪が誘拐若しくはその未遂、加重性的虐待若しくはその未遂、若しくは殺人未遂にも該当する場合 （B）所定の事情。前号に関して、同号に掲げる事情とは次の場合をいう。 （ⅰ）前号に掲げる行為が被告人又は被害者の、次の旅行の過程又はその結果として生じる場合。 （Ⅰ）州境若しくは国境を越えたもの、又は （Ⅱ）州際通商若しくは国際通商の経路、施設若しくは手段を利用したもの。 （ⅱ）被告人が、前号に掲げる行為に関連して、州際通商又は国際通商の経路、施設又は手段を利用する場合。 （ⅲ）前号に掲げる行為に関連して、被告人が、州際通商又は国際通商を経てもたらされた火器、危険な武器、爆発性若しくは焼夷性の装置その他の武器を使用した場合。 （ⅳ）前号に掲げる行為が次の場合に該当する場合。 （Ⅰ）行為時に被害者が従事している商業活動又はその他の経済活動を妨害していること。 （Ⅱ）その他、州際通商又は国際通商に影響を及ぼしていること。 〔略〕
合衆国法典第34編第30507条（Jabara-Heyer 反ヘイト法により制定）	（a）略称 　本項は、「2021年 Khalid Jabara 及び Heather Heyer ヘイト、暴行及び平等への脅威への国家的反対法」または「Jabara-Heyer 反ヘイト法」として引用できる。 〔略〕 （c）定義 　本項では次の定義を用いる。 （1）ヘイトクライム 　「ヘイトクライム」とは、第18編第245条、第247条若しくは第249条又は第42編第3631条に掲げる行為をいう。 〔略〕 （d）ヘイトクライムの報告 （1）実施補助金 （A）総則 　司法長官は、州又は地方自治体による全国インシデントに基づく報告システム〔the National Incident-Based Reporting System〕の実施を支援するため、州又は地方自治体に対して補助金を交付することができ、これには全国インシデントに基づく報告システムにヘイトクライムを同定、分類する職員の訓練も含まれる。 （B）優先順位 　前号による補助金を交付するにあたり、司法長官は、（f）（2）（A）号に掲げるプログラム及び活動を開発し実施する州及び地方自治体を優先するものとする。 〔略〕
合衆国法典42編第3631条（住居の権利の侵害の禁止）	法の外観の下で行われたか否かを問わず、暴力又は暴力の威嚇により、次の者を故意に傷害し、威嚇し、妨害し又はそれらを試みる者は、第18編で定める罰金若しくは1年以下の拘禁、又はその併科に処する。〔略〕 （a）その者の人種、肌の色、宗教、性別、ハンディキャップ（本

243

		編第 3602 条の定義による）、家族関係（本編第 3602 条の定義による）若しくは民族的出身を理由とされ、かつ、その者が住居の販売、購入、賃貸、融資、占有、若しくはそれらの契約若しくは交渉、若しくは住居の販売若しくは賃貸の事業に関するサービス、組織若しくは施設への申込若しくは参加を行い、若しくは行ったことを理由とされた者、 〔略〕
アメリカ（州法）	ニューヨーク州刑法	第 240.35 条（徘徊の罪） 次の行為をした者は徘徊の罪とする。 〔略〕 4. 覆面その他の一般的ではない若しくは不自然な衣装若しくは顔面変装をして、同様の覆面若しくは変装をした他の人々と共に公共の場において徘徊し、滞留し若しくは集合すること、又は、そのような覆面若しくは変装をした人々が公共の場において集会することを故意に許可し若しくは援助すること。ただし、その行為が仮装パーティー又はそれに類する催事に関連して行われる場合、そのような催事がそのような行事に関する規制を公布している都市で開催される場合は事前に警察又はその他の適切な当局の許可を得ているときは、違法とはならない。 第 485.05 条（ヘイトクライム） 1. 次のいずれかの場合に特定犯罪を行った者はヘイトクライムの罪とする。 　（a）その信念又は認識の正しさは問わず、犯罪を遂行し又は遂行しようとした際に、その一部又は全部が、ある者の人種、肌の色、民族的出自、祖先、ジェンダー、宗教、宗教的行為、年齢、障害若しくは性的指向に関する信念又は認識を理由として、被害者を意図的に選択した場合。 　（b）その信念又は認識の正しさは問わず、ある者の人種、肌の色、民族的出身、祖先、ジェンダー、宗教、宗教的行為、年齢、障害若しくは性的指向に関する信念又は認識を理由として、犯罪を構成する行為の一部又は全部が意図的に行われた場合。 2. 被告人、被害者又はその両者に関する人種、肌の色、民族的出身、祖先、ジェンダー、宗教、宗教的行為、年齢、障害又は性的指向の証明は、それ自体では、前項（a）（b）に基づく責任を充足する法的に十分な証拠を構成しない。 3. 「特定犯罪」とは、次の条文に掲げられたものをいう。〔略〕 4. 本条においては次の定義を用いる。 　（a）「年齢」とは、60 歳以上を指す。 　（b）「障害」とは、主要な生活を実質的に制限する身体的及び精神的障害を指す。 第 485.10 条（量刑） 1. 本条によるヘイトクライムで有罪となり、特定犯罪が本法第 70.02 条に規定される暴力重罪である場合、当該ヘイトクライムは暴力重罪とする。 2. 本条によるヘイトクライムで有罪となり、特定犯罪が軽罪又は C 級、D 級若しくは E 級の重罪である場合、当該ヘイトクライムは被告人が犯した特定犯罪よりも 1 段階重いもの、又は特定犯罪の未遂若しくは共謀のどちらかが適用可能な場合は被告人の有罪に適用可能な段階よりも 1 段階重いものとする。 〔略〕
	コロンビア特別区（D.C.）法	第 22-3701 条（定義） 本条においては次の定義を用いる。 　（1）「検事総長」とは、コロンビア特別区の検事総長をいう。 　（1A）「偏見に関連する犯罪」とは、対象となる指定行為の被害者の現実の若しくは認識上の人種、肌の色、宗教、民族的出身、性別、年齢、婚姻状況、個人的容姿、性的指向、ジェンダーアイデンティティ若しくはジェンダー表現、家族の責任〔family responsibility〕、ホームレス状態、障害、在学状況〔matriculation〕又は政治的所属に基づく被告人の偏見が示された指定行為をいう。指定行為は、被害者の偏見のみに基づく、又はそれを理由とするものである必要はない。 　（2）「指定行為」とは、放火、暴行、不法目的侵入、器物損壊、誘拐、故殺、謀殺、レイプ、強盗、窃盗は不法侵入、及びそれらの未遂、幇助、教唆、助言、扇動、黙認又は共謀を含む犯罪行為を指す。 　（3）「ジェンダーアイデンティティおよびジェンダー表現」とは、第 2-1401.02（12A）条の規定と同様のものをいう。 　（4）「ホームレス状態」とは次の立場又は状態をいう。

		(A) 固定された、通常で適切な夜間の住居を持たない個人の立場若しくは状況。若しくは (B) 次に掲げる主要な夜間の住居を持つ個人の立場若しくは状況。 （ⅰ）一時的な住居施設の提供のために設計された公的若しくは私的に運営される監視付保護施設で、福祉モーテル、ホテル、集会所及び精神疾患患者用の一時住居を含むもの、 （ⅱ）施設入所を目的とした個人に対する一時的住居を提供する施設、若しくは （ⅲ）人間の通常の寝床として設計されていない若しくは通常使用されていない公的若しくは私的な場所。 〔略〕 第 22-3703 条（偏見関連犯罪） 　偏見関連犯罪で起訴され有罪となった者は、指定行為について認められている最高刑の 2 分の 11 を超えない額の罰金及び指定行為について認められている最高刑の 2 分の 11 を超えない期間の拘禁刑に処する。
	コロラド州法	第 18-9-121 条（偏見を動機とする犯罪） (1) 州議会は、何人も、人種、肌の色、祖先、宗教、民族的出身、身体的若しくは精神的障害又は性的指向にかかわらず、個人や団体の活動によって引き起こされる恐怖、脅迫、嫌がらせ及び身体的危害からの安全を確保され、それらから保護される権利を有することを、ここに認定し宣言する。さらに州議会は、身体的傷害や財産への損害を煽動し誘発する目的で、人若しくは集団の人種、肌の色、祖先、宗教、出身国、身体的若しくは精神的障害又は性的指向を理由とする、人又は集団に対する違法行為の唱導は、公共の秩序と安全に対する脅威であり、刑事罰の対象となるべきことを認定する。 (2) 他人を脅迫又は嫌がらせする意図をもって、その一部又は全部が、人種、肌の色、宗教、祖先、民族的出身、身体的若しくは精神的障害又は性的指向を理由に、次の行為を行った場合、偏見を動機とする犯罪に該当する。 　(a) 故意に他人の身体に傷害を負わせる行為、 　(b) 言葉若しくは行為によって、故意に他人を、その人若しくはその人の財産に向けられた切迫した不法行為が発生するおそれを抱かせ、かつ、当該言葉若しくは行為が、その人の身体への傷害若しくはその人の財産への損害を生じさせる可能性が高い場合、又は、 　(c) 故意に他人の財産を損壊し若しくは破壊する行為。 (3) 本条 (2)(b) 又は (c) に規定された偏見を動機とする犯罪の実行は、第 1 級の軽罪である。本条 (2)(a) に規定された偏見を動機とする犯罪の実行は第 5 級の重罪である。ただし、同 (a) に規定された偏見を動機とする犯罪が、犯罪の実行中に 1 人以上の他の者によって物理的に幇助された場合は、第 4 級の重罪である。 〔略〕
イギリス（イングランド・ウェールズ）	1998 年犯罪及び秩序違反法	第 28 条（人種又は宗教に基づく加重） (1) 次の各号に該当する場合、第 29 条から 32 条に定める犯罪は人種又は宗教に基づき加重される。 　(a) 犯罪遂行の際に、若しくはその直前もしくは直後に、行為者が、被害者がある人種的若しくは宗教的集団に属していること（もしくはその思い込み）に基づいて、犯罪の被害者に対して敵意を示している場合、又は 　(b) ある人種的若しくは宗教的集団に属する人々に対する、当該集団に属することに基づいた敵意によって、犯罪が（全体的または部分的に）動機づけられている場合。 (2) 本条 (1)(a) 号において、 　人種的若しくは宗教的集団に関して「属していること」とは、当該集団の成員との交際を含む。 　「思い込み」とは、犯罪者による思い込みをいう。 (3) 本条 (1)(a) 又は (b) 号において、行為者の敵意が同項に掲げていない他の要因にも一定程度基づいていることはその適用を妨げない。 (4) 本条において「人種的集団」とは、人種、肌の色、国籍（市民権を含む）又は民族的若しくは国民的出身によって定義される集団をいう。 (5) 本条において「宗教的集団」とは、宗教的信仰又はその欠如によって定義される集団をいう。

	第29条（人種又は宗教に基づき加重された暴行罪） (1) 次の各号に該当する場合、人種又は宗教に基づき加重され、本条の犯罪で有罪となる。 　(a) 1861年個人に対する犯罪法〔Offences Against the Person Act 1861〕20条の犯罪（故意または重大な傷害） 　(b) 同法〔Offences Against the Person Act 1861〕47条の犯罪（実際の身体傷害） 　(ba) 2015年重大犯罪法〔Serious Crime Act 2015〕75A条の犯罪（絞殺又は窒息）又は 　(c) 通常暴行 (2) 前項 (a) (b) 又は (ba) 号に該当する犯罪で有罪の場合、次の刑に処す。 　(a) 略式手続で有罪の場合、6月以下の拘禁若しくは法定の上限以下の罰金、又はその併科、 　(b) 正式起訴による有罪の場合、7年以下の拘禁若しくは罰金、又はその併科。 (3) 第1項 (c) 号に該当する犯罪で有罪である場合、次の刑に処す。 　(a) 略式手続で有罪の場合、6月以下の拘禁若しくは法定の上限以下の罰金、又はその併科、 　(b) 正式起訴による有罪の場合、2年以下の拘禁若しくは罰金、又はその併科。 第30条（人種又は宗教に基づき加重された器物損壊罪）〔略〕 第31条（人種又は宗教に基づき加重された公共秩序犯罪）〔略〕 第32条（人種又は宗教に基づき加重されたハラスメントその他の罪）〔略〕
2020年量刑法	第66条（敵意） (1) 本条は、次の各号によって加重される犯罪の重大性を裁判所が考慮する場合に適用される。 　(a) 人種的敵意 　(b) 宗教的敵意 　(c) 障害に関する敵意 　(d) 性的指向に関する敵意、又は 　(e) トランスジェンダーアイデンティティに関する敵意 (2) 裁判所は、 　(a) 犯罪がこれらのいずれかの敵意によって加重された事実を加重要素として扱わなければならず、かつ 　(b) 公開の法廷で犯罪がそのように加重される旨を宣言しなければならない。 (3) 人種的及び宗教的敵意に関して、本条は、1998年犯罪及び秩序違反法第29条から第32条に規定される犯罪（人種的又は宗教的加重犯）には適用されない。 (4) 本条において犯罪が次に該当する場合は第1項に規定される種類の敵意によって加重される。 　(a) 犯罪の実行時又はその直前若しくは直後に、行為者が被害者に対して次に基づく敵意を表示した場合。 　　(ⅰ) 被害者が人種集団に属している（又は属していると思い込む）こと、 　　(ⅱ) 被害者が宗教集団に属している（又は属していると思い込む）こと、 　　(ⅲ) 被害者の障害（又は思い込まれた障害）、 　　(ⅳ) 被害者の性的指向（又は思い込まれた性的指向）、又は（場合により） 　　(ⅴ) 被害者がトランスジェンダーであること（又はそう思い込むこと）。 　(b) 犯罪の動機が（全体的又は部分的に）次に掲げるものであった場合。 　　(ⅰ) 人種集団の構成員に対する、その集団の構成員であることに基づく敵意、 　　(ⅱ) 宗教集団の構成員に対する、その集団の構成員であることに基づく敵意、 　　(ⅲ) 障害又は特定の障害を有する者に対する敵意、 　　(ⅳ) 特定の性的指向を有する者に対する敵意、又は（場合によっては） 　　(ⅴ) トランスジェンダーである者に対する敵意。 (5) 前項 (a) 及び (b) 号において、行為者の敵意がそれらの号に掲げていない他の要因にも一定程度基づいているか否かはその適用を妨げない。 (6) 本条において、

		(a) 人種的集団とは、人種、肌の色、国籍（市民権を含む）又は種族的若しくは民族的起源に関して定義される人間集団をいう。
		(b) 宗教的集団とは、宗教的信仰又はその欠如によって定義される集団をいう。
		(c) 人種的又は宗教的集団に関して「属している」には、集団の成員との交際を含む。
		(d) 「障害」とは、何らかの身体的又は精神的障害を意味する。
		(e) トランスジェンダーであることには、トランスセクシュアルであること又は性別適合手術の過程若しくは一部の過程を実施している、実施予定である若しくは実施したことを含む。
	1986年公共秩序法	第18条（言動の使用又は文書の掲示） (1) 脅迫的な、口汚い若しくは侮辱的な言動を用い、又は脅迫的な、口汚い若しくは侮辱的な文書を掲示した者は、 (a) それによって人種的憎悪を扇動することを意図し、又は、 (b) すべての状況にかんがみ、それによって人種的憎悪が扇動される可能性が高い場合には、 有罪とする。
ドイツ	刑法	第46条（量刑の一般原則） (2) 刑の量定にあたり、裁判所は、行為者にとって有利な事情及び不利な事情を相互に比較衡量する。その際に、特に、 　行為者の動機及び目的、特に人種差別的、排外主義的、反ユダヤ主義的、性別を理由とする、性的指向に向けられる、又はその他の人間蔑視的なもの、 　行為に表れた心情及び行為の際に向けられた意思 　義務違反の程度、 　行為の遂行態様及び有責な行為結果 　行為者の前歴、人的関係及び経済状況、並びに 　犯行後の行為者の態度、特に、損害を回復するための努力、及び被害者との和解を達成するための行為者の努力 を考慮する。 〔略〕 第86条a（違憲及びテロ組織の象徴物使用罪） (1) 次の行為を行った者は、3年以下の自由刑又は罰金に処する。 1. 国内において、第86条第1項第1号及び第4号若しくは第2項に規定する政党又は団体の象徴物を頒布し、公然と、集会で若しくは自己の頒布する内容（第11条第3項）で使用した者、又は 2. そのような象徴物を構成し若しくは含む内容（第11条第3項）を、第1号に掲げた方法により国内外で頒布若しくは使用するため、製造し、保管し、輸入し若しくは輸出した者。 (2) 第1項にいう象徴物とは、特に、旗、記章、制服、スローガン及び敬礼をいう。第1文に掲げる象徴物と取り違える程度に類似したものも同様とする。 〔略〕 第130条（民衆扇動罪） (1) 公共の平穏を乱すに適した方法で、 1. 民族的、人種的、宗教的若しくはその種族的出身によって特定される集団に対して、住民の一部に対して若しくは上に掲げる集団若しくは住民の一部に属することを理由として個人に対して、憎悪を掻き立て、暴力的若しくは恣意的措置を誘発する者、又は 2. 上に掲げる集団、住民の一部若しくは上に掲げる集団若しくは住民の一部に属していることを理由として個人を罵倒し、悪意で軽蔑し若しくは中傷することで他人の人間の尊厳を攻撃した者 は、3月以上5年以下の自由刑に処する。 〔略〕

《編著者紹介》

櫻庭　総（さくらば・おさむ）山口大学教授

奈須祐治（なす・ゆうじ）　　西南学院大学教授

桧垣伸次（ひがき・しんじ）　同志社大学教授

《著者紹介》

金　尚均　　（きむ・さんぎゅん）龍谷大学教授

板垣竜太　　（いたがき・りゅうた）同志社大学教授

明戸隆浩　　（あけど・たかひろ）大阪公立大学准教授

具　良鈺　　（く・りゃんおく）　弁護士

小谷順子　　（こたに・じゅんこ）静岡大学教授

野村健太郎　（のむら・けんたろう）愛知学院大学教授

森川恭剛　　（もりかわ・やすたか）琉球大学教授

十河隼人　　（そごう・はやと）　広島修道大学助教

大場史朗　　（おおば・しろう）　大阪経済法科大学教授

宿谷晃弘　　（しゅくや・あきひろ）東京学芸大学准教授

村上　玲　　（むらかみ・れい）　名古屋学院大学准教授

前嶋和弘　　（まえしま・かずひろ）上智大学教授

ヘイトクライムに立ち向かう
──暴力化する被害の実態と法的救済

2024年9月30日　第1版第1刷発行

編著者──櫻庭　総・奈須祐治・桧垣伸次

発行所──株式会社　日本評論社

　　　　〒170-8474 東京都豊島区南大塚3-12-4

　　　　電話03-3987-8621（販売：FAX-8590）

　　　　　　03-3987-8592（編集）

　　　　https://www.nippyo.co.jp/　振替　00100-3-16

印刷所──精文堂印刷株式会社

製本所──牧製本印刷株式会社

装　丁──図工ファイブ

JCOPY 〈（社）出版者著作権管理機構 委託出版物〉

本書の無断複写は著作権法上での例外を除き禁じられています。複写される場合は、そのつど事前に、（社）出版者著作権管理機構（電話03-5244-5088、FAX03-5244-5089、e-mail: info@jcopy.or.jp）の許諾を得てください。また、本書を代行業者等の第三者に依頼してスキャニング等の行為によりデジタル化することは、個人の家庭内の利用であっても、一切認められておりません。

検印省略　©2024 SAKURABA Osamu, NASU Yuji, HIGAKI Shinji

ISBN978-4-535-52747-8　　　　　　　　　　Printed in Japan